この１年を振り返って

井　上　善　幸（矯正・保護課程委員会委員長）

　矯正・保護課程にとってのこの１年は、40周年の関連行事に彩られたものとなりました。それらの詳細については本誌の記事にまとめられていますので、そちらをご参照いただくとして、ここでは全体を俯瞰しつつ記念事業のことに触れておきたいと思います。

　今回の記念事業の開催にあたっては、矯正・保護総合センター長の福島至教授、矯正・保護研究委員会委員長の浜井浩一教授、センター事務部の石原正樹部長、佐野直志課長を交え何度も企画準備委員会や打合せが開かれました。関係各部署との調整にあたっては石原部長に、各事業への参加者との緊密な連絡、進行や会場設営のシミュレーションなどについては佐野課長に、多大な労力を傾けていただきました。

　今回の一連の記念事業は、どれもそれぞれに意義があり、優先順位が定められるような性格のものではありませんが、とりわけ入念に準備をし、段取りの確認を重ねてきたのは記念式典です。実際に開催の日を迎えて目の当たりにしたものは、やはり頭の中で想定していたこと、文章や図で確認してきたことと大きく異なるものでした。

　想定と現実が異なるのは当然のことですが、なにより予想を超えていたのは、まさしく記念式典に足を運んでくださった方々の表情です。来賓各位、それぞれの立場から矯正・保護課程のこれまでの歩みに対する祝福と、これからの歩みに対する期待を寄せていただきました。そして記念式典に参加いただいた方々の和やかな笑みを含んだ表情とともに、記念式典のひとときを共有することができました。矯正・保護課程に対する深い理解を湛えた表情の一つ一つによって、記念の節目が厳かに飾られたと思います。

また式典の運営にあたって大学内の様々な部署から応援に駆けつけてくれた事務職員の方々の機敏で的確な対応も、事前準備の段階では具体的に想像できなかったことです。もちろん、スムースな進行という前提のもとに全体像のシミュレーションを行いますが、それはあくまで段取りに関することです。式典開催にいたるまでの日々、そして当日には、それぞれの現場に携わる一人一人の尽力がありました。たとえすべての段取りが機械的にうまく進んだとしても、参加者の表情が曇ったり芳しくなかったりしたときには、式典自体は決して成功したとは言えないでしょう。その意味で、スタッフの支えや個別の対応が、参加者の笑顔に結実したことは、40周年の記念式典という節目のみならず、これからの活動を推進していく上で、大きな礎になりました。

　記念の節目をこの度迎えることができたのは、何より、これまで課程の運営に携わってこられた講師の方々、講師派遣に際し深い理解と協力をいただいた関係機関、また学内外の支援の賜です。今後も、矯正・保護の様々な分野で活躍する人材が輩出するべく、記念事業の一環としてキャリア講演会を実施し、矯正・保護の現場に関心を持つ学生たちに、広く現場職員の方々の話を聞く機会を継続的に設けました。それらについては次号の『矯正講座』にて報告される予定です。

　ところで2017年度の大きな出来事として、記念事業以外に記しておかなければならないのは、課程の科目の一部が文学部生の卒業要件単位として認定されたことです。これまで、法学部だけでなく、短期大学部、社会学部、政策学部の学生にも、卒業要件単位として科目の一部が開かれてきましたが、2017年度からは、文学部生に対してもその道が開かれました。ただ、文学部は学生数が多く、矯正教育学や矯正心理学など文学部生にとって潜在的に関心が高いと思われる科目を受講できるようになったことから、いくつかの科目では受講生が前年度から大幅に増加し、結果として何人かの先生には多大なるご負担をかけることとなってしまいました。

　授業運営に際して受講生の増加は喜ばしいことですが、かつてのように自ら受講料を納入して、高い学習意欲をもって矯正・保護課程の科目を受講する学生に加えて、卒業要件として科目を履修する学生（つまり、必ずしも自ら

の将来の職業とは結び付けることなく受講する学生）が、同時に席を並べて受講するという事態が生まれたのです。そのため、受講生の知識や感心に大きな幅が生じ、二極化するという状況を招いたことは否めません。このような現状に対して、課程運営をどのように展開すべきかということについては、講師懇談会を含め、これからも継続的に考えていかなければなりません。

　ただ、40周年の記念講演で村木厚子氏が述べられたように、「共生社会を創る」すなわち、生きづらさを抱えた人たちを生み出さないためには、矯正・保護をめぐる様々な分野に職務として関わる人たちだけでなく、理念を共有し、様々な取り組みに関わったり共鳴したりする人たちの輪が広がっていくことは大切なことと思われます。

　私にとってこの1年は、2017年度という単なる点としてではなく、40年という歩みと、これからの更なる飛躍とをつなぐ線の一部として認識させられました。これまでの活動を支えてくださった関係各位に深く感謝申し上げますとともに、今後も本課程の充実に向けて、更なる努力を重ねていきたいと思います。

矯正講座 第37号 目　次

〔巻頭言〕
　この１年を振り返って ………………………………… 井　上　善　幸…（ⅰ）

〔「矯正・保護課程」開設40周年記念事業について〕
　「矯正・保護課程」開設40周年記念事業の開催について
　　……………………………………………………………… 福　島　　　至…（ １ ）
　「矯正・保護課程」開設40年のあゆみ
　　……………………………………………………………… 井　上　善　幸…（ ３ ）

〔「矯正・保護課程」開設40周年記念講演会〕
　共生社会を創る ………………………………………… 村　木　厚　子…（39）

〔「矯正・保護課程」開設40周年記念式典〕
　　　　　開　会　の　辞 …………………………… 福　島　　　至　（59）
　　　　　式　　　　　辞 …………………………… 入　澤　　　崇　（60）
　　　　　ご　　祝　　辞 …………………………… 大　谷　光　淳　（61）
　　　　　ご　　祝　　辞 …………………………… 富　山　　　聡　（62）
　　　　　ご　　祝　　辞 …………………………… 畝　本　直　美　（64）
　　　　　ご　　祝　　辞 …………………………… 藤　本　哲　也　（66）
　　　　　ご　　祝　　辞 …………………………… 御手洗冨士夫　（67）
　　　　　　　　　　　　　　〈代読：蛯原正敏〉
　　　　　乾杯ご発声 ………………………………… 三　浦　　　守　（69）
　　　　　閉　会　の　辞 …………………………… 福　島　　　至　（70）

〔〈特別企画〉坂東知之先生卒寿記念インタビュー〕
　龍谷大学 矯正・保護課程に関わる人々へ（後編）
　　……………………………………………………………… 坂　東　知　之…（71）
　　　　　　　　　　　　　　　　聞き手　菱　田　律　子

〔論説〕
「少年院運営改善」を振り返って……………………………菱 田 律 子…(79)

〔講師研究会〕
矯正の現状と課題……………………………………………手 塚 文 哉…(99)
更生保護の現状と課題
　　——地方更生保護委員会委員から見た仮釈放についての一考察——
　　……………………………………………………………久 保　　　貴…(125)

〔〈特集〉刑事施設医療の改革を考えるために〕
はしがき………………………………………………………赤 池 一 将…(141)
刑事施設独自の医療から社会共通的な医療へ
　　——イングランド刑事施設医療の保健省移管をめぐって——
　　……………………………………………………………三 島　　　聡…(143)
オーストラリア・ニューサウスウェールズ州（NSW）
　　における矯正医療の現状と日本への示唆
　　……………………………………………………………森 久 智 江…(167)
ドイツの刑務所医療事情…………………………………金　　尚　均…(193)
福祉につなぐための刑事施設医療のあり方
　　……………………………………………………………前 田 忠 弘…(211)
　　　　　　　　　　　　　　　　　　　　　　　　　　魁 生 由美子
刑務所の公衆衛生 ——被収容者の健康課題把握と戦略形成——
　　……………………………………………………………松 田 亮 三…(239)
刑事施設における医療情報へのアクセスと被収容者の権利
　　……………………………………………………………岡 田 悦 典…(263)

〔矯正施設参観記〕
2017年度「矯正・保護課程」共同研究・施設参観報告
　　全体報告 ……………………………………… 井 上 善 幸　（277）
　　1　北海少年院 ……………………………… 菅 沼 登志子　（281）
　　2　紫明女子学院 …………………………… 菱 田 律 子　（284）
　　3　更生保護法人旭川保護会・旭川清和荘
　　　　　　………………………………………… 松 田 慎 一　（288）
　　4　旭川刑務所 ……………………………… 畠 山 晃 朗　（293）
　　5　北海道家庭学校 ………………………… 菱 田 律 子　（302）
　　6　網走刑務所 ……………………………… 赤 池 一 将　（306）

〔活動報告〕

〔編集後記〕

　　　　　　　　　　表紙題字　元・浄土真宗本願寺派総長　豊原大潤
　　　　　　　　　　　　　　　表紙絵　ISHIZUKA, Shinichi

〔「矯正・保護課程」開設40周年記念事業について〕

「矯正・保護課程」開設40周年記念事業の開催について

福　島　　至（矯正・保護総合センター長）

　矯正・保護総合センターが所管する矯正・保護課程は、2017年春に満40周年を迎えることができました。本課程がここまで発展できたのは、学内外のみなさまのご助力やご理解があったからこそです。改めて、みなさまにお礼申し上げます。

　さて、今年度は本課程開設40周年を記念して、本センターがこれまで培ってきた教育・研究の実績・成果や人的ネットワークを生かし、一連の事業を開催させていただきました。その内容を、簡単に紹介させていただきます。

　2017年10月14日には、龍谷大学響都ホールにおいて、若草プロジェクト設立2周年記念シンポジウム「―SOSを心に抱えた少女や若い女性たちの支援―」を共催しました。瀬戸内寂聴さんのお話をはじめ、村木厚子さんや橘ジュンさんの講演、浜井浩一教授をコーディネーターとしたシンポジウムなどを行いました。今年度は、このシンポジウムを社会連携事業と位置付けて実施しました。シンポジウムの記録は、2018年秋に発行予定の本センター通信「きょうせいほご第11号」に掲載する予定です。

　2017年10月28日には、大宮学舎において、記念講演会・記念式典を開催しました。記念講演会では、村木厚子さんに「共生社会を創る」との演題で講演いただきました。引き続き、記念式典では、入澤崇学長の式辞の後、大谷光淳氏（浄土真宗本願寺派ご門主）をはじめ、富山聡氏（法務省矯正局局長）や畝本直美氏（法務省保護局長）、藤本哲也氏（公益財団法人矯正協会会長）、御手洗冨士夫氏（更生保護法人日本更生保護協会理事長、代読：同協会事務局長の蛯原正敏氏）から祝辞をいただきました。その後の懇親会では、三浦守氏（大阪高等検察庁検

事長）の乾杯のご発声の後、本学関係者と矯正・保護関係者らが懇親し、終始和やかな雰囲気の中、盛会のうちに終了しました。記念講演や記念式典での祝辞等については、本誌37頁以下をご覧ください。

　矯正・保護課程受講生向けの講演会も、2017年10月から11月にかけて3回にわたり開催しました。いずれも本学出身の木村昭彦氏（元高松矯正管区長）や山本雄一氏（京都医療少年院統括専門官）、小椋順一氏（大阪保護観察所堺支部長）を講師に迎え、刑務官や法務教官、保護観察官の職務内容や採用試験などの話をしていただきました。その内容は、本誌次号に掲載予定です。

　このほか、2018年3月18日には、研究交流協定を締結している英国ポーツマス大学との国際シンポジウムを、開催する予定です（本稿執筆時には未開催）。このときの模様は、本センター・ホームページ等で報告させていただきます。

〔「矯正・保護課程」開設40周年記念事業について〕

「矯正・保護課程」開設40年のあゆみ

井 上 善 幸（矯正・保護課程委員会委員長）

はじめに
1　矯正・保護総合センターの設立
2　科目と講師の充実
3　受講生のさらなる増加
4　卒業生の進路と校友会職域支部活動
5　受講生施設参観
6　共同研究出張
7　『矯正講座』の刊行
むすび　展望と課題

はじめに

　龍谷大学特別研修講座「矯正・保護課程」が開設されて、今年で40周年を迎えることとなった。これまでの慣例では、10年ごとの節目の年に、矯正・保護課程運営の責任を務めていたものが、それまでの10年を振り返っている。そこで、今年度は私がこの務めを負いたいと思う。開設から10周年までの歴史については、故・繁田實造教授によって本誌第9号4頁以下に、また、それ以降20周年までのあゆみについても、同じく繁田教授が本誌第20号16頁以下に紹介されている。さらに30周年までの歴史については、福島至教授（現、矯正・保護総合センター長）によって、本誌第29号181頁以下に報告がなされている。これらの前例にしたがって、以下に、この10年の歩みを振り返ってみたい。

　なお、これまでと同様、本稿の末尾に資料として、矯正・保護課程40年史

略年表（資料2）を掲げた。参照していただけると幸いである。

1　矯正・保護総合センターの設立

　矯正・保護課程を取り巻く状況に関する大きな展開として、まず触れなければならないのは、矯正・保護総合センターの開設であろう。30周年の歩みを振り返る本誌第29号にも述べられているように、2001年末に本学に矯正・保護研究センターが開設され、2002年度から矯正・保護分野の研究部門を担う機関として本格的な活動を展開してきた。その後、教育部門を担う本課程と研究センターとを統括して、社会貢献事業も視野に入れた矯正・保護総合センターの構想が立ち上がり、2007年4月、検討委員会が設置された。同年9月に部局長会において、2010年を目処にセンターを設置することが承認され、2010年4月、矯正・保護総合センターが開設されるに至った。2011年には、北欧犯罪学をリードするオスロ大学のニルス・クリスティー教授を招いて開設記念シンポジウムを開催し、以後、矯正・保護ネットワーク講演会やシンポジウム、2012年に寄贈された故團藤重光氏の蔵書や資料の公開展示など、教育、研究、社会貢献事業を有機的に連携させた活動を継続的に行っている。

　2013年度大学認証評価では、龍谷大学ならではの取り組みとして、センターの活動が高く評価され、2016年度には、センターの研究プロジェクトを基盤とする「新時代の犯罪学創生プロジェクト～犯罪をめぐる「知」の融合とその体系化～」が文部科学省の私立大学研究ブランディング事業に採択されている。本課程もその一翼を担うセンターの概要については図1を、活動の詳細については、ウェブサイトを参照していただきたい。

2　科目と講師の充実

　2017年度に開設されている科目は、「矯正・保護入門」（2単位）、「矯正概論」（4単位）、「矯正教育学」（4単位）、「矯正社会学」（4単位）、「矯正心理学」（4単位）、「矯正医学」（4単位）、「成人矯正処遇」（2単位）、「保護観察処

図1　矯正・保護のあゆみ

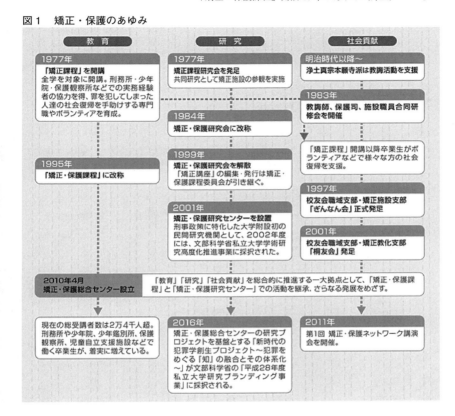

遇」（2単位）、「更生保護概論」（4単位）、「更生保護制度」（深草2単位／瀬田1単位）、「犯罪学」（2単位）、「被害者学」（4単位）、「青少年問題」（2単位）の13科目である。4単位科目のうち、瀬田学舎で開講されている「矯正概論」「矯正教育学」「矯正社会学」「矯正心理学」「更生保護概論」については、前・後期でA、Bに分割し、2単位科目として開講している。

この10年間に新たに開設されたのは、「更生保護制度」（2009年後期から）と「矯正・保護入門」（2014年度後期から瀬田学舎、2015年度前期から深草学舎）、「青少年問題」（2015年度から）である。

講師については、これまで通り矯正・保護分野において活躍されている現職の方や、豊富な経験を有するOB、OGの方にお引き受けいただいている。

また,「犯罪学」については本学専任教員が担当し,導入科目として開講されている「矯正・保護入門」については本学専任教員のコーディネートのもと,関連する諸分野から本学教員や本課程講師の先生方に参画していただき,チェーンレクチャー方式で科目の運営をしている。表1は科目講師の一覧である。

表1　講師一覧　　　　　　　　　　　　　　　　　　　　　　　　　　（年）

担当者名	科目名
井田 慈清	矯正保護Ⅱ／矯正処遇Ⅱ
本橋 達	矯正概論／矯正処遇／矯正処遇Ⅰ
乾 泰正	更生保護／更生保護Ⅱ
石田 博明	矯正医学
中村 敏夫	矯正心理学
藤 正健	矯正教育学／矯正カウンセリング／矯正社会学
越賀 英次	更生保護Ⅰ／更生保護Ⅱ／更生保護概論
酒井 汀	矯正心理学
萩原 恵三	矯正心理学
坂東 知之	矯正教育学
稲田 豊	矯正心理学
渡邊 徹郎	矯正医学
上芝 功博	矯正心理学
泉 信彌	更生保護Ⅰ／更生保護Ⅱ
鈴木 一久	更生保護Ⅰ／更生保護Ⅱ
稲本 雄二郎	矯正医学
長谷川 永	矯正概論
石橋 圭次郎	矯正概論／成人矯正処遇
新美 章	矯正教育学
西野 貫二	更生保護Ⅰ／更生保護Ⅱ
藤野 隆	更生保護Ⅰ／更生保護Ⅱ
大山 勝典	矯正心理学
国富 英次	矯正心理学
安形 静男	更生保護Ⅰ／更生保護Ⅱ
川久保 幸男	更生保護Ⅰ／更生保護Ⅱ／更生保護概論
前川 泰彦	更生保護Ⅰ／更生保護Ⅱ
板垣 嗣廣	矯正社会学／被害者
梅本 俶子	矯正心理学
櫛田 透	矯正心理学
奥村 道男	矯正社会学
田中 宏	矯正心理学
流田 晶弘	更生保護概論
宮村 康司	成人矯正処遇
生島 浩	保護観察処遇
德永 栄助	保護観察処遇

「矯正・保護課程」開設 40 年のあゆみ（井上）

担当者名	科目名	77 78 79 80 81 82 83 84 85 86 87 88 89 90 91 92 93 94 95 96 97 98 99 00 01 02 03 04 05 06 07 08 09 10 11 12 13 14 15 16 17
新井 浩二	矯正社会学	
林 信昭	更生保護概論	
岩岡 正	矯正社会学	
廣田 玉枝	保護観察処遇	
	更生保護制度	
松田 慎一	保護観察処遇	
	更生保護概論	
	矯正・保護入門	
須貝 周司	更生保護概論	
村井 彰夫	矯正社会学	
川崎 道子	矯正心理学	
野田 嘉雄	更生保護概論	
鈴木 一光	保護観察処遇	
白濱 謙吉	保護観察処遇	
指宿 照久	矯正医学	
岡部 俊六	矯正社会学	
奥平 裕美	矯正社会学	
木村 正孝	矯正心理学	
高塚 保夫	矯正教育学	
山田 充忠	更生保護概論	
山口 透	保護観察処遇	
山下 武子	矯正心理学	
小松 賢治	矯正社会学	
浅田 賢幸	矯正社会学	
	矯正社会学AB	
	矯正社会学AB	
兒玉 善光	更生保護概論	
石塚 伸一	犯罪学	
	矯正・保護入門	
畠山 晃朗	矯正概論	
	矯正・保護入門	
黒川 和子	矯正心理学	
三嶋 俊雄	矯正教育学	
	矯正教育学AB	
	矯正教育学AB	
千葉 君雄	保護観察処遇	
鴨下 守孝	矯正概論AB	
	矯正概論AB	
青木 恒弘	矯正心理学	
吉田 弘之	矯正心理学	
	矯正心理学	
北林 修二	矯正社会学	
菅沼 登志子	保護観察処遇	
	更生保護制度	
小野 篤郎	保護観察処遇	
山田 允	更生保護概論	
	更生保護概論AB	
	更生保護概論AB	
浜井 浩一	犯罪学	
	矯正・保護入門	
	青少年問題	
花岡 清和	矯正心理学AB	
	矯正心理学AB	
玉柏 ちづる	保護観察処遇	
	更生保護概論AB	
	更生保護概論AB	
土井 眞砂代	保護観察処遇	
	更生保護概論	
浅野 千明	矯正社会学	
中津 達雄	矯正心理学AB	
	矯正心理学AB	
冨田 彰乃	保護観察処遇	
西岡 総一郎	保護観察処遇	
石橋 敏子	保護観察処遇	

担当者名	科目名	77-17
宮内利正	更生保護概論	
	更生保護概論A	
	更生保護概論B	
池田 靜	成人矯正処遇	
	矯正概論	
	矯正・保護入門	
木村重和	矯正心理学A	
	矯正心理学B	
藏田光秋	矯正教育学A	
	矯正教育学B	
菱田律子	矯正社会学	
	矯正教育学	
中野 實	矯正心理学A	
	矯正心理学B	
青木 宏	矯正心理学A	
	矯正心理学B	
西口芳伯	矯正医学	
岡田尊司	矯正医学	
清水光明	矯正医学	
森 徹	保護観察処遇	
正木恵子	保護観察処遇	
山口孝志	矯正社会学	
遠藤隆行	矯正心理学A	
	矯正心理学B	
弥永理絵	保護観察処遇	
中山 厚	矯正概論A	
	矯正概論B	
西村重則	矯正社会学	
柿木良太	矯正心理学A	
	矯正心理学B	
生西真由美	保護観察処遇	
池田正興	矯正教育学	
	被害者学	
	矯正教育学A	
	矯正教育学B	
逢坂俊夫	矯正社会学	
柴田由佳	保護観察処遇	
鈴木庄市	保護観察処遇	
澤田健一	矯正概論A	
	矯正概論B	
中島 学	矯正社会学	
中嶋英治	矯正心理学A	
	矯正心理学B	
花原明博	矯正社会学	
今津武治	矯正社会学A	
	矯正社会学B	
西岡純子	保護観察処遇	
西岡潔子	矯正心理学A	
	矯正心理学B	
定本ゆきこ	矯正医学	
服部達也	矯正社会学	
十倉利廣	矯正心理学	
西崎勝則	保護観察処遇	
津島昌弘	青少年問題	
島田佳雄	矯正概論A	
	矯正概論B	
寺崎武彦	矯正心理学A	
	矯正心理学B	
水谷 修	保護観察処遇	
林 寛之	保護観察処遇	
濱島幸彦	更生保護概論A	
	更生保護概論B	
井上和則	矯正心理学A	
	矯正心理学B	
篠崎暁人	保護観察処遇	
福島 至	矯正・保護入門	

担当者名	科目名	77 78 79 80 81 82 83 84 85 86 87 88 89 90 91 92 93 94 95 96 97 98 99 00 01 02 03 04 05 06 07 08 09 10 11 12 13 14 15 16 17
黒川 雅代子	矯正・保護入門	
加藤 博史	矯正・保護入門	
我藤 諭	青少年問題	
山本 哲司	青少年問題	
山田 容	青少年問題	

3　受講生のさらなる増加

　特別研修講座として開設された矯正・保護課程は、原則として正規科目外の扱いをされてきたが、1994年から法学部の一部コースに所属している受講生について卒業要件科目として取得単位が認められてきた。これを皮切りに、関係各学部に卒業要件単位として認定していただくよう働きかけて、2002年度に法学部生に全科目（当時開講科目）、2004年度には短期大学部生に一部科目が卒業要件単位として認められてきた。この流れを受けて、2009年度には開設以来の受講生が延べ1万人を超え、2012年度から社会学部生、2015年度から政策学部生についても一部科目が卒業要件単位として認定され、2016年度には受講生の延べ人数は、ついに2万人を突破することになった。

　2017年度からは、文学部生について深草学舎開講科目の一部が卒業要件単位となり、受講生の増加率は引き続き高い状態を維持している。また、学外の研究者や矯正・保護の分野で活躍する社会人など、問題意識が明確で勉学意欲が高い方の受講も積極的に認めるようにしており、毎年一定数が受講している。詳しくは表2を参照していただきたい。

　なお、課程受講生のうち16単位以上を取得し、受講生施設参観に2回以上参加したものについては、「矯正・保護課程修了証明書」（本学独自の証明書）を交付してきたが、2016年度からは社会人を対象とする履修証明プログラム「矯正・保護教育プログラム」が開設され、受講する社会人等について、開設科目の中から180時間（16単位相当）以上を履修（科目合格）し、施設参観に2日以上参加したものには、学校教育法第105条にもとづく「履修証明書」を交付している。

表2 矯正・保護課程 受講者数の推移（1977〜2017年度）

(単位：人／延べ人数)

年度	文学部	経済学部	経営学部	法学部	政策学部	理工学部	社会学部	国際学部	短期大学部	法務研究科	実践真宗学研究科	学外(卒業生含む)者	合計
1977年度(昭和52)	130	24		15	73					5		0	247
1978年度(昭和53)	71	1	4	55						5		0	136
1979年度(昭和54)	47	1	0	50						0		0	98
1980年度(昭和55)	51	5	8	56						1		0	121
1981年度(昭和56)	36	8	4	59						7		0	114
1982年度(昭和57)	45	1	3	48						13		0	110
1983年度(昭和58)	71	2	1	66						22		0	162
1984年度(昭和59)	137	4	2	48						15		0	206
1985年度(昭和60)	111	3	3	16						8		0	141
1986年度(昭和61)	84	4	1	35						2		0	126
1987年度(昭和62)	53	1	2	28						3		0	87
1988年度(昭和63)	78	0	4	16						5		0	103
1989年度(平成元)	70	6	4	16		0	0			5		1	102
1990年度(平成2)	56	2	2	18		0	20			6		0	104
1991年度(平成3)	70	3	7	20		1	24			10		0	134
1992年度(平成4)	79	4	1	26		1	45			11		4	171
1993年度(平成5)	68	3	8	41		4	41			4		2	171
1994年度(平成6)	69	0	0	26		1	31			2		4	133
1995年度(平成7)	73	0	0	45		2	22			0		2	144
1996年度(平成8)	44	0	3	33		0	35	0		1		0	116
1997年度(平成9)	59	0	0	53		3	21	2		1		0	139
1998年度(平成10)	32	0	1	37		0	24	2		5		5	106
1999年度(平成11)	35	1	0	53		0	36	2		3		1	129
2000年度(平成12)	29	0	0	56		2	33	1		1		17	140
2001年度(平成13)	29	1	0	54		0	37	1		0		22	144
2002年度(平成14)	17	0	0	129		0	19	1		0		16	182
2003年度(平成15)	14	3	0	263		1	26	5		0		23	335
2004年度(平成16)	45	0	4	595		2	105	19		6		34	810
2005年度(平成17)	32	0	0	835		3	41	14		14		35	974
2006年度(平成18)	46	0	0	1,178	0	11	4	4		7	0	37	1,287
2007年度(平成19)	31	0	0	1,196	0	0	80	0	20	15	3	25	1,350
2008年度(平成20)	44	0	0	744	0	3	20	0	9	66	2	42	1,272
2009年度(平成21)	31	0	2	1,010	0	21	73	17	7	10	0	37	1,204
2010年度(平成22)	13	1	0	744	0	2	57	0	5	13	0	18	910
2011年度(平成23)	9	1	1	777	0	0	160	0	20	55	0	18	1,080
2012年度(平成24)	17	0	0	817	0	0	112	0	9	68	1	55	1,075
2013年度(平成25)	20	0	0	744	0	2	275	0	7	66	0	56	1,191
2014年度(平成26)	22	0	0	1,023	0	0	533	3	5	88	0	57	1,721
2015年度(平成27)	23	0	0	1,043	278	0	894	0	3	64	0	73	2,350
2016年度(平成28)	22	0	0	1,346	297	0	984	0	1	52	0	60	2,732
2017年度(平成29)	574	0	0	1,199	167	1	840	5	0	39	0	43	2,896
合計	2,587	79	81	15,078	742	59	4,592	71	75	707	6	706	24,753

表3　龍谷大学卒業生 国家公務員（法務教官・刑務官・保護観察官）採用試験合格者状況

年度	法務教官	刑務官	保護観察官
2000年度	0名	1名	
2001年度	0名	2名	
2002年度	4名	10名	
2003年度	5名	6名	
2004年度	0名	7名	
2005年度	2名	5名	
2006年度	6名	0名	
2007年度	1名	1名	
2008年度	1名	1名	
2009年度	1名	5名	
2010年度	5名	3名	
2011年度	4名	4名	
2012年度	2名	3名	
2013年度	7名	1名	1名
2014年度	1名	1名	1名
2015年度	4名	2名	
2016年度	1名	1名	1名
2017年度	1名		1名

※上記合格者状況は矯正・保護総合センターが把握している人数。

4　卒業生の進路と校友会職域支部活動

　実務に即した授業を提供している本課程を受講後、矯正や更生保護の分野に進んだ卒業生で、矯正や更生保護の専門家として処遇に携わっているものは、現在300人以上にのぼっている。表3は、2000年度以降の本学卒業後に国家公務員（法務教官・刑務官・保護観察官）の採用試験に合格した者の状況である。ただし、これはあくまで我々が把握している限りの数であり、実数はさらに多いことが予想される。

　また、本課程に関連する分野には、国家公務員だけでなく、保護司、教誨師、篤志面接委員、BBS会員（Big Brothers and Sisters Movement）、更生保護女性会会員などの市民的活動もある。さらに、児童自立支援施設専門員など、子どもたちの教育や福祉に関わる仕事や活動をしてみたいと思っている受講

生にも、本課程の提供する科目は資するものと思われる。こうした点を勘案すると、矯正・保護分野、あるいは関連分野で活躍する卒業生は、相当数に及ぶことが推察される。

卒業生の手によって本学同窓会組織である校友会内には、主に刑務官や法務教官によって構成される矯正職員支部「ぎんなん会」、教誨師・篤志面接委員支部である「桐友会」がある。これらの矯正・保護関係の職域支部とは、矯正・保護総合センターのもと研究交流の場が設けられ、課程運営について、貴重な助言や協力をいただいている。

5　受講生施設参観

これまで、受講生が講義で学習した内容を、直接現場を見ることを通じて生きた知識として定着させることを目的として、刑務所や少年院、医療少年院、少年鑑別所などの矯正施設の参観、更生保護施設、児童自立支援施設の見学などを実施してきた。従来、夏休み後半の9月初め頃に参観期間を設定してきたが、参観の機会を増やすため、2014年度からは、2月の初め頃にも、2日間の参観期間を設けている。多忙な時期にも拘わらず、参観を快くお引き受けいただいている各施設の方々に対して、深く心より感謝の意を申し上げたい。表4には、この40年間の参観先を掲げておく。

表4　受講生参観施設一覧

1977（昭和52）年	滋賀刑務所、和歌山刑務所、宇治少年院、京都医療刑務所
1978（昭和53）年	宇治少年院、京都医療少年院、滋賀刑務所、和歌山刑務所
1979（昭和54）年	宇治少年院、京都医療少年院、滋賀刑務所、和歌山刑務所、奈良少年刑務所
1980（昭和55）年	宇治少年院、京都医療少年院、滋賀刑務所、大津少年鑑別所、和歌山刑務所
1981（昭和56）年	京都家庭裁判所、滋賀刑務所、滋賀好善会、宇治少年院、京都医療少年院、和歌山刑務所
1982（昭和57）年	宇治少年院、京都医療少年院、和歌山刑務所、滋賀刑務所、滋賀好善会、交野女子学院

1983(昭和58)年	京都家庭裁判所、和歌山刑務所、滋賀刑務所、滋賀好善会、宇治少年院、京都医療少年院、交野女子学院
1984(昭和59)年	京都家庭裁判所、京都刑務所、宇治少年院、京都医療少年院、奈良少年刑務所、奈良少年鑑別所、至徳会、交野女子学院、和歌山刑務所
1985(昭和60)年	和歌山刑務所、奈良少年刑務所、奈良少年鑑別所、至徳会、宇治少年院、京都医療少年院、交野女子学院
1986(昭和61)年	和歌山刑務所、奈良少年刑務所、奈良少年鑑別所、至徳会、宇治少年院、京都医療少年院、滋賀刑務所、滋賀好善会、交野女子学院、京都刑務所
1987(昭和62)年	滋賀刑務所、大津少年鑑別所、京都医療少年院、宇治少年院、和歌山刑務所、奈良少年刑務所、奈良少年鑑別所、財団法人至徳会、加古川刑務所、播磨少年院、加古川学園、交野女子学院
1988(昭和63)年	交野女子学院、和歌山刑務所、奈良少年刑務所、奈良少年鑑別所、財団法人至徳会、加古川刑務所、播磨少年院、加古川学園、浪速少年院、近畿地方更生保護委員会、財団法人和衷会
1989(平成元)年	宇治少年院、京都医療少年院、和歌山刑務所、交野女子学院、大阪刑務所、大阪医療刑務支所、奈良少年刑務所、奈良少年鑑別所
1990(平成2)年	大阪医療刑務支所、大阪刑務所、和歌山刑務所、奈良少年刑務所、奈良少年鑑別所、淡海学園、滋賀刑務所、大津少年鑑別所、交野女子学院、浪速少年院
1991(平成3)年	大阪刑務所、大阪医療刑務支所、笠松刑務所、浪速少年院
1992(平成4)年	大津少年鑑別所、滋賀刑務所、大阪医療刑務支所、大阪刑務所、宇治少年院、京都医療少年院、加古川学園、播磨学園、加古川刑務所、交野女子学院、財団法人盟親
1993(平成5)年	奈良少年院、奈良少年刑務所、奈良少年鑑別所、笠松刑務所、宇治少年院、京都医療少年院、阿武山学園、大阪医療刑務支所、大阪刑務所、財団法人盟親
1994(平成6)年	大阪医療刑務支所、大阪刑務所、交野女子学院、奈良少年鑑別所、奈良少年刑務所、奈良少年院、笠松刑務所、財団法人盟親、京都医療少年院、宇治少年院
1995(平成7)年	京都刑務所、京都少年鑑別所、交野女子学院、奈良少年院、奈良少年刑務所、奈良少年鑑別所、笠松刑務所、財団法人盟親、京都医療少年院、宇治少年院
1996(平成8)年	財団法人盟親、奈良少年院、奈良少年刑務所、奈良少年鑑別所、交野女子学院、大阪刑務所、大阪医療刑務支所、笠松刑務所、岐阜刑務所、京都医療少年院、宇治少年院、大阪府立修徳学院

1997(平成9)年	財団法人盟親、奈良少年院、奈良少年刑務所、奈良少年鑑別所、浪速少年院、交野女子学院、大阪刑務所、大阪医療刑務支所、笠松刑務所、大阪府立修徳学院
1998(平成10)年	財団法人盟親、奈良少年院、奈良少年刑務所、奈良少年鑑別所、浪速少年院、交野女子学院、大阪刑務所、大阪医療刑務支所、笠松刑務所、京都医療少年院、宇治少年院、大阪府立修徳学院
1999(平成11)年	更生保護法人盟親、奈良少年院、奈良少年刑務所、奈良少年鑑別所、浪速少年院、交野女子学院、大阪刑務所、大阪医療刑務支所、笠松刑務所、京都医療少年院、宇治少年院、大阪府立修徳学院
2000(平成12)年	更生保護法人盟親、京都少年鑑別所、奈良少年院、奈良少年刑務所、浪速少年院、交野女子学院、大阪刑務所、大阪医療刑務支所、和歌山刑務所、京都刑務所、京都医療少年院、宇治少年院、大阪府立修徳学院
2001(平成13)年	更生保護法人盟親、京都少年鑑別所、奈良少年院、奈良少年刑務所、浪速少年院、交野女子学院、大阪刑務所、大阪医療刑務所、和歌山刑務所、京都刑務所、京都医療少年院、宇治少年院、大阪府立修徳学院
2002(平成14)年	奈良少年院、奈良少年刑務所、浪速少年院、交野女子学院、和歌山刑務所、大阪医療刑務所、大阪刑務所、京都少年鑑別所、更生保護法人盟親、大阪府立修徳学院、京都刑務所、宇治少年院、京都医療少年院
2003(平成15)年	奈良少年院、奈良少年刑務所、浪速少年院、交野女子学院、和歌山刑務所、大阪医療刑務所、大阪刑務所、京都少年鑑別所、更生保護法人盟親、大阪府立修徳学院、京都刑務所、宇治少年院、京都医療少年院
2004(平成16)年	奈良少年院、奈良少年刑務所、和泉学園、和歌山刑務所、大阪医療刑務所、大阪刑務所、京都少年鑑別所、更生保護法人盟親、交野女子学院、浪速少年院、宇治少年院、京都医療少年院、滋賀刑務所
2005(平成17)年	奈良少年院、和泉学園、和歌山刑務所、大阪府立修徳学院、大阪医療刑務所、大阪刑務所、京都少年鑑別所、更生保護法人西本願寺白光荘、宇治少年院、京都医療少年院、浪速少年院、交野女子学院、滋賀刑務所、京都刑務所
2006(平成18)年	奈良少年院、奈良少年刑務所、大阪府立修徳学院、大阪医療刑務所、大阪刑務所、京都刑務所、滋賀刑務所、宇治少年院、京都医療少年院、京都少年鑑別所、更生保護法人西本願寺白光荘、和泉学園、和歌山刑務所、加古川刑務所、姫路少年刑務所、交野女子学院、浪速少年院
2007(平成19)年	宇治少年院、京都医療少年院、大阪医療刑務所、大阪刑務所、奈良少年刑務所、奈良少年院、和泉学園、和歌山刑務所、姫路少年刑務所、加古川刑務所、大津少年鑑別所、更生保護法人西本願寺白光荘、京都刑務所、滋賀刑務所、交野女子学院、浪速少年院、大阪府立修徳学院

2008(平成20)年	大阪医療刑務所、大阪刑務所、和泉学園、和歌山刑務所、奈良少年刑務所、奈良少年院、播磨社会復帰促進センター、加古川刑務所、更生保護法人京都保護育成会、滋賀刑務所、京都刑務所、更生保護法人西本願寺白光荘、京都少年鑑別所、京都医療少年院、神戸刑務所、姫路少年刑務所、交野女子学院、浪速少年院
2009(平成21)年	大阪医療刑務所、大阪刑務所、奈良少年刑務所、奈良少年院、播磨社会復帰促進センター、加古川刑務所、更生保護法人京都保護育成会、滋賀刑務所、大阪府立修徳学院、和泉学園、和歌山刑務所、交野女子学院、浪速少年院、京都刑務所、更生保護法人西本願寺白光荘、京都少年鑑別所、京都医療少年院、神戸刑務所、姫路少年刑務所
2010(平成22)年	大阪医療刑務所、大阪刑務所、奈良少年刑務所、奈良少年院、播磨社会復帰促進センター、加古川刑務所、更生保護法人京都保護育成会、滋賀刑務所、大阪府立修徳学院、和歌山刑務所、交野女子学院、浪速少年院、京都刑務所、更生保護法人西本願寺白光荘、京都少年鑑別所、京都医療少年院
2011(平成23)年	大阪医療刑務所、大阪刑務所、奈良少年刑務所、奈良少年院、播磨社会復帰促進センター、加古川刑務所、更生保護法人京都保護育成会、滋賀刑務所、大阪府立修徳学院、和歌山刑務所、交野女子学院、浪速少年院、京都刑務所、更生保護法人西本願寺白光荘、京都少年鑑別所、京都医療少年院
2012(平成24)年	大阪医療刑務所、大阪刑務所、奈良少年刑務所、奈良少年院、播磨社会復帰促進センター、加古川刑務所、更生保護法人京都保護育成会、滋賀刑務所、大阪府立修徳学院、和歌山刑務所、交野女子学院、浪速少年院、京都刑務所、更生保護法人西本願寺白光荘、京都少年鑑別所、京都医療少年院
2013(平成25)年	大阪医療刑務所、大阪刑務所、奈良少年刑務所、奈良少年院、播磨社会復帰促進センター、加古川刑務所、更生保護法人京都保護育成会、滋賀刑務所、大阪府立修徳学院、和歌山刑務所、交野女子学院、浪速少年院、京都刑務所、更生保護法人西本願寺白光荘、京都少年鑑別所、京都医療少年院
2014(平成26)年	大阪医療刑務所、大阪刑務所、奈良少年刑務所、奈良少年院、播磨社会復帰促進センター、加古川刑務所、更生保護法人京都保護育成会、滋賀刑務所、大阪府立修徳学院、和歌山刑務所、交野女子学院、浪速少年院、京都刑務所、更生保護法人西本願寺白光荘、京都少年鑑別所、京都医療少年院
2015(平成27)年	奈良少年刑務所、奈良少年院、大阪医療刑務所、大阪刑務所、更生保護法人京都保護育成会、滋賀刑務所、交野女子学院、浪速少年院、和歌山刑務所、京都少年鑑別所、京都医療少年院、更生保護法人西本願寺白光荘、京都刑務所、加古川刑務所、播磨社会復帰促進センター、大阪府立修徳学院

2016(平成28)年	大阪医療刑務所、大阪刑務所、奈良少年院、奈良少年刑務所、更生保護法人京都保護育成会、滋賀刑務所、更生保護法人和衷会、大阪府立修徳学院、交野女子学院、浪速少年院、加古川刑務所、播磨社会復帰促進センター、和歌山刑務所、京都少年鑑別所、京都医療少年院、更生保護法人西本願寺白光荘、京都刑務所
2017(平成29)年	大阪医療刑務所、大阪刑務所、更生保護法人京都保護育成会、滋賀刑務所、奈良少年院、大阪少年鑑別所、更生保護法人和衷会、大阪府立修徳学院、交野女子学院、浪速少年院、加古川刑務所、播磨社会復帰促進センター、和歌山刑務所、京都少年鑑別所、京都医療少年院、京都刑務所、更生保護法人西本願寺白光荘

6　共同研究出張

　毎年夏に、矯正・保護課程の運営に当たる本学専任教員・客員教授と課程講師を主な参加者として、各施設の新しい状況や地域的な違いなどを実際に体感して研究を深めるとともに、参加者相互に意見交換をすることを目的とする施設参観を実施している。訪問先は、主に近畿以外の全国各地の矯正・保護関連施設である。受講生の施設参観同様、各施設には温かく迎えていただくとともに、懇切丁寧な説明をいただき、心から御礼申し上げたい。また、課程を修了した卒業生に再会したり、近況について伺ったりする機会に思いがけず恵まれることも、望外の喜びである。表5にこれまでの参観先を掲げておいた。また、各年度の出張報告は『矯正講座』各号に掲載しているので、あわせて参照していただきたい

表5　共同研究出張先一覧

1984(昭和59)年	大分刑務所、麓刑務所、沖縄刑務所
1985(昭和60)年	高松矯正管区、高松刑務所、西条刑務支所、大井造船作業場、松山刑務所、松山少年院、松山少年鑑別所
1986(昭和61)年	横須賀刑務所、市原刑務所、市原学園
1987(昭和62)年	川越少年刑務所、京都婦人補導院、八王子少年鑑別支所、八王子医療刑務所、多摩少年院、京都少年鑑別所
1988(昭和63)年	仙台矯正管区、青葉女子学園、仙台少年鑑別所、宮城刑務所、東北少年院

1989(平成元)年	札幌刑務所、札幌刑務支所、角山農芸学園、月形少年院、月形刑務所、函館少年刑務所、広島矯正管区、広島刑務所、広島少年鑑別所、山口刑務所、広島少年院、岡山刑務所
1990(平成2)年	福井刑務所、富山刑務所、岐阜刑務所、笠松刑務所、瀬戸少年院、名古屋矯正管区、名古屋拘置所
1991(平成3)年	神戸少年鑑別所、神戸刑務所、加古川学園、播磨少年院、姫路少年刑務所、岩国刑務所、尾道刑務支所、有井構外泊込作業場
1992(平成4)年	栃木刑務所、関東医療少年院、府中刑務所、矯正研修所、愛光女子学園
1993(平成5)年	新潟刑務所、米沢拘置支所、置賜学院、山形刑務所、山形少年鑑別所、最上農場
1994(平成6)年	人吉農芸学院、鹿児島刑務所、宮崎刑務所
1995(平成7)年	鳥取刑務所、鳥取少年鑑別所、美保学園、松江少年鑑別所、松江刑務所
1996(平成8)年	高知刑務所、高知少年鑑別所、丸亀少女の家、徳島少年鑑別所、徳島刑務所
1997(平成9)年	佐世保学園、佐賀少年刑務所、佐賀少年鑑別所、福岡矯正管区、福岡刑務所、筑紫女子苑
1998(平成10)年	青森刑務所、秋田刑務所
1999(平成11)年	沖縄県更生保護会、沖縄刑務所、沖縄女子学園、那覇少年鑑別所、沖縄少年院、
2000(平成12)年	広島刑務所、広島少年院、貴船原少女苑、尾道刑務支所、大井造船作業所、松山刑務所
2001(平成13)年	函館少年刑務所、月形刑務所、月形学園、北海少年院、紫明女子学院、網走刑務所
2002(平成14)年	北九州医療刑務所、大分刑務所、大分少年鑑別所、大分少年院、熊本少年鑑別所、熊本刑務所
2003(平成15)年	福島刑務所、児童自立支援施設きぬ川学院、喜連川少年院、栃木刑務所
2004(平成16)年	(台湾)桃園女子刑務所、誠正中学(少年院)、台北拘置所、法務部司法官訓練所
2005(平成17)年	駿府学園、静岡刑務所、更生保護法人静岡県勧善会、甲府刑務所、万休院
2006(平成18)年	広島少年院、更生保護法人ウィズ広島、美祢社会復帰促進センター、山口刑務所

2007(平成19)年	旭川刑務所、札幌少年鑑別所、札幌刑務所、札幌刑務支所、札幌保護観察所、更生保護法人大谷染香苑
2008(平成20)年	高知刑務所、徳島刑務所、徳島自立会、四国少年院、丸亀少女の家、高松刑務所
2009(平成21)年	社会福祉法人南高愛隣会、長崎少年鑑別所、長崎刑務所、福岡少年院、更生保護法人福正会
2010(平成22)年	島根あさひ社会復帰促進センター、松江保護観察所、更生保護法人島根更生保護会、松江刑務所、美保学院
2011(平成23)年	福井刑務所、更生保護法人福井福田会、湖南学院、金沢刑務所、富山刑務所
2012(平成24)年	山形刑務所、仙台保護観察所、宮城県地域生活定着支援センター、青葉女子学園、東北少年院、福島刑務所、福島刑務支所
2013(平成25)年	宮崎刑務所、更生保護法人草牟田寮、鹿児島少年鑑別所鹿児島県地域生活定着支援センター、人吉農芸学院
2014(平成26)年	岐阜刑務所、名古屋刑務所、岡崎医療刑務所、瀬戸少年院、愛知自啓会
2015(平成27)年	喜連川社会復帰促進センター、水戸保護観察所、水戸少年鑑別所、茨城就業支援センター、茨城農芸学院
2016(平成28)年	麓刑務所、更生保護法人福正会、筑紫少女苑、福岡少年鑑別所、北九州自立更生促進センター
2017(平成29)年	北海少年院、紫明女子学院、更生保護法人旭川保護会、旭川刑務所、社会福祉法人北海道家庭学校、網走刑務所

7　『矯正講座』の刊行

　『矯正講座』を、引き続き毎年刊行している。類書が少ない本誌は、矯正・保護の分野において、一定の役割を果たしていると思われる。浄土真宗本願寺派からは、毎年欠かさず大学に指定寄付金として刊行資金のご援助をいただいている。ここに記して感謝の意を表したい。資料1に、この10年間の『矯正講座』出版一覧を掲げておいたので参照していただきたい。

資料1 『矯正講座』出版状況一覧

矯正講座　第29号（2009年）
2009年3月20日発行　292ページ
発行者　龍谷大学矯正・保護課程委員会　編集者　矯正講座編集委員会
発行所　成文堂
表紙のスケッチ　ISHIZUKA,Shinichi
目次
　〔巻頭言〕
　　矯正・保護総合センターの構想について ……………………………… 赤池　一将 … i
　〔「矯正・保護課程」開設30周年記念講演〕
　　死刑廃止と矯正 …………………………………………………………… 左藤　　恵 … 4
　〔「矯正・保護課程」開設30周年記念式典〕
　　開会の辞　30周年のあゆみ …………………………………………… 福島　　至 … 21
　　式　辞 ……………………………………………………………………… 若原　道昭 … 23
　　ご祝辞 ……………………………………………………………………… 大谷　光真 … 25
　　ご祝辞 ……………………………………………………………………… 不二川公勝 … 27
　　ご祝辞 ……………………………………………………………………… 大木戸治孝 … 28
　　ご祝辞 ……………………………………………………………………… 柿澤　正夫 … 30
　　ご祝辞 ……………………………………………………………………… 堀　　　雄 … 33
　　乾杯ご発声 ………………………………………………………………… 戸田　信久 … 35
　〔「矯正・保護課程」開設30周年特別講演〕
　　ジェフリー・アーチャー著『獄中記』に見る英国の刑務所 ………… 長谷川　永 … 37
　　少年院における在院者処遇―その在り方に関する民間協力者からの期待・提言―
　　　………………………………………………………………………… 坂東　知之 … 81
　〔「矯正・保護課程」開設30周年記念国際シンポジウム〕
　　台湾における少年司法と矯正制度に関する試み ……………………… 李　　茂生 … 91
　　薬物乱用に関する台湾の法規範と刑事政策 …………………………… 謝　　如媛 … 111
　　少年非行と薬物依存―医療少年院の現場から― ……………………… 指宿　照久 … 145
　　日本の刑事・少年司法と薬物規制 ……………………………………… 村井　敏邦 … 161
　〔「矯正・保護課程」開設記念事業について〕
　　矯正・保護課程開設30周年のあゆみ …………………………………… 福島　　至 … 181
　〔講演〕
　　保護観察の最近の動向―強靱な保護観察を目指して― ……………… 鈴木　一光 … 207
　　「刑事収容施設及び被収容者等の処遇に関する法律」実施上の問題
　　　………………………………………………………………………… 滝本　幸一 … 223
　〔矯正施設参観記〕
　　2007年度「矯正・保護課程」共同研究・施設参観報告 ……………… 福島　　至 … 241
　　1．被拘禁者の医療と健康管理 ………………………………………… 黒川雅代子 … 246

2．長期受刑者の処遇 ……………………………………… 石塚　伸一 …*251*
　　3．札幌刑務支所（女子刑務所） …………………………… 金　　尚均 …*258*
　　4．札幌保護観察所参観記 …………………………………… 玄　　守道 …*261*
　　5．旭川刑務所参観記 ………………………………………… 畠山　晃朗 …*265*
　　6．札幌刑務所参観記 ………………………………………… 池田　　靜 …*274*
　　7．札幌少年鑑別所 …………………………………………… 浅田　賢幸 …*277*
　　8．大谷染香苑参観記 ………………………………………… 宮内　利正 …*281*
〔活動報告〕
〔編集後記〕

矯正講座　第30号（2010年）

2010年3月20日発行　230ページ
発行者　龍谷大学矯正・保護課程委員会　編集者　矯正講座編集委員会
発行所　成文堂
表紙のスケッチ　ISHIZUKA,Shinichi
目次
　〔巻頭言〕
　　さよなら、矯正・保護研究センター——8年間の建前と本音——………… 石塚　伸一 … *i*
　〔特集〕矯正・保護における犯罪被害者支援
　　矯正・保護における犯罪被害者支援のありかた—研究活動をふり返りながら—
　　………………………………………………………………………… 福島　　至 … *1*
　　少年院における犯罪被害者の視点に立つ教育の態様 ……………… 池田　正興 … *11*
　　更生保護における被害者等施策について ………………………… 西崎　勝則 … *27*
　　被害者の視点を取り入れた教育と最近の被害者を巡る法制度環境の変化について
　　……………………………………………………………………… 片山　徒有 … *47*
　　アメリカ連邦刑事手続における犯罪被害者の権利：連邦犯罪被害者権利法
　　（the Federal Crime Victims' Right Act 2004）を手がかりにした一考察
　　……………………………………………………………………… 吉村　真性 … *83*
　〔講演〕
　　少年院の未来像 ……………………………………………………… 小柴　直樹 … *113*
　　更生保護と福祉—共生社会を目指して— ………………………… 橋本　　昇 … *129*
　　新法下の受刑者処遇の現状と問題点について ……………………… 中山　　厚 … *147*
　〔2008年度矯正施設参観記〕
　　2008年度「矯正・保護課程」共同研究・施設参観報告 ……………… 赤池　一将 … *161*
　　1．高知刑務所参観記 ………………………………………… 石塚　伸一 …*164*
　　2．丸亀少女の家参観記 ……………………………………… 青木　恒弘 …*167*
　　3．高松刑務所参観記（医療と高齢受刑者処遇） ……………… 黒川雅代子 …*171*
　　4．高松刑務所参観記 ………………………………………… 玄　　守道 …*174*
　　5．四国少年院参観記 ………………………………………… 藏田　光秋 …*176*

    6．徳島刑務所参観記……………………………………………畠山　晃朗…180
    7．更生保護施設「徳島自立会」参観記……………………宮内　利正…188
  〔2009年度矯正施設参観記〕
    2009年度「矯正・保護課程」共同研究・施設参観報告………浜井　浩一…193
    1．長崎刑務所参観記………………………………池田　靜／畠山　晃朗…198
    2．長崎少年鑑別所参観記……………………………………高塚　保夫…204
    3．福岡少年院参観記…………………………………………板垣　嗣廣…207
    4．更生保護施設「福正会」参観記…………………………宮内　利正…210
    5．南高愛隣会見学記―普通の場所で、普通の暮らし―…岸　政彦…215
  〔2008年度活動報告〕
  〔2009年度活動報告〕
  〔編集後記〕

矯正講座　第31号（2011年）
2011年3月20日発行　138ページ
発行者　龍谷大学矯正・保護課程委員会　編集者　矯正講座編集委員会
発行所　成文堂
表紙のスケッチ　ISHIZUKA,Shinichi
目次
  〔巻頭言〕
    ライフ・モデルに則した全人的復権へ―司法福祉の基盤構築―……加藤　博史…ⅰ
  〔論説〕
    親鸞思想に基づく教誨……………………………………………徳岡　秀雄…1
    「少年矯正に関する有識者会議」で考えたこと………………毛利　甚八…25
    刑事施設における宗教意識調査…………………………………我藤　諭…43
  〔講演〕
    播磨社会復帰促進センターの概況―運営に特化したPFI施設―……木村　昭彦…59
  〔矯正施設参観記〕
    2010年度「矯正・保護課程」共同研究・施設参観報告………福島　至…79
    1．島根あさひ社会復帰促進センター………………………浜井　浩一…83
    2．松江刑務所参観記…………………………………………畠山　晃朗…91
    3．松江刑務所…………………………………………………青木　恒弘…97
    4．松江保護観察所参観記……………………………………井上　善幸…101
    5．更生保護施設「島根更生保護会」参観記………………宮内　利正…103
    6．美保学園参観記……………………………………………浅田　賢幸…108
  〔随想〕
    雑感―二つの幸運について―………………………………高塚　保夫…111
    龍谷大学矯正保護課程担当講師であった山田允さんを偲ぶ
    ……………………………………………………………………宮内　利正…115

龍谷大学矯正・保護課程との御縁 ……………………………………池田　正興…119
龍谷大学校友会・矯正教化（教誨師・篤志面接委員）支部
　『桐友会』の歴史と活動について ……………………………………巌水　法乗…124
「ぎんなん会」について …………………………………………………山本　雄一…129
〔活動報告〕
〔編集後記〕

矯正講座　第32号（2012年）

2013年3月29日発行　276ページ
発行者　龍谷大学矯正・保護課程委員会　編集者　矯正講座編集委員会
発行所　成文堂
表紙のスケッチ　ISHIZUKA,Shinichi
目次
〔巻頭言〕
　　第16回国際犯罪学大会（神戸）を振り返って ……………………福島　　至… i
〔特集：龍谷プログラム2011〕
　　国際犯罪学会第16回大会・神戸における龍谷大学の活躍 ……石塚　伸一… 1
〔基調講演〕
　　経済危機と犯罪統制政策―財産犯罪と経済犯罪の象徴的操作―……石塚　伸一… 3
〔シンポジウム〕
　　東アジアと合衆国における死刑
１．企画の趣旨 …………………………………………………………石塚　伸一… 17
２．報告
　〔１〕日本の死刑 ……………………………………………………布施　勇如… 20
　〔２〕韓国の死刑制度と廃止への歩み …………………………………朴　　秉植… 27
　〔３〕台湾における死刑執行の停止と再開：これまでとこれから
　　　　………………………………………………………………………謝　　如媛… 45
　〔４〕中国はどのようにその死刑制度を改善しているのか ………王　　雲海… 58
〔テーマセッション〕
　　日本版ドラッグ・コート構想
１．企画の趣旨―処罰からハーム・リダクションへ― ………………石塚　伸一… 67
２．報告
　〔１〕日本の薬物問題の現在―刑事司法における直接強制および
　　　　間接強制による薬物プログラム― ………………………………丸山　泰弘… 69
　〔２〕米国ドラッグ・コートの現在 ………………………………………森村たまき… 72
　〔３〕ダルク25年のあゆみ …………………………………………………近藤　恒夫… 75
　〔４〕NPO法人アパリ …………………………………………………………尾田　真言… 81
　〔５〕JICAにおけるダルクの活動 …………………………………………三浦　陽二… 84
　〔６〕フィリピンの現況と課題：法規制と依存症の治療への取り組み

.... レオナルド・エスタシオ Jr. ... 86
[7] 韓国の薬物依存症の現状と対策 .... チョウ・ソンナム ... 91
[8] 支援の際の基本的価値とスタッフ教育の重要性について
.... 市川　岳仁 ... 95
[9] 薬物依存症と向き合うダルク─正義ではなく許しと寛容─
.... 加藤　武士 ... 102
[10] 刑事法研究者の立場から─ドイツの非刑罰化・非犯罪化政策─
.... 金　尚均 ... 106
[11] 精神科ソーシャル・ワーカーの立場から .... 西念奈津江 ... 109
[12] 依存症とジェンダー .... 野村佳絵子 ... 111

[Special Issue:RYUKOKU Programs2011]
　"Ryukoku Programs" at 16th World Congress (ISC) in Kobe
　.. Shinichi Ishizuka ... 113
[Symposium]
　Death Penalty in East Asia and the United States .... Shinichi Ishizuka ... 114
　[1] The Death Penalty in Japan .... Yusuke Fuse ... 121
　[2] Capital Punishment in Korea and Abolition Movement Against It
　... Park, Byungsick ... 124
　[3] Taiwan's Anti-Death Penalty Movement in The Local-Global Dynamics
　... Chia-Wen Lee ... 136
　[4] How is China changing its Death Penalty Policy? .... Wang Yunhai ... 165
[Theme Session]
　The Concept of Japanese Drug Court: from punishment to harm-reduction
　... Shinichi Ishizuka/Yasuhiro Maruyama ... 167
　[1] Contemporary Japanese Drug Policy: Compulsory and CoercedTreatment for Drug
　　　Addicts in Criminal Justice System
　... Yasuhiro Maruyama ... 171
　[2] Drug Courts in the USA .... Tamaki Morimura ... 178
　[3] DARC (Drug Addiction Rehabilitation Center) for 25 Years
　... Tsuneo Kondo ... 183
　[4] What is APARI (Asia-Pacific Addiction Reseach Center)? .... Makoto Oda ... 188
　[5] DARC as a Cooperator of JICA in the Philippines .... Yoji Miura ... 191
　[6] Current Situations and Agenda in Philippines .... Leonardo Estacio,Jr. ... 193
　[7] Current Situations and Agenda in Korea .... Sung Nam Cho ... 205
　[8] Mie DARC's Case:Discussing the Fundamental Value
　　　Behind Supporting and the Importance of Staff Education
　... Takehito Ichikawa ... 211
　[9] DARC Faces Drug Addiction:Forgiveness and Tolerance Instead of Justice
　... Takeshi Kato ... 216

〔10〕Decriminalization and Depenalization of Drug Abuse and Possession in Germany
　　　　　　　　　　　　　　　　　　　　　　　　　　Sangyun Kim … *220*
〔11〕Drug Addiction for a Psychiatric Social Worker ……… Natsue Sainen … *222*
〔12〕Dependency and Gender ………………………………… Kaeko Nomura … *224*
〔矯正施設参観記〕
　2011年度「矯正・保護課程」共同研究・施設参観報告 ……… 加藤　博史 … *227*
　1．福井刑務所参観記 ……………………………………………… 青木　恒弘 … *232*
　2．更生保護法人「福井福田会」参観記 ……………………… 宮内　利正 … *237*
　3．更生保護法人「福井福田会」参観記 ……………………… 井上　見淳 … *242*
　4．湖南学院訪問記 ………………………………………………… 板垣　嗣廣 … *245*
　5．金沢刑務所参観記 ……………………………………………… 畠山　晃朗 … *252*
　6．富山刑務所 …………………………………………………………… 池田　靜 … *261*
〔活動報告〕
〔編集後記〕

矯正講座　第33号（2013年）

2014年3月20日発行　130ページ
発行者　龍谷大学矯正・保護課程委員会　編集者　矯正講座編集委員会
発行所　成文堂
表紙のスケッチ　ISHIZUKA,Shinichi
目次
　〔巻頭言〕
　　この1年を振り返って、来年度に向けて ………………………… 津島　昌弘 … *i*
　〔講師研究会〕
　　少年院長会同協議事項に見る少年矯正の現状と課題 ………… 菱田　律子 … *1*
　〔論説〕
　　警察に対する信頼と正当性：ヨーロッパ社会調査
　　　ラウンドファイブからみたイギリスにおける現状 ………… 佐藤　舞 … *13*
　〔シンポジウム〕
　　警察に対する信頼と協力日本における
　　　「手続き的公正（Procedural Justice）」理論の検証 ……… 津島昌寛／浜井浩一 … *27*
　〔講師研究会〕
　　更生保護における薬物事犯者対策の展望と課題 ……………… 生駒　貴弘 … *41*
　〔矯正施設参観記〕
　　2012年度「矯正・保護課程」共同研究・施設参観報告 ……………………… *57*
　　全体報告 ………………………………………………………………… 福島　至 … *57*
　　1．宮城県地域生活定着支援センター ……………………… 田村　公江 … *61*
　　2．山形刑務所 ……………………………………………………… 畠山　晃朗 … *70*
　　3．仙台保護観察所 ………………………………………………… 宮内　利正 … *77*

4．青葉女子学園 …………………………………………… 池田　正興… *81*
　5．東北少年院 ……………………………………………… 藏田　光秋… *84*
　6．福島刑務所 ……………………………………………… 澤田　健一… *87*
　7．福島刑務支所 …………………………………………… 黒川雅代子… *93*
〔矯正施設参観記〕
　2013年度「矯正・保護課程」共同研究・施設参観報告 ………… *97*
　全体報告 …………………………………………………… 津島　昌弘… *97*
　1．宮崎刑務所 ……………………………………………… 畠山　晃朗… *101*
　2．宮崎刑務所 ……………………………………………… 池田　　靜… *106*
　3．更生保護施設「草牟田寮」 ………………………………… 松田　慎一… *111*
　4．鹿児島少年鑑別所 ……………………………………… 青木　恒弘… *115*
　5．鹿児島県地域生活定着支援センター ……………………… 清水　教恵… *118*
　6．人吉農芸学院 …………………………………………… 菱田　律子… *121*
〔活動報告〕
〔編集後記〕

矯正講座　第34号（2014年）

2015年3月20日発行　136ページ
発行者　龍谷大学矯正・保護課程委員会　編集者　矯正講座編集委員会
発行所　成文堂
表紙のスケッチ　ISHIZUKA, Shinichi
目次
〔巻頭言〕
　この1年を振り返って「仏教の思想」科目担当者としての関わりから
　　………………………………………………………………… 井上　善幸… *i*
〔論説〕
　少年院法改正に寄せて 私の「広島ノート」―広島少年院不適正処遇事案の記憶―
　　………………………………………………………………… 菱田　律子… *1*
　ノルウェー社会における子育てと『ゆかいなどろぼうたち』
　　………………………………………………………………… 野村佳絵子… *23*
〔講師研究会〕
　矯正実務を通して考えた人間理解の視点 …………………… 只川　晃一… *51*
　最近の更生保護の諸問題について …………………………… 鈴木　一光… *61*
〔研究ノート〕
　ノルウェー・オスロ保護観察所 ………………………………… 津島　昌寛… *73*
　ブルガリア共和国ブルガス刑務所参観記 ……………………… 福島　　至… *77*
〔矯正施設参観記〕
　2014年度「矯正・保護課程」共同研究・施設参観報告 ………… *85*
　全体報告 …………………………………………………… 井上　善幸… *85*

1．岐阜刑務所参観記………………………………………………畠山　晃朗…89
　2．名古屋刑務所参観記……………………………………………赤池　一将…99
　3．岡崎医療刑務所…………………………………………………土井眞砂代…103
　4．瀬戸少年院（陶淘塾）参観記…………………………………今津　武治…107
　5．更生保護施設「愛知自啓会」参観記…………………………松田　慎一…109
〔随想〕
　矯正心理学随想……………………………………………………………青木　恒弘…113
　矯正社会学の講義を担当しての雑感……………………………………今津　武治…125
〔活動報告〕
〔編集後記〕

矯正講座　第35号（2015年）

2016年3月20日発行　128ページ
発行者　龍谷大学矯正・保護課程委員会　編集者　矯正講座編集委員会
発行所　成文堂
表紙のスケッチ　ISHIZUKA,Shinichi
目次
〔巻頭言〕
　矯正保護と建学の精神……………………………………………………能美　潤史…ⅰ
〔論説〕
　矯正を開いた女性─「女囚とともに」三田庸子氏について─…………菱田　律子…1
〔講師研究会〕
　新少年院法の成立・施行と矯正教育……………………………………日下部　隆…21
　社会への入口としての更生保護…………………………………………幸島　聡…35
〔特別講演〕
　矯正行政の現状と課題……………………………………………………小川　新二…51
〔矯正施設参観記〕
　2015年度「矯正・保護課程」共同研究・施設参観報告………………………………85
　全体報告……………………………………………………………………津島　昌弘…85
　1．喜連川社会復帰促進センター…………………………………畠山　晃朗…89
　2．水戸保護観察所…………………………………………………斎藤　司…96
　3．水戸少年鑑別所…………………………………………………藏田　光秋…99
　4．茨城就業支援センター─「就農」で新しい生き方を─……松田　慎一…102
　5．茨城農芸学院…………………………………………………池田　正興…108
〔随想〕
　矯正教育学を担当した9年を振り返って………………………………藏田　光秋…111
　少年鑑別所で出会った少年達─虐待、発達障害についての気付き─
　　……………………………………………………………………………定本ゆきこ…117
〔活動報告〕

〔編集後記〕

矯正講座　第36号（2016年）

2017年3月20日発行　118ページ
発行者　龍谷大学矯正・保護課程委員会　編集者　矯正講座編集委員会
発行所　成文堂
表紙のスケッチ　ISHIZUKA,Shinichi
目次
　〔巻頭言〕
　　3年間を振り返って……………………………………………津島　昌弘… i
　〔〈特別企画〉坂東知之先生卒寿記念インタビュー〕
　　龍谷大学 矯正・保護課程 に関わる人々へ（前編）
　　　　　　　　　　　　　　　　　　　　　　　　………坂東　知之… 1
　　　　　　　　　　　　　　　　　　聞き手　菱田　律子
　〔論説〕
　　矯正を開いた女性　その2
　　　―「愛は理解なり」三原スエ子氏について―……………菱田　律子… 13
　〔講師研究会〕
　　私が遭遇した事案から考察した刑事施設の現状と課題………山本　孝志… 41
　　恩赦制度について……………………………………………岡坂　吉朗… 57
　〔矯正施設参観記〕
　　2016年度「矯正・保護課程」共同研究・施設参観報告…………… 73
　　全体報告 ……………………………………………………津島　昌弘… 73
　　 1．麓刑務所 ………………………………………………池田　　静… 77
　　 2．麓刑務所参観付記 ……………………………………畠山　晃朗… 81
　　 3．更生保護施設 福正会 …………………………………松田　慎一… 82
　　 4．筑紫少女苑 ……………………………………………島田　佳雄… 86
　　 5．福岡少年鑑別所 ………………………………………櫛田　　透… 90
　　 6．北九州自立更生促進センター――近隣への配慮に心を砕きつつ―
　　　　　　　　　　　　　　　　　　　　　　　　………福島　　至… 92
　〔研究ノート〕
　　滋賀県栗東市の更生保護3者協働 ………………………笠井　賢紀… 97
　〔随想〕
　　博引旁証によるリベラルアーツの醸成を目指して〜「矯正社会学」講義雑考
　　　　　　　　　　　　　　　　　　　　　　　　………服部　達也…107
　〔活動報告〕
　〔編集後記〕

むすび　展望と課題

　これまで多くの先輩諸氏方の尽力のおかげで、40周年の記念の節目を迎えることが出来たことは、大きなよろこびである。また、矯正・保護総合センターのもと、教育分野を担う本課程と、研究活動、社会貢献事業とが有機的に統合されたことで、今後もさらなる人材育成や社会への貢献、学内外への情報発信や、学際的、国際的な研究交流が可能となり、それらの成果が矯正・保護分野に還元されることが期待される。さらに、センターの研究分野の展開として、私立大学研究ブランディング事業「新時代の犯罪学創生プロジェクト～犯罪をめぐる「知」の融合とその体系化～」が採択されたことも特筆に値する。これらはいずれも、大学内外の理解や支援なくして、なしえなかったものである。あらためて感謝申し上げる。

　課程受講生の延べ人数は、この10年足らずで1万人から2万人以上に倍増している。その一方で、受講生が飛躍的に増加しているにも拘わらず、国家公務員試験の合格者数はそれに比例して延びていない。この現状からは、二つの課題が見えてくる。一つは、より一層、広報活動に努め、キャリア開発という観点から受講生の意識を高めることである。本課程は当初、矯正職員を目指す学生たちに、実務に即した授業を提供する目的で開設された。現在、講義を担当していただいている講師陣には、これまでどおり多大な努力と工夫をいただいており、課程としても矯正職員につながる講演会の実施などを積極的に行っている。それでもなお、学生の意欲を喚起させるための取り組みを模索しながら継続していくことは、引き続きこれからの課題となる。もう一つの課題は、必ずしも矯正職員という就職を考えていない学生を視野に入れた展開である。上述したように、受講生の卒業後の進路は、矯正職員には限定されない。広い意味で矯正・保護の分野に関わる卒業生も数多くいるし、犯罪や非行に走ってしまった人たちの社会復帰の手助けに関わる人や、そのような活動をする人たちの支援者、理解者は、本課程の展開によって着実に増えている。受講生の関心が多様化したからといって、特段、カリキュラムを改変する予定はないが、受講生の興味や疑問等を酌み取り、授

業展開に反映させている講師陣の熱意と工夫とは、自ずと矯正・保護活動を支援する人々の裾野を広げていくことと思われる。

資料 2　40年史（略年表）

（前史）	
1952	教誨師養成を主目的に文学部に「矯正講座」が設置される（～1958年）。
1973.1.30	浄土真宗本願寺派より「矯正講座」復活の要請が龍谷大学に対してなされる。
1974	龍谷大学法学部刑事法担当者が、教誨百年を機に本願寺派教学助成財団より教学研究資金助成を受け、「宗教教誨制度の諸問題」について研究を開始する（～1984年）。
1976.7.12	龍谷大学法学部内における将来像の検討会議で「宗教教誨制度の諸問題」の成果を公表する。
（本史）	
1977.1.12	龍谷大学法学部教授会において法学部の特色を活かすため、「法職課程」とともに「矯正課程」の設置が決定される。
1977.3.14	「龍谷大学矯正課程開設記念のつどい」を開催する。
1977.3.15	龍谷大学評議会において、龍谷講座「矯正課程」開設のための予算計上をする。
1977.4.13	矯正課程の充実および矯正事業の促進を図るため、「矯正課程研究会」を発足する。
1977.4.27	矯正課程を開講する（大宮学舎・深草学舎）。「矯正課程」「矯正処遇」「矯正保護」の2単位3科目および特別講座で発足する。その後、「更生保護」「矯正心理学」「矯正教育」などの科目を増設し、課程の充実を図る。
1977.7	矯正課程を「龍谷講座」から「特別研修講座」に移行する。
1977	矯正課程研究会が、広島拘置所、有井作業場、山口刑務所および徳山拘置支所を初めて参観する。以後、毎夏、研究会として施設参観を実施する。
1977.8	矯正課程受講生向けに、滋賀刑務所、和歌山刑務所、宇治少年院および京都医療少年院の施設参観を実施する。以後、毎年、大阪管内の矯正施設を中心に受講生施設参観を実施する。
1978.4	文学部に「教誨師課程」が設置される。
1978.5.25	矯正課程研究会の編集による『矯正講座』を創刊する。
1978.7	矯正課程研究会主催、浄土真宗本願寺派矯正教化連盟および龍谷大学の共催により、第1回海外矯正施設参観として、香港を訪問する。
1978.5.4	受講生向けの特別講義として、香港政庁矯正局長T・G・ガーナー氏による講演「香港の矯正事情」を深草校舎で開催する。
1979.7.19	第2回海外矯正施設参観として、米国・ハワイを訪問する。
1979.10.26	特別講義として、朝倉京一氏による講演「刑事政策の新動向と矯正」を開催する。

1979.10.27	龍谷大学出身の矯正・保護関係者を招き、教誨師・保護司・施設職員合同研修会を開催する。朝倉京一氏による講演「矯正に未来はあるか」を開催する。
1980.4	矯正課程が文部省（現 文部科学省）の「特色ある教育研究」に選定され、私学振興助成財団から「私立大学等経常費補助金特別補助」を受ける（～1986年度）。
1982	第3回海外矯正施設参観として、タイ・チャンギ刑務所等を訪問する。
1982.9.2	特別講義として、松隈潔氏による講演「クライシスカウンセリングについて」を開催する。
1993.7.9	教誨師・保護司・施設職員合同研修会を開催する。西岡正之氏による講演「更生保護のあゆみと展望」ほかを開催する。
1984.4.12	矯正課程研究会を「矯正・保護研究会」に改称する。
1984.12	元教誨師・澤井岱峩氏により、巣鴨プリズン等の矯正資料が寄贈される。
1985.7.10	特別講義として、藤正健氏による講演「矯正職員の展望と望ましい資質について」を開催する。
1985.11.18	特別講義としてT・G・ガーナー氏による講演「外国人から見た日本の矯正事情」を開催する。
1985.12.7	特別講義として、長谷川永氏による講演「外国人には不審な日本の矯正事情」を開催する。
1986.10.25	「龍谷大学矯正課程10周年のつどい」を開催する。
1986.11.7	「矯正課程」開設10周年記念講演会として、安原美穂氏による講演「矯正協会」を開催する。
1989.10.27	特別講義として、泉信彌氏による講演「保護・仮釈放・恩赦について」を開催する。
1990.4	前年度の瀬田学舎開設に伴い、同学舎においても矯正課程を設置し、「矯正概論」「矯正教育学」を開講する（1992年度に大宮・深草両学者と同規模に拡充）。
1991.12.11	特別講義として、吉永豊文氏による講演「行政としての行刑」を開催する。
1993.4	矯正・保護課程の取組が、文部省（現 文部科学省）の「特色ある教育研究」に選定され、私学振興助成財団から「私立大学等経常費補助金特別補助」を受ける（～1995年度）。
1993	法学部において「矯正・保護研究所構想」が打ち出される。
1993.11.5	特別講義として、敷田稔氏による講演「国連における犯罪防止世界会議の企画と運営」を開催する。

1994.4	矯正課程の開講科目中、特定の4科目12単位を法学部ガバメント・コースにおいて卒業認定単位化する。
1994.10.4	特別講義として、松田昇氏による講演「検察と矯正―その果たすべき役割―」を開催する。
1995.4	講座名を「矯正課程」から「矯正・保護課程」に改称する。また、法学部以外の学部からも課程の運営委員を選出することになり、全学的な運営体制が確立する。法学部政治学科でも指定の4科目12単位を卒業認定単位化する。
1997.6	朝鮮独立義士・安重根の旅順監獄における書軸が龍谷大学図書館に寄贈される。
1997.10.25	「矯正・保護課程」開設20周年記念講演会として、佐伯千仭氏による講演「矯正、保護、福祉に通底するもの」および平場安治氏による講演「少年法は改正されるべきか」を開催する。
1998.3.31	『矯正講座』第20号の別冊として、繁田實造著『全国矯正施設参観記』を刊行する。
1998.4	矯正・保護研究会を「矯正・保護課程委員会」に改組する。
1998.12	1998年度私立学校振興・共済事業団の私立大学等経常費補助金特別補助「特色ある教育研究の推進」に選定され、補助金を受ける。
1999.1.13	特別講義として、坂井一郎氏による講演「刑事司法と矯正」を開催する。
1999.3	矯正・保護研究会が解散し、『矯正講座』の編集・発行は、「矯正・保護課程委員会」に引き継がれることになる。このことに伴い、これまで浄土真宗本願寺派から矯正・保護研究会に寄付されていた宗派助成金について、『矯正講座』編集・発行事業を目的とする大学への指定寄付金として助成していただくことになる。
2000.3.20	リニューアルした『矯正講座』第21号から、成文堂を発行所として刊行する。
2000.4.3	米国における犯罪者の社会復帰施設「アミティ」のN・アービター、B・フレイズマン両氏による講演会を開催する（「京都アミティ研究会」と共催）。
2000.7	龍谷大学第4次長期計画策定にあたり、矯正・保護課程委員会から、「矯正・保護研究所（仮称）構想」を学長に対し上申する。
2001.6.28	部局長会において、「龍谷大学矯正・保護研究所（仮称）の設立に伴う準備委員会」の設置について承認される。
2001.8.2	上記設置準備委員会から「矯正・保護研究センター（仮称）の設置について」が答申される。

2001.12	人間・科学・宗教総合研究センターに設置された研究プロジェクト選定委員会により、文部省学術フロンティア推進事業（AFC）に「矯正・保護研究センター」として申請することが認められ、その後、評議会において承認（学内採択）される。同時に「矯正・保護研究センター」を設置する。
2002.3.5	「矯正・保護課程」開設25周年記念講演会として、R・モーガン氏による講演「英国における保護観察首席査察官の役割」を開催する。
2002.4	文部科学省の2002年度私立大学学術研究高度化推進事業として「龍谷大学矯正・保護研究センター」が採択される（～2006年度）。
2004.3.20	『矯正講座』第25号を、2003年10月に急逝された繁田實造先生を偲ぶ「繁田實造先生追悼号」として刊行する。
2004.4	短期大学部において「矯正社会学」「矯正教育学」が卒業要件単位科目となる。
2006.2.10	矯正・保護研究センターにおいて、刑事政策分野の研究と教育を総合する「矯正・保護研究センター将来構想（案）」がまとめられ、矯正・保護課程委員会と協力して、その実現に努めることが確認された。
2006.9.10	『矯正講座』第27号別冊として、長谷川永訳『被収容者のための手引き』を刊行する。
2007.5	文部科学省の私立大学学術研究高度化推進事業として「龍谷大学矯正・保護研究センター」が継続採択される（～2009年度）。
2007.9.8	「矯正・保護課程」開設30周年記念事業として、日台国際シンポジウムを開催する。
2007.9.13-14	部局長会議において、「矯正・保護総合センター（仮称）」の設置が決定される。
2007.10.27	「矯正・保護課程」開設30周年記念事業として、記念講演会および式典を開催する。講師は左藤恵氏。
2007.12.12	「矯正・保護課程」開設30周年記念事業として、学生対象の記念講演会を開催する。講師は坂東知之、長谷川永の両氏。
2008.9.11-12	部局長会において、矯正・保護センター（仮称）設置準備委員会を設置し、2008年12月を目処に「矯正・保護総合センター（仮称）基本構想」を検討することを承認。
2009.3.31	矯正・保護総合センター（仮称）設置準備委員会から、「矯正・保護総合センター（仮称）基本構想」について答申される。
2009.4.9	部局長会において、「矯正・保護センター（仮称）基本構想」にかかる答申の方向性を諒とし、研究部を中心に矯正・保護総合センター（仮称）の設置準備を承認。
2009.11.12	部局長会において、2010年4月より、教育研究組織として「矯正・保護総合センター」の設置が承認される。

2010.3	矯正・保護課程の開設以来の受講者がのべ1万名を突破する。
2010.4.1	「矯正・保護総合センター」を開設する。
2011.4	社会福祉士国家試験受験資格科目に「更生保護制度」が加わり、社会学部の地域福祉・臨床福祉学科（2009年度以降入学生）において同科目が卒業要件単位科目となる。
2011.10.8	ニルス・クリスティー氏を招き、「矯正・保護総合センター」開設記念シンポジウムを開催する。
2011.12.4	第1回矯正・保護ネットワーク講演会として、山口良治氏による特別講演「私の学んだ人間教育」及び宮内利正氏による講演「保護司の現状について」を開催する。
2012.3.4	第2回矯正・保護ネットワーク講演会として、平岡秀夫氏による講演「更生保護の課題と方向性について」を開催する。
2012.4	社会学部（2012年度以降入学生）において、瀬田学舎開講の矯正・保護課程科目が卒業要件単位科目となる。
2012.11.3	第3回矯正・保護ネットワーク講演会として、奥田知志氏による講演「困窮孤立者支援としての更生保護〜下関放火事件から考える〜」を開催する。
2013.11.11	矯正・保護ネットワーク特別講演会として、齊藤雄彦氏による講演「更生保護の課題と展望」を開催する。
2014.2.16	第4回矯正・保護ネットワーク講演会として、田島良昭氏による講演「罪に問われた高齢・障がい者の支援のあり方」を開催する。
2014.4.1	2013年度大学認証評価（公益財団法人大学基準協会による）の結果、矯正・保護総合センターの活動について、高い評価を受ける。
2014.9	瀬田学舎において導入科目「矯正・保護入門」を新設する。
2014.12.1-12.12	第1回團藤重光文庫受贈記念展示会を開催する。
2014.12.6-12.7	深草学舎において日本更生保護学会の第3大会を開催する。
2015.2.15	第5回矯正・保護ネットワーク講演会として、河野義行氏による講演「被害者から見た社会の理不尽さ」を開催する。
2015.4	深草学舎において導入科目「矯正・保護入門」を新設する。政策学部において、深草学舎開講の矯正・保護課程科目が卒業要件単位科目となる。
2015.7.10-7.12	第2回團藤重光文庫受贈記念展示会を開催する。
2015.7.11	公開シンポジウム「宗教教誨の現在と未来〜日本人の宗教意識〜」を開催し、大谷光真氏らが登壇する。

2015.9	深草・瀬田学舎において「青少年問題」を新設する。
2015.10.1	小川新二氏による特別講演会「矯正行政の現状と課題について」を開催する（矯正・保護課程委員会主催）。
2016.2.14	第6回矯正・保護ネットワーク講演会として、Paix²による講演「ともに生きる…ほんとうの幸せとは」を開催する。
2016.4	社会人等を対象とする履修証明プログラム（「矯正・保護教育プログラム」）を開設する。矯正・保護課程の開設以来の受講者数がのべ2万名を突破する。
2017.2.18	第7回矯正・保護ネットワーク講演会として、「薬物依存からの立ち直りについて」を開催し、近藤恒夫氏、田代まさし氏が登壇する。
2017.3.20	日伊シンポジウム「ボラーテ刑務所の奇跡～ソーシャルファームを活用した社会復帰」を本学にて開催。
2017.4	文学部において、深草学舎開講の矯正・保護課程科目（「矯正・保護入門」「矯正概論」「更生保護概論」「矯正教育学」「青少年問題」「被害者学」「矯正医学」「矯正社会学」「矯正心理学」）が卒業要件単位科目となる。

〔「矯正・保護課程」開設40周年記念講演会〕

龍谷大学
「矯正・保護課程」開設40周年記念講演会

と　き　　2017年10月28日（土）
ところ　　龍谷大学大宮学舎

○司会　本日は大変足元の悪い中、またご多用な中、龍谷大学矯正・保護課程開設40周年記念講演会にお集まりいただき、誠にありがとうございます。

　本日の司会を務めさせていただきます、龍谷大学矯正・保護課程委員会の委員長を務めております、井上善幸と申します。どうかよろしくお願い致します。

　講演会の開催に先立ちまして、皆さまに2点、お願いがあります。まず本日の講演の内容は矯正・保護課程委員会が来年3月に発行を予定しております『矯正講座　第37号』をはじめ、本学矯正・保護総合センターのホームページ等に掲載させていただきたいと思っております。

　そのため、本日の講演の様子を写真撮影させていただくとともに、音声録音、ビデオ録画もさせていただきますので、あらかじめご了承ください。またお座席の場所によっては、正面のスクリーンが見えにくいことがあります。その場合はお手元の資料の方をご覧いただきたいと思います。

　それではこれより、龍谷大学矯正・保護課程開設40周年記念講演会を開催させていただきます。

　龍谷大学矯正・保護課程は、皆さまのお力添えのおかげで、今年の春、開設満40年を迎えることができました。本課程では、これまで10年ごとに節目

の記念事業を行ってまいりました。本年度は40周年記念事業として、今月11日、学生向けキャリア講演会を開催しました。さらに14日に瀬戸内寂聴さんや、村木厚子さんが代表呼び掛け人となっております、一般社団法人若草プロジェクトと共同でシンポジウムを開催しました。

そして本日は記念講演会、記念式典を開催させていただきます。今後は本学卒業生を講師に招く矯正・保護の学生向けキャリア講演会を、あと2回開催するとともに、来年3月にイギリスのポーツマス大学と連携し、国際シンポジウムを開催する予定にしております。

さて記念講演会ですが、これまで10周年ごとに実施しました記念事業の中で、毎回開催させていただいております。特に矯正・保護の分野に造詣が深い方をお招きし、講演をいただいております。

本日は元厚生労働事務次官の村木厚子さまをお迎えして、「共生社会をつくる」と題し、ご講演をお願いすることになっております。それでは講演者の村木さまのご紹介をさせていただきます。

村木さまは、1955年、高知にお生まれになり、1978年に高知大学をご卒業され、同年労働省、現在の厚生労働省に入省されました。入省後、女性政策、障害者政策などに携わり、2008年雇用均等・児童家庭局長、2012年社会連合局長などを歴任されました。その後2013年7月から2015年10月まで厚生労働事務次官をお務めになられました。

現在は津田塾大学、総合政策学部客員教授、伊藤忠商事株式会社、社外取締役。高知大学客員教授、大阪大学招聘教授などをお務めになられています。主な著書と致しましては、『あきらめない』日経PP社。『私は負けない』中央公論新社などがあります。

それでは皆さま、お待たせ致しました。村木厚子さまによる講演「共生社会をつくる」を始めたいと思います。村木さま、よろしくお願い致します。

〔「矯正・保護課程」開設40周年記念講演会〕

共生社会を創る

村　木　厚　子（元厚生労働事務次官）

　皆さん、こんにちは。ご紹介をいただきました村木でございます。
　龍谷大学「矯正・保護課程」開設40周年記念講演会にお招きをいただき、ありがとうございます。このような由緒ある場所で、ご本尊をバックにしてしゃべっていいのかどうかというのが大変心配ですが、こういう独特の雰囲気の中でお話をさせていただくということを、大変名誉に思っております。
　本日ご出席の方は、ほとんど矯正・保護の専門家、あるいは刑事司法の専門家であると伺っております。私のような全くの素人が、こういうところで何をお話しすればいいのだろうと思って、いろいろ思い悩みました。
　今日、お呼びいただいたのは恐らく矯正や保護の世界で育ってきた人間ではないからではないでしょうか。私は役所では労働や福祉の世界を40年近くやって、2年ほど前にそれを卒業したばかりでございます。
　そういう人間として、全く別の角度から、かなり特殊な世界だと思われている矯正や保護の世界を、最も国民の普段の生活に近い役所と言われている厚生労働省で育った人間が見たときにどう見えるかということを、お話をさせていただければいいのかなと思っております。
　とはいうものの、日頃、厚生労働省にいますと、あまりこの世界を垣間見ることはありません。私がこういう世界にご縁ができたのは、郵便不正事件という大きな事件に巻き込まれたところから始まったように思います。まず、私が図らずもそういうことを垣間見ることになったときに、どう私からその世界が見えたかという、私の印象をまずお話しをしたいと思います。
　事件は7、8年前のことになります。あの頃、拘置所へわずか164日、し

かも未決でございますので、いわゆる受刑者の方とは全く違う生活ではございますが、拘置所というところに入って何が印象に残ったか。最初に大変印象に残った光景は女性の受刑者の姿でした。

私は個室にいて、労働がありませんでしたので、毎日3食ご飯を運んできていただいて、洗濯もしていただきました。やることといえば、私の2畳ばかりの部屋のお掃除を、朝5分もすれば終わってしまうのですが、それをやるだけという生活をしました。

廊下を食事の入った、かなり重いカートを押してきて私たちのところに配膳をしてくださる女性たち。作業服を着て、大変若い女性が多かった。もちろんそういう環境ですから、お化粧もしていないわけですよね。そうすると本当に若く、幼く見えました。

職員に指導されている姿、話も聞こえてきますから、そういうのを見ていても本当にかわいい、素直な子たちでした。何でこんな子がここにいるのかしらというのが、私の最初のとても素直な感想でした。

誰に聞くって、ほかに聞きようがないので、取り調べの検事に、「あの子たちは何をしたんですか」と聞いてみました。とてもかわいい子たちなのにと言ったら、「薬と、売春もいる。でも薬が一番多いです」と言われて。「そうなのか。でもここまで来なくていいのに」と。

実は女子少年院の教官をしていた人たちから、女子少年院というのはなかなか入れるものではない。いささかブラックユーモアも込めて、「才能と努力と運がそろわないと入れないよ」というのを聞いていたわけですね。それに加えて刑務所まで来ている。しかもあんなにかわいい子たちなのにというのが最初の驚きでした。

配膳の仕事はたぶん割と元気な優秀な人たちがやる仕事ですよね、おそらく調理やなんかも。一方で、今度は運動に出ると、もう少し年齢の高い人、それから外国人、明らかに精神的な病気を抱えている人を、ずいぶんたくさん見かけるようになり、刑務所に入っている人のイメージがかなり変わりました。

福祉の世界では、よくそういう人たちを総称して「生きづらさを抱えた人と言う」。例えば障害とか、家庭の問題とか、それを「生きづらさを抱えた

人」という言葉を使うのですが。まさに、「ずいぶんそういう人が多い場所なんだ、ここは」と思いました。

　次にもう一つ印象に残ったことがあります。取り調べの検事に私がそういう話をしたものですから、ずいぶん二人で雑談をしました。彼がその流れで、「僕らは正月前は忙しいんですよ」と言うんですよね。

　「えっ」と言ったら、「いや、お正月をここで過ごしたい人が多いので、正月前は忙しいんです」と言うんです。万引きもいいけど、無銭飲食は確実だから、正月前にしっかり捕まって入れるようにして、こっちに入ってくるんだと話してくれました。そういうことかと思ってとても驚きました。

　私は6月に拘置所に入り、出たのが11月でした。言うと笑われるのですけど、私は結構静かで、落ち着いた暮らしをあそこでしていまして。1日も早く出たいとかあまり思わなかったんですね。実は。

　ところが11月ぐらいになったときに、寒くなってきたなと。大阪の拘置所なので冷暖房がなくて、夏はとても暑かったのですが、冬が近づいて寒くなってくる。分厚いコンクリートの壁ですよね。冷暖房がないので壁に近づくとひんやりする感じがあって。

　11月ぐらいになったときに、ここで12月、1月、冬を越すのは相当厳しいぞと思うようになって、初めてそのときに出たいなと。それこそ冬になる前に出たいなと思いました。そのときに夏に聞いた検事の話がぽっと思い出されて、あらためて、正月なのでここに入ってきたいと思う人がいるのかというのが非常に印象に残りました。

　拘置所で唯一やり残したことがあります。クリスマスと正月にどういう食べ物が出るかというのが、実はものすごく知りたかったんですね。でも寒さには勝てなくて、最後は出たい方が勝ってしまったんですけども。

　そのときに、そうだよな、ここならおせちを食べられるはずだと。出てから法務省の方におせちは出ますか、お雑煮は出ますかと聞いてみました。やはり出ると教えていただいて。そうだ、ここに入りたいと思った人は外にいたらおせちが食べられない人たちだったのだろうと思いました。

　ふと、20年前に聞いた話を思い出しました。ここにいる関係者の方の中にはよくご存知の方もいらっしゃると思いますが、長崎に田島良昭さんという

方がいらっしゃって、刑務所から出てくる障害者の人たちの支援を、かなり本気でやってくださっている法人の、今はリタイアされましたけれど、理事長をされていた方です。
　私は、ちょうど20年ぐらい前から仕事で、彼にいろいろ教えを受けていました。雲仙の彼の施設へ向かう一本道の農道で、正面に雲仙が見えて、ものすごく天気のいい日に二人で車に乗っていたときです。
　どういう文脈だったか忘れたのですけど、田島さんが、「村木さん。知的障害の子たちには、この世で自分に一番親切にしてくれる人は、やくざのお兄さんだということはよくあるんだ。だから男の子はやくざの使い走りをし、女の子は風俗で稼いで貢ぐ。このことはよくあることなんだ。やくざのところに乗り込んでいって、連れて帰ってくるのは大変なんだよ」という話をしてくれました。そのことをふと思い出して、そういう境遇に置かれている人たちがたくさんいるということを、実感を持って感じました。
　そのあと裁判が終わって職場に戻れて、ありがたいことに生活困窮者の支援というのを担当させてもらいました。そのときに勉強した中で大変印象に残ったのは、困窮者という人たちには共通点が二つある。一つは複数の困難、課題が重なった人たちである。もう一つは社会から孤立をしている人たちだということです。
　学者の一人が、ある地域のホームレスの全数調査をした。そのとき、どういう人がいったいホームレスになるのかというと、ちょうど3分の1ずつ3つのグループになるという。
　一つ目のグループは何かというと、今日ここにいらっしゃるような普通の安定した暮らしをしていた人たちが3分の1だと。そういう人たちがどうしてホームレスになるかというと、複数の不幸が重なる。
　例えば失業して、再就職で仕事を探さなければいけないのに病気になる。ここまでだと、皆さんのように安定した生活をしている人は、ホームレスにならない。何が重なるかというと、例えば妻が出ていってしまったとか、愛する息子が死んでしまったとか。この人のために頑張れるというような、支えになる大事な方を失うということがそこへ重なったとき、普通の安定した暮らしをしていた人がホームレスになることがある。それが3分の1いると

いうのですね。
　真ん中の3分の1は、派遣切りという言葉がかなり広まったことがありました。ああいうふうに仕事と住居がセットになっていて、仕事を失う、収入を失うと同時に住むところを失う。
　しばらくはネットカフェに居るんです。貯金がないと敷金、礼金が払えないので、日払いでネットカフェに泊まるというようなことをする。病気をして今日はバイトに行けないという日が二日、三日、四日というようになっていくと、もうネットカフェにも居られなくなって。では公園に行くかとなる。これが3分の1。
　最後の3分の1は、家が非常に貧しい。あるいは親が非常に問題を抱えている。子どもの頃から、水面から顔が出るか出ないかというような暮らしをずっと続けていた子たちが、どうしても自分を支えられなくなってホームレスになる。ちょうど3分の1ずつだと教えられました。
　その話を聞いたときに、先程申し上げた「生きづらさを抱える」という意味で、刑務所にいた人たちのことが自分の中によみがえってきました。いろいろ自分が仕事をしていた中で、自分が担当した自殺対策。自殺をする人も非常によく似ているんですね。困難が重なるということと外と関係が切れているということ。
　世の中は、自殺する人にはどこかで弱い人というレッテルを貼る。刑務所に行った人は当然悪い人というレッテルになる。ホームレスはだらしない人、サボっている人というレッテルが貼られるのですが、どうも困難が重なる、そして社会から孤立しているグループだということは実は重なっていて、そこからの逃げ方がそれぞれ違っているだけなのかなと思いました。
　刑務所の中には、本当に悪い人もいるのかもしれませんが、日本の刑務所を見る限りは、そういう生きづらい人がたくさんいるのかなと思いました。世の中が刑務所にいる人は特殊な人と見るし、また、もしかしたら彼らにいつも関わっていて、それを仕事にしている人たちも、やはり彼らを特殊な人として見ているかもしれません。
　だけど、実は非常に我々と地続きのところにいて、やはり厳しいことが重なった人たちだし、自殺をする人やホームレスとも重なった人間であるとい

うふうに見ていくべきなのかなということを感じるようになりました。

　もう一つ、私が拘置所の生活で経験したことを申し上げたいと思います。福祉の世界にいた人間から、拘置所というものがどう見えたか、あるいは拘置所の機能というものがどう見えたか。私は刑に服していないので、かなり偏った部分もあるかと思いますが、どう見えたかというのを少し申し上げたいと思います。

　まず一つ目は、本当に職員が親切でした。心から感謝をしています。とても我慢強くて立派な職員が多かった。何度も励ましてもらって、私は心が折れずに健康に暮らせたというのは、彼女たちのお陰だと思っています。ほとんどは女性の刑務官ですけど、大暴れする人がいて、男性の刑務官がやってきたときもありましたけれども、とても忍耐強く親切にやっておられたと思います。

　それから建物は汚かったですね。でも建物が汚いのは、割と早く慣れるということが分かりました。食べ物は大きいですね。食べ物はおいしい方がいいですね。私は結構、麦飯が気に入りましたのでよかったです。学校給食に近いなと思いました。

　職員はみんなよかったのですけど、面白いことに、若い職員はしゃくし定規で厳しいですよね。よく怒っている声が聞こえるのは若い職員の声で、ベテランになってくると上手で、あまり大きな声を上げていない。

　私が入っていて、一番腹が立つことは何だったかというと、職員によって言うことが違うというのが、一番腹が立ちました。実は、福祉の施設の入所者の苦情が、まったくこれと同じなのですね。ああ、入所施設なのだということに気が付きまして、「ああ、そうか。じゃあ、かなり想像がつくぞ」と思いました。

　ではそこにいて、私はどういうことが身について、どういうことに力が失せていったか。まず生活の面倒を全部見てもらえると生活のスキルが身につかない。これはああいう場所の欠点だなと。管理せざるを得ないのでしょうけど、やはり出たら自分で食べて、自分で洗濯して、自分で掃除をしなければいけないというところを、あそこで身につかないというのはどうかなと思いました。

それから通勤もないですし、歩きませんから、おそらく立ち仕事をしていても体力が落ちる部分というのは、かなりあるんじゃないかと想像しました。それからあまり人と話をしませんから、声がどんどん小さくなる。これは入院した人なんかとまったく同じ症状ですね。コミュニケーションのスキルもたぶん落ちていくのだろうと思いました。

　一方で非常に雑音がなくて規則正しい、そして職員がしっかりと見ていてくれる生活ということで、大変落ち着いて、心を静めるにはとてもいい時期だったかなと思います。

　私もあそこにいて、これだけ規則正しく暮らし、それから運動も、外の運動は1日おきですが、ストレッチとか必ず毎日やりますし、体調を整えるという意味ではすごくよかったです。本もたくさん読みましたし、理想的な生活だなと。

　実は心ひそかに、出てもこういう生活をしっかり続けようと思っていたのですが、やはり駄目ですね。外に出たら、あっという間にそういうよい習慣はみんな崩れてしまいまして、塀の中のコントロールされた生活のよさと、それが外の生活に直結しないということを自分なりに実感しました。

　なかでも一番私がよくないと思ったのは、あそこにいると諦めて考えないようにすると、すごく平和な生活が送れるんですね。職員とけんかをしない。本当はこうした方がいい、こうするべきだと思うことも飲み込む。そうやっているととても平和に暮らせる。

　自分で、そういうことが本当にいいのかと思いながらも、私の場合は一定の期間だからと思って、ここは我慢をするしかないと思って暮らしていました。この諦めた方が楽、考えない方が楽、与えられたルールのとおりにやるのが楽という世界というのが、どうなのかなというのは私の一番大きな疑問でした。

　そういうのをずっと考え合わせてみると、私自身は、やはり塀の中だけでは立ち直りというのは完結しないなと思います。非常に理想的な無菌状態の中での暮らし。それがとても大切でもありますが、そのことと世間との間の段差、格差はものすごく大きい。そこを埋めてやる何かというのが、今の日本のシステムには欠けているのかなと思っています。

立ち直りに何があればいいかと言ったときに、あとで自分のことを振り返ると、まず一つは塀の中でもらったアドバイスというのがものすごく役立っているんですね。「あなたは外へ出たらこうなるわよ、こういうことをしないようにね」と、職員がアドバイスしてくれたのは、未決囚であった私にとっても大変役立つことがたくさんあったんですね。ですから塀の中の支援の中身をきちっとするということ、これはとても大切なことだと思いました。
　でももう一つ大事なことは、外へ出てから普通の暮らしになじんでいくまで。誘惑がある。先程言ったように、外から決められたルールではなくて、自分をコントロールしなければいけない世界へ行ったときに、サポートをしてくれる何かというのが要るんだろうなと思いました。恥ずかしながら、私はあっという間に生活のリズムが乱れました。
　面白かったのは、外を歩くのが怖かったんですよ。刑務所の中に、あれだけ受刑者という、悪いことをした人がいて、その中にいたとき、人とすれ違うのが全然怖くないのに、しゃばへ出てきて道を歩いてすれ違う人が、みんなどこの誰だか分からないから怖い。職員もいないから怖いという状態になっていたんですね。それだけ刑務所の外と中というのは落差が大きいなと思いました。この外の仕組みというのを、もう少し作っていけないだろうかと思いました。
　今資料を（スクリーンに映し）出しました。これも法務省からいただいた資料なので、皆様はむしろ見慣れていると思います。拘置所から出て、あらためて受刑者ってどういう人なのかと考えたときに、私が幾つか印象に残ったデータがあります。
　一つは再犯率が高いということです。それから高齢者が多いということ。それからこれですね。IQの低い人が多い。そして学歴が非常に低いということです。ものすごくハンディを抱えた人たちが刑務所に入っているなというのが、あらためてデータを見たときの印象でした。
　このハンディがある人は、本当は外の世界でもう少しサポートをすれば刑務所に行かなくても済んだのではないかと思います。それから、刑務所を出て行く先がない、居場所のない人がいる。そして満期出所者の方の再犯率が明らかに高い。

この居場所のなさ、それから職業に就いている人の方が、はっきりと再犯率が低い。出番があるかどうかですね。よく言われる居場所と出番というのがない人たちが犯罪、あるいは再犯という状況に追い込まれているんだということを、データで非常にはっきりと認識をすることができました。

　この再犯というのは、矯正施設の職員の人たちにとっても本当につらいことだろうと思います。私はたまたま、自分が大変お世話になった女性職員の方々と研修会の場で再会をしました。女性の矯正職員の人たちにお話を伺っていたときに、厳しい職場であるということと、再犯で戻ってきたときのむなしさ、つらさというのを、彼女たちが言っておられたのが大変印象的でした。

　これをどうやってサポートしていくかですが。これは法務省が作られた絵なのですけど。これはとても分かりやすいなと思いました。矯正施設の中、それから保護観察所、そして一般の地域社会へ出ていったときということで、犯罪を犯した人たちをサポートする社会資源がどんどん地域へ出れば出るほど小さくなっている。

　ここがやはり、日本の今のシステムの弱点だろうと思います。ここをしっかりすれば、再犯率が下がっていく。法務省が、この間すごく努力をしている中で、例えば高齢者の再犯率が下がっている。これは特別調整が活きているということで、やれば効果がある政策があるということは、認識をされてきたかなと思います。

　いま形があって、成果を上げているのが特別調整と、それに関わらせていただいている地域生活定着支援センターです。役所仕事の恥ずかしいところですけど、高齢とか、障害とか、そういう「福祉が必要」というレッテルが貼られた人にだけは、こういう制度がある。縦割りの欠点ですが、少なくともこの縦で割ったところについて、地域定着が少し効果を発揮し始めました。

　居住地を探してコーディネートをする。それから刑務所を出た人たちを受け入れてくれたところを支援する。そして刑務所から出てきた人たちの相談にのる。こういうような機能を、今発揮をして少しずつですけれども、仕事ができているかなと思います。

ではコーディネートをして、帰住地を探す。探した先に受け入れ先があるかどうかということです。定着支援センターはいま申し上げたように、高齢とか、障害とかという福祉のラベルを貼ってもらっている人だけを相手にやっているのですが。

これは厚生労働省が出した通達です。通達の中の赤字のところを見ていただくと分かるのですが「違法行為をしたことをもって、福祉的支援を要し、真に支援を望む障害者、高齢者が必要な支援を受けられない事態が生じないよう……」と書いてある。

わざわざこういう通知が出るということは、こういうことを福祉がやっているということですね。「うちはちょっと刑務所を出てきた人は」と言っていることが分かるわけです。でも、この人たちをきちんと受け入れてこそ福祉でしょうということを、役所は口を酸っぱくしてお願いをしている文章です。ですから受け入れをしてくださるところもあるが、まだハードルが高くて、そこのせめぎ合いをやっているというのが、今の姿です。

ただ、福祉にそういうマインドがないわけではない。福祉はこういう問題をどう見ているかというのが非常によく分かる制度があるので、少し見ていただきたいのですが。ここの表題にある地域移行支援、地域定着支援。これは障害者のための制度です。

これは何のための制度かというと、長く精神病院に入っています、長く入所施設に入っています。やまゆり園の非常に悲しい出来事がありましたけれども、ああいう例えば入所系の施設ですよね。

ああいう人たちがもう少し町場に出て、グループホームや普通のアパートで暮らす、施設を出よう、病院を出よう、普通の暮らしをしようというのを、いま福祉は応援をしているのです。

そのときに施設から普通の地域へ移るための支援が地域移行。そしてそこでの生活が安定するまでサポートをするというのが定着支援ということなんですね。こういう制度が福祉にはあります。

見てください。これは3年ぐらい前に出た厚生労働省の資料です。刑務所に長くいた人も長期入院、長期入所の人たちと全く一緒ですよね。この制度を刑務所から出た人にも使えるようにするから、この制度を活用して、こう

いう人を支援してねという通知です。

　こういう形で、刑務所から出てきた人も結局、何かしらの大きなハンディがあって、入所施設に長くいて社会から隔絶されざるを得なかった人だ。その人が普通に社会で暮らすための支援が必要だ。この発想まではあります。ここまでは社会は受け入れていく制度上の準備はできています。

　ただ、やはり「そういう人は怖い」というのが出てくるわけです。

　もう一つの制度として障害者福祉の世界では、矯正施設を出てきた人を受け入れてくれたら加算というのが付きます。福祉とか医療というのは結構お金の世界なんですね。医療だったら診療報酬。福祉でもその人を預かって、その人にサービスするときに、難しい人を支えると加算が付く。お金で評価をするわけです。

　ここまではもうすでにできています。何が問題か。お金をもらっても、どうしたらいいかノウハウがないから困るわけです。お金は何のためのお金かというと、特別な問題があるだろうから専門家をその施設が雇うとか、スタッフを少し増やすためのお金なんです。

　でも明らかにお金で解決しない。要するにノウハウがない。あるいは先入観がある。ということでお金をつけても、なかなか全ての施設がそういうことをできるまでにはなっていない。ただ一つ、一つと、力量、力をつけた施設というのはできてきて、少しずつ受け入れを始めている。

　少し情けない状況ではあるのですが、今の福祉の現状はそういうことだろうと思います。制度面で整備をし、そして力のあるところが受け入れを始めたというところが、今の状況だろうと思います。

　そういう意味では、例えば満期で出てきた人。もう満期で出てきたから、保護や矯正の世界とは関係ない、お勤めを済ませた人ということで、「はい、受け取ってね」といって、すっとそこが支援から引かれると、自信のない福祉は受け止められない。そこを、今つなぐ仕組みが薄いということが、かなり大きな問題ではないかなと思っています。

　それからもう一つ、福祉や労働が何をやっているかというと、働く場所の紹介は最近とても力を入れています。矯正施設にハローワークの職員が駐在する仕組みもかなり増えましたし、効果ははっきりと出ているように思いま

す。
　とにかく就職させたいというのはハローワークの職員の本能なので、かなり一生懸命やるので、こういうところはだんだん実績が上がっていくかなと思っています。
　これはうまくいった例なのですが、一つ事例があります。53歳で、アルコール依存で窃盗で捕まった人が出てきたときにどうしたかというと、最初は地域定着支援の援助を断ったけれども、また再犯になって、さすがに今度は支援をしてくれということになりました。
　地域定着支援センターが関与し、障害者手帳を取って、共同住居で生活、たぶんグループホームじゃないかと思うのですけど、そこを探して入る。アルコールミーティングに参加をするようになる。
　そして就労支援B型。これは何かというと、障害者が働く特別な施設です。通って、働いた分に応じて工賃がもらえます。周りは障害のある人なので、まだ技術、技能がなくても受け入れをしてくれて、結構スタッフがいて手伝ってくれる場所です。
　そこに日頃は通って、そして周辺住民が見守ってくれている。非常に多くのところが関わって彼の生活を支えている。この姿が、おそらくこれからつくりあげていかなければいけない形なのだろうと思います。これは非常にうまくいった、好事例として具体的にあがってきています。
　こんな感じでやっていくんだろうと思います。こういうところまでしか、まだ現場はきていないわけですが、そんな中で非常にいま我々が、そして皆さんも期待をしている新しい動きが再犯防止の推進です。
　今の小さな動き、小さな成功事例というのを、どうやって社会全体がやっていけるようになるか。社会を動かす一つの原動力になってくれるかもしれないというのが、再犯防止の法律です。「議員立法」で去年の12月にできました。
　私自身が、この法律を読んで非常に注目をしているのは、まず第1条のところに「国民の理解と協力」ということと、「地方公共団体の責務」ということを明確に書いたという、ここが一つのポイントだろうと思います。
　それから第3条のところで、「安定した職業に就く」というのと、「住居を

確保する」と書いてある。まさにずっと関係者が言ってきた、居場所と出番ということが基本理念にきちんと書かれたということが、もう一つ大きいことだろうと思います。

　それから次に、国が再犯防止の計画をつくるということを書いた。そして地方自治体も努力義務ですが、地方自治体が計画をつくるということを書いたということ。

　それから連携と情報の提供と書いてあります。民間も含めて、国、地方公共団体、民間が連携をする。そして必要な情報は、きちんとしたルールの下で関係者が共有をするということが書かれた。これも非常に大きいのではないかと思います。

　これは基本理念の2項のところにも出てきますけれども、矯正施設の中と、それから外へ出てからと、一貫した支援をするということと、行政機関同士が緊密な連携をするということがここにも書かれている。ネットワークを作っていって、連携をして一貫した支援。これが書かれているというのは非常に、この法律の大切なところだと思います。

　この法律を使って、当然法務省が中心になって施策を進めていくのですが、これから何が起こるかというところについて、私が幾つか興味を持っているのは、やはり入り口支援の発想が入ってきつつあるということですね。

　起訴猶予とか、あるいは執行猶予が付いたような人たちの支援が入ってくるということと、それからそれらも含めて社会内でのリハビリ、更生ということが、かなり大きなウエートを持ってくるということ。

　それから関係者との連携。福祉とか医療とか、そういうところとの連携ということがはっきりと見えてくる。ここが大変面白いところではないかと思います。これも含めて再犯防止の計画に何をやるかというのが反映される。今パブリックコメントをやっていますので、これからその形が最終的に見えてくると思いますけれども、非常に面白いことになるかなと思います。

　これからは再犯防止の計画に基づいて、入り口のところも、出口のところも、支援が進んでいくということになるのでしょうが、そういうのを考えるときに矯正施設の中と外とがつながっていかなければいけない。一貫した支援ができる。矯正施設の外で何が行われているかということを、むしろ保護

や矯正の人に知ってもらわなければいけないわけですね。

　今、高齢とか、障害とかというのは先程説明した、ある程度形として見える制度があります。ではそういうレッテル、ラベルが貼っていない人について何があるかということで、一つだけ皆さんにご紹介をしておきたい制度があります。

　これは平成27年4月から施行されている法律なのですが、「生活困窮者自立支援法」という法律があります。この法律は何かというと、障害とか、高齢とかというふうにターゲットを決めていません。暮らしに困っていたら、経済的に困窮している人は、みんなこの法律の対象になる。縦割りしない珍しい法律です。

　何をするかというと、その人の相談にまず丁寧にのって、先程申し上げたように困難や幾つかの課題がいっぺんに重なっている人が多いので、それを一つ一つ解きほぐしていって、この問題はここだね、あの問題はここだねというのを解きほぐして解決策を探していきます。

　それを探していったときに、「あそこへ行きなさい」ではなくて、一番最初の支援者がずっと伴走しながら付いていって、ここへ行ってこれを解決し、ここへ行ってこの制度を利用するということをやっていこうという法律です。理想はそうで、そんなに簡単にはいきませんが、でもそうやってスタートをした法律です。

　これを見ていただくと、矯正施設、特に少年院の方はこの自立相談事業の絵のイメージを見ればよく分かるのではないかと思います。インテークをして、きちんとアセスメントをやって、課題一つ一つに寄り添って解決に向け手伝っていって、最後に自立までアフターケアもしてやっていくという法律なので、矯正施設内でやっていらっしゃる支援と、外へ出てからのこういう支援がうまくつながっていくと、いろんな人の更生が、かなりうまくいくのではないか。

　もっとたくさん道具を用意したいのですが、今ある道具としては、これが一番いい道具かなと思っています。この法律を作ったときに、必死で頭の整理をしました。この資料は、特に更生する人の支援をする方にとって参考になるのではないかと思うので、ぜひ読んでいただきたいのです。

誰かの立ち直りを支援するときに大事なことというのが、四つの基本的視点で書かれています。一つはその人の尊厳。本人の自分に対してのプライド、自信、誇りを取り戻すことをベースにしてやらないと、本当の立ち直りは実現できない。

　2つ目、特に子どもや若者については、その子の家庭によって差別がないように。どの子にもチャンスがあるようにしてやらなければいけない。

　それから、3つ目はここにいらっしゃる多くの方は職業として、人の立ち直りに関わる方が多いと思いますが、そういう人たちの支援だけでは本当の立ち直りはできなくて、地域や家族、友達といった、そこのつながりの中に身をおけることが、再び元に戻らないためには非常に大事です。

　そして、4つ目は、そういう支援する制度そのものが、特に税金を使う場合は、国民から信頼を得なければいけないと書いてあります。

　また、支援のあり方の三つの形ということで、一番左に「包括的・個別的な支援」と書いてあります。縦割りでない。そしてその人、一人一人に合ったカスタマイズされた支援が大事。真ん中は「早期的・継続的な支援」です。アウトリーチをし、アフターケアをするということです。

　一番右側が面白くて、「分権的・創造的な支援」。地域によって社会資源は違う。その資源をどう生かすか。地域の資源を生かした、その地域ならでは支援の組み立てをする。刑務所、少年院という施設は国の施設ですから同じかもしれません。でもそこから出ていく外の地域というのは地域によって違う。

　そうすると、そういう資源を上手に活用した立ち直りのルートというのを、地域でつくっていくことが必要になるということです。こういうことが必要なんだろうと思っています。

　最近は、福祉の方は公の制度だけではなくて、人を温かく包み込んでいける地域を創るという施策をどう組んでいけばいいのかをかなり考えています。最近の福祉の一つのキャッチフレーズは、「我が事・丸ごと」と言うんですね。他人の苦労を「我が事」と考えられる地域を創ろうたてわりにせず「丸ごと」受け取めようということです。共生社会の究極の姿だろうと思うのですが、今地域と一緒にこういうことをやり始めている。

それは非常に大きな話になりますので、もう1回、罪を犯した人のところに戻ってくるとすれば、私が必要だと思っていること、今足りていなくても、少しここを強化したらいいと思っていることは3点あります。
　まずは、矯正施設の外に出たときに支援がないといけない。あるいは矯正施設だけではなくて、更生保護の施設とか、いろんなところを出たときに、本当に自分の居場所を見つけるまで、とにかくここへ来たら相談にのれるという場所を我々は作らなければいけない。そこが一つのステップだろうと思っています。
　二つ目は、先程申し上げたように、刑期が終わったから、何とかが終わったから、社会の中にきちんと戻っていけるかというと、そこがなかなか難しい。そうするとトランジッションということで、間のところをサポートする仕組。だんだん、グラデーションで色が薄くなりながらサポートをしていける仕組みをつくれるかどうか。
　最後、三つ目ですが、矯正施設とか司法の場だけではなくて、福祉や医療、あるいは地域が一緒になってネットワークを作っていくということ。ネットワークがあって、ご本人があちこちうろうろするのではなくて、必要な支援を本人のところにたぐり寄せてあげられるコーディネートという発想がいるのだろうと思っています。
　こんなのは難しいじゃないかと思われるかもしれませんけれども、実はこれに近い制度はかなり前にできています。これは「要対協」とよく呼んでいます。福祉の人は「要対協」というとだいたい分かると思います。「要保護児童対策地域協議会」。不良系、非行系あるいは被虐待の児童をサポートするための地域のネットワークです。
　ネットワークはもともとあったのですが、法律でも設置が決められていて、情報共有ができるように守秘義務が関係者にかかっています。非行少年だけではなくて、大人についてもこうしたものが何かあればいいかなと思っています。
　スライドの真ん中に「新」とあるのですが、今年度から新しいものが加わりました。何かというと、ネットワークがあっても、ネットワークを機能させる中核の機関がないと、なかなか機能しない。これを作ろうということで

す。
　これは同窓会がよく続いているところは、幹事になってまとめてくれる人がいたりしますよね。そういう人がどこか、どの機関でも実はいいんですけれども、いるかどうかで、このネットワークが生きるか死ぬか決まってしまうんですね。
　非常にハンディがあるとか、様々な事情で刑務所に行っていましたという人が、もう一回刑務所に戻らなくてもいいようにするためには、いろいろなサポートが必要で、サポートする人間が上手にこうやって組んでいくことが必要です。要対協のようなものを是非つくりたい。
　望まれる機能は二つあります。一つはこの地域の、再犯防止という問題をどうやろうかと、普通に日頃から議論をする機能。もう一つはＡさんが出てきたけど、この人を誰がどうやって助けるかという個別ケースを議論するという、二つの機能です。司法と福祉が連携して、こういう感じのものが作れたら本当にいいと、今思っています。
　再犯防止の計画の中には、具体的にやることが盛り込まれている部分と、具体的にどうするかは２年間検討して、２年後に検討結果を出しましょうというものが、盛り込まれていますが、ネットワーク作りとしてイメージして議論していたものはこういうものです。実はこの要対協の資料は、再犯防止の議論をする法務省の会議にも、一つの見本として出させていただいたものです。
　こうやって様々な関係機関が連携をしながら、そして一般市民の意識や理解を高めながら、この問題をやっていきたいなと思っています。私自身はもう役所を辞めた後、二つのNPO法人に今関わっています。ひとつは、「共生社会を創る愛の基金」、これは犯を犯してしまった障害者の人たちの支援をする基金です。
　特に草の根の活動に助成金を出すということを一生懸命やっていますので、もし熱心にやっている小さな団体でお金がないよというところは、ぜひ頼っていただければと思います。
　もう一つは「若草プロジェクト」、非行少女系ですね。その支援もやっています。特に家庭が厳しい子たちが多いので、こういう子たちの支援をやっ

て、世の中の理解も高めたい。いくら司法関係の人たち、矯正・保護の人たちが頑張っても、地域全体や福祉や、一般国民の意識が高まらないと、なかなかうまくいかないので、こういうところで皆さんにこの問題を共有してもらうという活動をやっています。

　最後になってきました。最後はやはり地域がハンディを持っている生きづらい人を排除しないことが大事だと思っています。これについては、答えはないですが、私がとても好きな本があるので紹介したいと思います。

　岡檀さんという学者の書いた本で、『生き心地の良い町　この自殺率の低さには理由がある』という本です。これはきちんと条件をそろえて、日本中の市町村を比べて、一番自殺率の低い町にこの人がフィールドワークで入って、何カ月も住んで書いたリポートです。もともとは論文なのですが、これは一般用に優しく書かれた本です。

　徳島県のある町で、山から材木を切り出す。そこの材木を運びに大阪から船が入ってきて、古い町と新しい商人の人たちが混在をしている町らしいのですけれども。そこの町のルールです。

　「いろんな人がいる、いろんな人がいた方がいい」。それから「人物本位を貫く」。これは要するに、この人はいいお家の出だから、この人は前科が付いているからではなくて、この人は何ができて、何が得意で、どういう人柄かというのを大事にする。

　「どうせ自分だってと考えない」。「病は市に出せ」。これはすごく私はいい言葉だと思ったのですが、困ったことは早く人に相談する。恥ずかしいという気持ちを抑えて、早く言ってしまうということです。

　「関心は持つが監視はしない」。監視というのは異物を排除するために見張ること。関心を持つというのは新しい人を仲間に入れるために観察をすることというようなことが書いてありました。

　そして最後に、「人間の性や業を知る」。人間は弱いし、悪い心もたくさん持っている。それを知った上で上手に町のルールを作っていくということが書かれていて、非常に勉強になりました。一番根っこにある地域づくりに一番時間がかかると思いますが、こんなふうにやれればいいなと思います。

　地域の話をしたので、最後に正反対で世界の話をしたいと思います。ここ

3年ぐらいのG20の雇用労働大臣会合のテーマが「包摂的な成長」なんです。「Inclusive growth」。多くの人が社会に参加をする。そういうことを実現できた国だけが継続的、持続的に成長できるということを言われています。

　これが2年前のトルコの会合なのですが、このトルコのときは「Inclusive growth」プラス「大き過ぎる格差は成長の足を引っ張る」ということでした。生きづらさを抱えた人たちを見捨てていかないということなんだろうと私自身は解釈しています。

　ベースになったのはOECD（経済協力開発機構）のリポートで、格差が大きい国は成長が阻害されているということが、OECDの研究ではかなりきれいに出てきています。選挙結果がすごい形になったイギリスとかアメリカというのは、そういう国の典型ですし、比較的落ち着いたフランスというのは、実は格差があまり拡大していないというようなことが出ていて、大変面白いです。

　このオレンジ色のところが、格差が成長の足を引っ張った分だと言われています。この問題についてのOECDの結論は、格差をできるだけ縮小する。そのためには、とりわけ若い人や、子どもに対する資源配分を増やすということになっていました。

　そういう意味では、再犯防止というようなことをやりながら、そこに行かざるを得ない状況をつくらない、とりわけ子どもや若い人のところの環境を整えてやるということが実は非常に早道なのだろうと思います。世界も実はこんなふうに考えて、この課題に取り組んでいるということを最後にご紹介しました。

　私が最後に、最近とても気に入っている言葉をご紹介して、終わりたいと思います。東京大学の先生で、熊谷晋一郎さんという非常に若い小児科のお医者さんで、ご自身も身体障害がある方ですけれども。薬物依存とか、そういう関係の研究もずいぶんされています。

　彼が依存症の研究をしている中で、「自立というのは人に依存をしないことではない。自立というのは、たくさんの人に少しずつ依存をして生きていけるようになることである」と言っていました。

立ち直り支援というのは本当に矯正や保護の方、そして福祉や医療。それだけではなくて、地域に住んでいる人みんなが少しずつ、その人を支えていくということの実現だろうと思います。そういう意味での共生社会が創れれば本当にいいなと思っています。

　私ももう役所を辞めましたので、個人としてそういうことについて何かできることをやっていきたいと思います。この分野の仕事がますます力を発揮して再犯防止や、罪を犯さずにすむ社会作りが前に進むことを祈念して、私の話を終わりにしたいと思います。

　ご清聴どうもありがとうございました。

┌─ 〔「矯正・保護課程」開設40周年記念式典〕

龍谷大学「矯正・保護課程」
開設40周年記念式典（40周年のつどい）

○司会　それでは、ただ今より龍谷大学「矯正・保護課程」開設40周年記念式典（40周年のつどい）を開催いたします。

　本日の記念講演会に続き、記念式典の司会を務めさせていただきます、龍谷大学矯正・保護課程委員会委員長の井上善幸です。よろしくお願い申し上げます。

　最初に主催者を代表いたしまして、龍谷大学矯正・保護総合センター長の福島至より開会の挨拶をさせていただきます。

開会の辞

福島　至（龍谷大学矯正・保護総合センター長）

本日はお足元の悪い中、皆様にお集まりいただきまして、誠にありがとうございました。ただ今より、龍谷大学「矯正・保護課程」40周年記念式典（40周年のつどい）の開会をここに宣言いたします。

○司会　続きまして、龍谷大学学長、入澤崇より式辞を申し上げます。

式　辞

入澤　崇（龍谷大学学長）

龍谷大学学長の入澤でございます。

　皆様、本日はご多用中のところ、龍谷大学大宮学舎にようこそお越しくださいました。浄土真宗本願寺派のご門主様、法務省の方々をはじめ、多くの皆様にご臨席を賜り、誠にありがとうございます。「矯正・保護課程」開設40周年記念式典を開催させていただくにあたりまして、大学を代表し一言ご挨拶を申し上げます。

　378年の歴史と伝統を有する龍谷大学は、人間の本質を見据えた教育を継続してまいりましたが、「矯正・保護課程」は本学の特色ある教育プログラムの代表といえるものであります。

　浄土真宗本願寺派の宗教教誨を基盤としながら、日本で唯一の刑事政策に特化した教育プログラムとして1977年、法学部を中心に「矯正課程」を設置し、その後名称を変えて現在の「矯正・保護課程」となっております。

　これまでに延べ2万4000人を超える学生や社会人が本課程で学び、その中から矯正職員や保護観察官、保護司、教誨師、篤志面接委員など、関連する専門職やボランティアが数多く誕生しております。おかげさまをもちまして、本学「矯正・保護課程」は、今年の春に開設満40年を迎えることができました。

　また、本学では、こうした矯正・保護における教育活動の実績を継承しながら、犯罪や非行を犯した人たちの立ち直りを中心に、国際的、学際的な研究活動も積極的に推進してまいります。

　2010年に開設しました矯正・保護総合センターでは、これらの教育・研究活動を一層充実・発展させるとともに、矯正・保護分野における社会貢献活動を事業の柱として加えました。こうしたセンターは龍谷大学にしかない日本で唯一のものと言えます。

　これら矯正・保護に関する教育活動と研究活動は、いずれも本学の建学の

精神を具現化する特色ある活動として着実に実績を積み重ねており、学外からも高い評価を得ております。

なお、昨年度、文部科学省「私立大学研究ブランディング事業」に本学が申請いたしました「新時代の犯罪学創生プロジェクト～『知』の融合とその体系化～」が採択されました。この研究が矯正・保護総合センターと連携して発展することを大いに期待しているところであります。

今後もセンターの豊かな教育・研究成果などを活用し、学内外の皆様との協力関係を、より一層深めながら、本課程のさらなる充実・発展を目指す所存であります。

引き続き、皆様方の変わらぬご支援を賜りますようお願いいたしまして、式辞とさせていただきます。本日は誠にありがとうございました。

〇司会　次に来賓の方よりご祝辞をいただきます。
　まずは浄土真宗本願寺派ご門主の大谷光淳様より、ご祝辞を賜りたいと思います。ご門主様、よろしくお願い申し上げます。

ご祝辞

大谷光淳（浄土真宗本願寺派門主）

このたび、龍谷大学「矯正・保護課程」が開設40周年を迎えられましたこと、心よりお慶び申しあげます。

「矯正・保護課程」は、戦前からの長い歴史と伝統を持つ浄土真宗本願寺派の宗教教誨を基盤としながら、日本で唯一の刑事政策に特化したプログラムとして、1977年に法学部を中心に特別研修講座として開設されました。

それ以来、刑務所や少年院・少年鑑別所などの矯正職員を目指す学生、また、社会復帰を手助けする保護観察官や保護司・教誨師等の専門職やボランティア養成を目的として、実務に即した教育プログラムを展開されており、今日まで矯正・保護活動の支援に大きく貢献されてきました。

最近の犯罪情勢を伺いますと、刑法犯認知件数は平成14年をピークに一貫し

て減少傾向にありますが、振り込め詐欺をはじめとする特殊詐欺やストーカー犯罪、児童虐待、覚せい剤等、身近に起こりうる犯罪は増加傾向にあります。

このような社会状況を踏まえ、犯罪や非行に関する正しい知識や判断力を養い、より広い専門的な視点を身に付けるためにも、「矯正・保護課程」における教育プログラムはますます重要なものとなっています。

本課程におかれましては、今後とも犯罪や非行を防ぎ、再犯防止に向けた取り組みのためのプログラムをより充実していただき、あらゆる人々が心豊かに生きることのできる社会の実現に向けて、一層の幅広い活動を展開されますことを念願いたしまして、お祝いの言葉とさせていただきます。

本日は、おめでとうございます。

○司会　続きまして、法務省矯正局長の富山聡様よりご祝辞をいただきます。富山様、よろしくお願いいたします。

ご祝辞

富山　聡（法務省矯正局長）

本日、ここに、龍谷大学「矯正・保護課程」開設40周年記念式典が挙行されるに当たり、一言御祝いを申し上げます。

龍谷大学矯正・保護総合センターが所管される「矯正・保護課程」が、その開設から40年となる節目の年を迎えられましたことは、誠に慶賀の至りに存じます。また、この間、本課程の発展に尽くされました、関係者の皆様方の御労苦に対しまして、深く敬意と謝意を表する次第です。

龍谷大学において開設された「矯正・保護課程」は、40年という歴史の歩みの中で、のべ2万4千人を超えるとお伺いしております多くの学生に、犯罪・非行をした者の更生という刑事政策分野についての知見を与え、刑事政策に関わる様々な分野に多数の有為な人材を輩出され、我が国の刑事政策の理論と実務の発展に寄与してこられました。その御功績の大なること、比類なきことは、万人の認めるところと存じます。

さて、昨年12月に成立・施行された「再犯の防止等の推進に関する法律」に基づき、法務省では、再犯防止推進計画の策定に向けて協議等を進めているところですが、この計画を実行に移すためには、地方公共団体を含む関係機関や民間団体等と緊密に連携しながら、息の長い取組を実施していくことが求められています。

　刑事施設においても、被収容者の特性に応じた処遇の充実・強化を図り、就労支援を始めとする社会復帰支援を着実に推進し、再犯防止施策を実効性のあるものにすべく取り組むに当たり、多くの機関、関係団体との連携を模索しております。

　少年院や少年鑑別所でも、平成27年6月1日に施行された新たな少年院法・少年鑑別所法の下、少年の特性に応じた矯正教育の充実や円滑な社会復帰に向けた支援の充実、少年保護手続を縦貫した精度の高い鑑別の実現に精力を注ぎ、同様に多くの機関・団体等との連携に努めています。さらに、少年鑑別所では、関係機関と連携した地域援助に取り組んでおり、再犯防止のみならず、少年非行を芽の段階から摘む支援等にも努めております。

　申すまでもなく、政府が掲げる「世界一安全な国日本」を実現するためには、一人でも多くの犯罪・非行をした者の更生を実現することが喫緊の課題であり、社会からの要請でもあります。このような状況の中、「矯正・保護課程」の果たす役割は、今後ますます重きを増すものと思われます。「矯正・保護課程」を学ばれた多くの方々が関連する諸分野に進まれ、変革の時代を迎えている21世紀の我が国の担い手として、縦横無尽に活躍なさることを切に期待しております。また、私ども矯正の分野にも数多くの優秀な人材を送っていただいており、引き続き共に働く仲間を輩出していただければ幸いに存じます。

　結びに臨みまして、40年の節目を契機として、「矯正・保護課程」のますますの充実・発展を心から祈念いたしまして、私からの御祝いの言葉といたします。

〇司会　続きまして、法務省保護局長の畝本直美様よりご祝辞をいただきます。畝本様、よろしくお願いいたします。

ご祝辞

畝本直美（法務省保護局長）

　本日、ここに、龍谷大学「矯正・保護課程」開設40周年の記念式典がこのように盛大に開催されましたことを、心よりお慶び申し上げます。

　まず、龍谷大学の建学の基盤である浄土真宗本願寺派におかれましては、古くは明治期、現在の更生保護制度の源流となる免囚保護制度の草創の時代から、犯罪者を改善更生する事業に、深い慈悲の心をもって御尽力いただいております。御門主様を始め宗門関係の皆様方の御尽力に敬意と謝意を表する次第でございます。

　龍谷大学におかれましては、この「矯正・保護課程」での教育を通じ、矯正・保護の分野において活躍する有為な人材を数多く輩出してこられました。また、平成22年には「矯正・保護総合センター」を開設され、矯正・保護の分野に特化した刑事政策に関する研究活動に先駆的に取り組み、着実な成果を挙げておられます。センターでは、研究活動に加え、各種講演会やシンポジウムの開催を通じ、矯正・保護を始めとした刑事政策の分野に関わる者が繋がり、連携を深める場を提供くださっております。このように龍谷大学が、わが国における本分野の発展に多大なる貢献をしていただいておりますことに、改めて感謝を申し上げたいと思います。

　さて、現在、わが国においては、検挙人員に占める再犯者の割合、いわゆる「再犯者率」が上昇しており、安全で安心して暮らせる社会を構築する上で、犯罪や非行の繰り返しを防ぐ「再犯防止」が大きな課題となっています。

　このような現状を踏まえ、昨年12月に「再犯の防止等の推進に関する法律」が公布・施行されました。今後、この法律に基づき、国、地方公共団体、民間団体の三者がより連携を深め、再犯防止に関する取組を推進していくことが期待されておりますが、とりわけ、矯正・保護の分野に携わる者には、これまで以上に有効で有用な施策を展開していくことが求められています。

なお、ご報告になりますが、本年9月に、アジアで初の開催となる「第3回世界保護観察会議」が東京で行われ、世界各国の研究者や実務家、政策立案者の幅広い知見を共有することができました。この会議を通じ、民間協力者に支えられたわが国の更生保護の素晴らしさや、社会内処遇の更なる発展の可能性を再認識いたしましたが、同時に、この分野における国際ネットワークの構築の必要性を痛感したところであります。

　「矯正・保護総合センター」におかれましては、今後とも、社会内処遇の新たなステージを担い得る人材を育成していただきますとともに、各種研究活動や社会連携活動を通じ、私どもが現在取り組んでおります再犯防止推進の施策に、一層のお力添えをいただきたく、お願いを申し上げます。

　最後になりましたが、浄土真宗本願寺派におかれましては、ここ京都に、関西唯一の女性専用の更生保護施設であります「西本願寺 白光荘（びゃっこうそう）」を設立され、これまで多くの女性に援助の手を差し延べ、その自立更生を助けていただいております。近年、高齢又は障害のある受刑者の増加が問題となっておりますが、西本願寺白光荘は、その受け皿となるべく、平成21年、高齢又は障害により自立に困難を伴う対象者を受け入れる更生保護施設としての指定を受け、これらの者を積極的に受け入れた上、その者たちが円滑に地域に定着できるよう、丁寧な処遇を行ってくださっております。日頃からの宗門の御支援と役職員の皆様方の一方ならぬ御努力に深く感謝申し上げます。

　結びに、40年の永きにわたり「矯正・保護課程」を支えてこられました大学及び宗門の関係者の皆様に重ねて御礼申し上げますとともに、本課程と本日ここに御参集の皆様方のますますの御発展を祈念いたしまして、私のお祝いの言葉とさせていただきます。

　本日はおめでとうございました。

〇司会　続きまして、公益財団法人矯正協会会長の藤本哲也様より、ご祝辞をいただきます。藤本様、よろしくお願いいたします。

ご祝辞

藤本哲也（公益財団法人矯正協会会長）

　本日の式典において、お祝いを申し上げる機会を得ましたことを、大変光栄に存ずるところであります。
　まずもって、この度、龍谷大学の「矯正・保護課程」が、記念すべき開設四十周年を迎えられましたことに対し、心からお喜びを申し上げます。
　大学において矯正保護に関する講座が存在することの刑事政策的意義は極めて大きいものがあると考えますが、龍谷大学におかれては、今日に至るまで、一貫してこの分野における先駆的役割を担われ、その間に、多様な研究成果を踏まえた熱心な教育指導を通じ、犯罪者の更生問題に理解と関心を有する多くの人材を育成し、社会に輩出するという、尊く、かつ、意義深い功績を挙げて来られました。このことに対しまして深く敬意を表するものであります。
　私ども矯正協会は、矯正に関する学術の発展と普及啓発を図るとともに、矯正行政の運営に協力し、犯罪及び非行の防止に寄与することを目的とした各種事業を行っておりますが、本課程を修了された方々の中から多くの俊秀が矯正に職を奉じておられることは、私共にとりましても大変に喜ばしく、また、心強く思っているところであります。
　矯正施設は今、「世界一安全な国・日本」の実現のため国民が強く求めている再犯防止に向けた総合対策に取り組んでいるさ中と承知しており、この重要施策の実践を担う優秀な職員を得ることは、従前にも増して肝要となっていると考えられます。龍谷大学の「矯正・保護課程」が、矯正の現場での活躍に志を抱く人材の育成のため、今後ともなお一層お力を尽くされますよう、私どもからもお願い申し上げる次第であります。
　終わりに、龍谷大学「矯正・保護課程」の今後ますますの御発展と関係の皆様方の一層の御活躍を祈念申し上げ、お祝いの言葉とさせていただきます。

○司会　続きまして、更生保護法人日本更生保護協会理事長の御手洗冨士夫様よりご祝辞をいただくことになっておりましたが、本日、御手洗様がご欠席のため、同協会事務局長の蛯原正敏様が代読をされます。蛯原様、よろしくお願いいたします。

ご祝辞

御手洗　冨士夫（更生保護法人日本更生保護協会理事長）
〈代読：蛯原正敏同協会事務局長〉

　大変恐縮ですが、当協会の御手洗理事長の出席がかないませんでした。祝辞を預かってまいりましたので、代読をさせていただきます。
　祝辞
　龍谷大学におかれましては、「矯正・保護課程」開設40周年を迎えられ、誠におめでとうございます。
　貴学におかれては、長年に及ぶ浄土真宗本願寺派の宗教教誨を基盤として、1977年に「矯正・保護課程」を設置されて以来、幅広い活動を展開されてきました。
　教育活動として刑務所、少年院、少年鑑別所などで働く矯正職員や、犯罪をした人、非行のある少年の社会復帰の手助けをする保護観察官等の専門職のほか、保護司や篤志面接委員、BBS等のボランティアの養成に努められ、また、研究活動として刑事立法プロジェクトなどの研究プロジェクトを推進され、『矯正講座』や『研究年報』を刊行されるなど、極めて貴重なお仕事を40年間の長きにわたって続けてこられました。
　こうして着実に実績を積み重ねてこられましたことは、まさに称賛に値するものであり、関係の皆様のご努力に敬意を表したいと存じます。
　近年、犯罪者、非行少年の社会復帰と再犯防止につきましては、居場所と出番を確保して立ち直りを促すとのテーマの下、矯正・保護関係者ばかりでなく、福祉、保健医療従事者、協力雇用主など、多方面の関係者が集い、孤立しがちな出所者等の住居や就労の確保を支援する方策等について、連携を

図りつつ、その充実が図られています。しかし一方では保護司の確保や、地方公共団体との連携、地域住民の理解を得ることなど、多くの困難な課題も抱えております。

　その点、龍谷大学矯正・保護総合センターにおかれましては、刑務官、法務教官、保護観察官などの公務員をはじめ、更生保護施設の職員、保護司や教誨師等のボランティアなど、有為の人材を多数輩出され、また数々の研究プロジェクトを遂行し、犯罪をした人、非行のある少年の社会復帰を促進するための学際的、国際的な研究活動を推進されるなど、人材養成や研究活動を通して矯正・保護の領域をけん引されているのでございまして、今後期待されるところはますます大きいものがあると存じます。

　国においても、地域社会においても、再犯防止の推進が重要な課題となっている今こそ、犯罪者の社会復帰を目指して研究、教育、社会貢献を一体的に推し進められている龍谷大学矯正・保護総合センターの活動は誠に意義あるものであると存じます。

　龍谷大学矯正・保護総合センターの活動が、関係の皆様との連携の下、より一層の成果を上げられることを期待申し上げ、併せてご参集の皆様のますますのご健勝を祈念いたしまして、私の挨拶といたします。

　平成29年10月28日、更生保護法人日本更生保護協会理事長 御手洗冨士夫。代読させていただきました。

　本日は誠におめでとうございます。

〇司会　それでは乾杯の準備に入らせていただきます。準備の方を、よろしくお願いいたします。

　それでは準備が整いましたので、大阪高等検察庁検事長の三浦守様に乾杯のご発声をお願いいたしたく存じます。三浦様、よろしくお願いいたします。皆様、ご起立をお願いいたします。

乾杯ご発声

三浦　守（大阪高等検察庁検事長）

　龍谷大学「矯正・保護課程」開設40周年記念、誠におめでとうございます。

　矯正・保護という分野は、言うまでもなく人の力が大変重要であります。そういう意味で、この分野において大きな力を発揮してくれている多くの人材を、この課程で輩出していただいているということに対しまして、本当に敬意と謝意を表する次第です。

　40年前もそうであったと思いますが、現在、さらに今後、その重要性はますます大きくなると思います。この「矯正・保護課程」がさらに発展され、有為な人材を引き続き育てて世に送り出していただくことを強く期待しております。

　それでは龍谷大学「矯正・保護課程」のますますのご発展を祈念し、そしてここに集まった皆様のご健勝を祈念して、杯を上げたいと思います。乾杯。

〇司会　それではしばらくの間、ご歓談ください。

（出席者は食事をとりながら懇親）

〇司会　失礼いたします。ご歓談中のところを誠に申し訳ありませんが、そろそろ閉会の時間が近づいてまいりました。わずかな時間ではございましたが、懇親を深めていただけたことと存じます。

　それでは、最後になりましたが、閉会にあたりまして、龍谷大学矯正・保護総合センター長の福島至より皆様にお礼のごあいさつを申し上げます。

閉会の辞

福島　至（龍谷大学矯正・保護総合センター長）

　皆様、今日は本当にどうもありがとうございました。いろいろな方々に来ていただきまして、交流を深めることができたかと思います。

　先ほど来、お話に出ていますように、矯正・保護の分野では、人のつながりが大事だということはよく分かっていることでございます。私自身も、いろいろなつながりを生かしながら進めていく必要があるだろうと思っています。今日の会合が皆様方のつながりをさらに深めることになれば、私たちとしては非常にうれしい限りでございます。

　この先、また50周年に向けまして、龍谷大学矯正・保護センター、「矯正・保護課程」は、精進を重ねてまいるつもりでございます。引き続き、ご協力、ご支援を賜れれば、まことに幸いでございます。今後ともよろしくお願いいたします。

　これをもちまして、龍谷大学「矯正・保護課程」開設40周年記念式典（40周年のつどい）を閉会させていただきます。どうもありがとうございました。

──〔〈特別企画〉坂東知之先生卒寿記念インタビュー〕──

龍谷大学 矯正・保護課程に関わる人々へ
(後編)

坂 東 知 之（文学部客員教授）
聞き手 菱 田 律 子（矯正・保護課程講師）

----前号に引き続きよろしくお願いします。浪速少年院長時代の1985（昭和60）年度から、2000（平成12）年度まで16年間にわたり龍谷大学矯正・保護課程において「矯正教育学」を担当されますが、その原動力について、お聞かせください。

　私の、母校にかける厚い思いは、大げさな表現になりますが、浄土真宗本願寺派寺院の寺族として、この世に生を受けたことに根差しています。旧制中学校卒業後、目指す学校に入れず、一浪して龍谷大学文学部予科に拾ってもらったことを、今も感謝しています。いわば「母校愛」に発するものです。そして、矯正・保護課程に関わることになった具体的な契機は二つです。

　その一は、私が広島少年院長として在勤２年目の1984（昭和59）年の年末、先輩の井田慈清先生（法務省矯正局教育課勤務時代の上司、大阪拘置所長で定年退職。当時、浄土真宗本願寺派・矯正教化連盟の役員。終戦時、海軍中尉・航空機搭乗員）から、突然、電話をいただきました。その要旨は「君が来春、大阪矯正管区管内の少年院に異動されると耳にしたが、できれば、母校の『特別研修講座』の非常勤講師に推薦したいがどうか」というものでした。井田先生のお話に即座に応諾したのは、ある「期待」があったからです。1987（昭和62）年の定年を前にして省みると、私が歩んできた矯正の各職場、1951（昭和26）年から奈良少年刑務所で６人、1954（昭和29）年から大阪矯正管区で３人、1957（昭

和32）年から矯正局で1人、1965（昭和40）年から浪速少年院で4人、1975（昭和50）年から大阪矯正管区で2人、1981（昭和56）年から愛知少年院で1人、1983（昭和58）年から広島少年院で2人、1985（昭和60）年から浪速少年院で5人、いずれの職場でも校友の皆さんが、それぞれに所を得て活躍されている情況を見聞してきたので、日頃から、後に続く後輩を育てる上で、何か役に立つことができればと「期待」していたからです。

その二は、現行の「矯正・保護課程」受講対象者に対して講義をする機会が与えられれば、さらに私の体験から学校教育や児童福祉の分野を目指す学生に対してもアピールできる講義を展開したいと考えていたからです。

御承知のとおり、1977（昭和52）年、本学法学部の特色を活かすため「矯正課程」の設置が決定され、「特別研修講座」に移行、1995（平成7）年から「矯正・保護課程」に改称、2010（平成22）年には「矯正・保護総合センター」が開設され、2017（平成29）年、開設40周年を迎えたことは、誠に感慨深いものがあります。

ところで、実は、高等学校の教員を目指していました。予科時代の2年間、本学及び京都大学出身の新進気鋭の講師陣に恵まれ、それなりに努力、文学部社会学専攻に進み、所要の単位取得に努めたものです。高等学校の教員への憧れは、旧制中学校低学年の頃に国語・国文法を担当された教師の授業態度からでした。その授業は、どうしたことか、高学年対象の文語体の国文法でした。毎時、豊かな教養に基づいた、自信に溢れた、歯切れのよい言葉で展開される授業に、未熟な中学生ながら妙に魅力を覚えました。同師が、本学出身者であったことから、授業中、よく指名され、時にからかわれることもありました。今でも、時折、文語文の「係り結び」の係助詞、「は・も・ぞ・なむ・や・か・こそ」が口をついて出てくることがあります。とはいえ、卒業を前にしながら、郷里の高等学校の教員の採用試験の情報を得ないままであったところ、本学事務局の速見先生から、奈良少年刑務所で法務教官を募集しているので応募してみないかと声が掛かり、早速、手続を取ってもらい、速見先生の付き添いで数名が採用試験を受けました。関西の他大学の学生もいました。採用され、以来、矯正に携わることになりました。

——これまで「矯正講座」に度々寄稿されていますが、中でも、第17号〜第19号に連載された『我が国の少年保護制度の沿革』を読ませていただき、少年矯正への深い思いを感じます。改めて、執筆に込められた思いを、お聞かせください。

　『我が国の少年保護制度の沿革』は、「矯正教育学」の受講者向けの教材として論述したもので、サブタイトルを『懲治監の創設にはじまる三つの流れ』として、受講者の関心を高める上で役立てたいと考えた訳です。これらの流れは、具体的には、その一として、1872（明治5）年の監獄則による懲治監の創設、その二として現行の児童自立支援施設に至る流れ、その三として現行の少年刑務所に至る流れ、その四として現行の家庭裁判所、少年院等に至る流れを挙げることができると考えた次第です。
　ともかく、縁あって私が担当する「矯正教育学」の導入として、我が国の少年保護制度について一応の理解と関心を持たせる上で役立たせたいというねらいがありました。
　『沿革（一）』の「はじめに」で、「少年保護とは、少年非行に対する諸施策の総体をいうのであるが、その位置づけについては社会福祉と教育、刑事政策の接点領域に成立する三重の構造をもつ活動としてとらえることができる」（「矯正講座」第17号59ページ、全国教護院協議会「教護院運営ハンドブック」から）という文章を取り上げましたが、再読していただきたい。
　ところで、この連載に関する資料を整理していたところ、懐かしく思い起こされた私事が三つありました。その一は、詳しくは後でお話しますが少年院で「短期錬成」が始まった1943（昭和18）年、奇しくも岡山県の味野にあった逓信省の第二短期高等海員養成所で「速成教育」を受けていた少年時代のことです。その二は、1951（昭和26）年5月から奈良少年刑務所に採用され矯正職員として生活を始めたのですが、同年は戦後少年非行の第一のピークで、いわゆる「刑務所付設の特別少年院」、即ち刑務所の特に区別した場所を特別少年院に充てることができる期限が2年間延長された年（矯正協会編「少年矯正の近代的展開」770ページ参照）でした。同年の奈良少年刑務所の年末収容人員を見ると、受刑者839人のうち20歳未満446人、付設特別少年院在院

者513人という、驚くべき状況でした。その三は、戦後少年非行の第二のピークは1964（昭和39）年ですが、1965（昭和40）年に浪速少年院次長として勤務、初めて少年院勤務を体験、当時の職員の皆さんと共に、収容定員の2倍近い200人余の在院者を抱え、正しく悪戦苦闘していたことでした。

　この連載は、1994（平成6）年の「矯正講座」第17号から始め、1996（平成8）年の第19号で完結したものですが、当時の報道、1996（平成8）年9月21日付け朝日新聞によれば、久しく論議が中断していた少年法改正問題について、「法曹三者は20日、現行の少年審判制度の問題点を検討するため、定期的な意見交換会を設置することで合意した」とあり、さらに同紙は「意見交換会は少年法改正に直結するものではないが、事実認定のあり方を中心に現行法の限界を指摘する声は強く、将来の見直しに向けて共通認識を形づくる場になりそうだ」とコメントが付されていました。少年法改正問題は、現在も続いており、少年保護制度の沿革を学ぶ意義は、今日もあると思います。

　――同じく、「矯正講座」第10号『戦時下の少年院』の執筆に込められた思いを、お聞かせください。

　1941（昭和16）年11月22日付けで「国民勤労報告協力令」が公布され、14歳以上40歳未満の男子と14歳以上25歳未満の未婚女子を対象に勤労奉仕が義務付けられました。また、「学徒勤労動員」も始まりました。いずれも戦時下の労働力不足を補うための措置でした。その頃、旧制中学校4年生だった私は、農繁期になると瀬戸内の出征中の同窓の先輩の農家へ数人の級友と一緒に援農作業に動員されました。一級下の生徒は、中京地区の軍需工場へ動員されていました。

　1943（昭和18）年1月20日、「勤労青少年輔導緊急対策要綱」が閣議決定され、同年1月27日、司法省保護局長通牒「矯正院ニ於ケル短期錬成実施ニ関スル件」をもって「大東亜戦争下第二春ヲ迎ヘ戦力ノ飛躍拡充ヲ期スベキ秋ニ際リ矯正院ニ於テハ早急ニ決戦的態勢ヲ整ヘ収容少年ノ処遇ノ強化ヲ図リ之ニ対シ厳格ナル集団錬成ヲ施シ以テ極メテ短期間ニ矯正ノ実ヲ挙ゲ速ニ之ヲ戦力増強生産部門ニ動員スルノ急務ナル」（矯正協会編「少年矯正の近代的展開」528ページ参照）こととされ、同年2月1日から終戦まで、旧少年法と矯

正院法に基づく少年院において「短期錬成」という過酷な時代があったことを、戦争を知らない読者に、知ってほしいと思ったからです。

　――同じく、第9号『宗教教誨雑感』、第13号『宗教教誨における今日的課題』、第15号『行刑施設における宗教教誨の現状』を寄稿されています。全国教誨師連盟「教誨マニュアル」の編集委員をされたと伺っています。宗教教誨についての思いを、お聞かせください。

　前にもお話したように、浄土真宗本願寺派寺院の次男として、この世に生を受けたことが、宗教教誨との関わりの第一歩だと思っています。

　旧制中学校3年生の頃だったと思いますが、ある日、寺院住職である父宛てに届いた封書の発信者が、刑務所の教誨師であり、当時の教誨師は司法省所属施設の官吏であることを父から教えてもらいました。

　参考までに、2016（平成28）年版「犯罪白書」の第4章第3節『刑事施設の運営等』の中で、民間協力の一環として「宗教上の儀式行事・教誨」を取り上げていますので、読んでください。さらに詳しくは、「宗教教誨の現在と未来―矯正・保護と宗教意識―」（赤池一将・石塚伸一編著、本願寺出版社）を読んでください。

　浄土真宗本願寺派所属の教誨師の皆さんにお願いしたいことがあります。それは、「教誨通信」を手元に置いて活用していただきたいことです。年1回ですが、これまでに相当数が刊行されていると思います。「教誨マニュアル」も、時に通覧していただければと願っています。

　――奈良少年刑務所が、2017（平成29）年3月をもって収容業務を停止しましたが、お気持ちをお聞かせください。

　奈良少年刑務所は、私にとって、新任の法務教官として、わずか3年間でしたが勤務させてもらい、当時の関係の皆さんから種々御指導をいただいた、心の底から懐かしく思う施設です。

　2016（平成28）年11月4日付け朝日新聞夕刊に、奈良少年刑務所の写真集が出版されたことが「あたたかみの記録　現有最古」の見出しで報道されて

いました。その写真集「美しい刑務所　明治の名煉瓦建築　奈良少年刑務所」(写真：上條道夫、文：寮美千子、西日本新聞社)を手にして、感慨ひとしおです。また、2016(平成28)年11月1日付け同紙夕刊では「詩の授業　ありがとう」の見出しで、詩を通じて心を開いていく受刑者たちのこと、2017(平成29)年4月3日付け同紙夕刊では「二度と加害者にさせない　146年の歴史に幕　職員180人叱り、聞き、諭し続けた」の見出しで報道されていました。建築物の美しさだけでなく、同所で展開された教育的処遇風土に着目した報道を展開してくれたことは、「我が意を得たり」です。

　ついでながら、2017(平成29)年10月21日付け同紙be版「みちものがたり」シリーズとして、「囚人道路・北海道　国策にかり出された受刑者と近代化のスタートライン」を取り上げているので、関心のある方は、縮刷版などで御一読いただけたらと思います。

　――2017(平成29)年4月、矯正・保護課程は開設40周年を迎えましたが、お気持ちをお聞かせください。

　矯正・保護課程が開設40周年を迎えることができたのは、これひとえに本学御当局の深い御理解の御支援のもと、関係諸教授のあふれんばかりの熱意、さらには矯正・保護の現場を熟知した講師陣の活躍によるものであると、本学出身の関係者の一人として、誠にありがたく、厚くお礼申し上げます。

　今日の矯正・保護課程の盛況には、これを裏方として支えてこられた事務局の存在が大きいと思います。この際、特に取り上げます。

(1) 事務局職員が、矯正・保護課程の内容を十分に理解、把握していることに驚いています。詳しく知りたい方は、事務局職員に説明を求めてみたらわかると思います。

(2) 関係の会議に提出された資料も、その選択が適正で、しかも正確・緻密に作成されており、説明もわかりやすい。論議を深める立場から、出席者の適正かつ活発な質疑を期待しています。

(3) 事務局職員には、代々、明るく誠実な方が配置されています。お陰で、講義を担当していた当時、安定した気分で教室へ行くことができ

たように思います。事務局職員の対応が、明るく親切なので、所要の案件などについても相談しやすく、今後ともよろしくお願いいたします。

——最後に、矯正・保護課程に関わる人々（「矯正講座」の読者、矯正・保護課程の受講者、受講希望者、元受講者、矯正職員、担当講師等）へのメッセージ、叱責、訓辞等、お聞かせください。

私の信条というか、座右の銘についてお話します。本学での講義の最終年頃から、強く惹かれるものがありました。それは、天台宗の開祖、最澄さんの「山家学生式（さんげがくしょうしき）」の中の『一隅を照らす　此れ則ち国宝なりと』です。国宝とは、岩波書店の仏教辞典によれば、「道心のある者で、世の一隅に光を与える者」とされています。矯正・保護課程が、「一隅を照らす国宝的人材」の養成につながることを願っています。

なお、法務教官在職中、努めて、①意見を言う機会に恵まれない人、②目立たない人、③気が弱い人、④若い人たち、⑤病後の人たちから信頼される存在でありたいと願っていました。前・後編通してお話したことが、少しでもお役に立てば幸いです。最後に、読者の皆様に心からお礼申し上げます。

——前・後編を通して、貴重なお話を承り、本当にありがとうございます。今後とも、矯正・保護課程の先達として御指導のほど、よろしくお願い申し上げます。

前編では、戦後の大宮学舎で「古文担当の玉上先生が朗唱された、万葉集の巻頭の雄略天皇御製が、今も私の耳に残っています」とお話されたことが、とても新鮮でした。後編でも、文語文の係助詞のお話に、文学青年としての感性の源に触れたような気がしました。それにつけても、先生の記憶力の確かさ、思いやりにあふれた思慮深さ、そして、最新の出版物や新聞記事等にも深く関心を寄せられていることには、感嘆のみです。

　戦後少年非行第一のピーク、第二のピーク時の先生の実体験に基づくお話は、大変貴重な証言です。是非、この機会に「矯正講座」に先生が寄稿された『我が国の少年保護制度の沿革』ほかを御一読いただければと思います。

　おわりに、私の「思いつき」から始まったこの企画に、快く応じて下さった先生に心から感謝いたしますとともに、今後とも、御指導のほどよろしくお願い申し上げます。

【お詫びと訂正】
　前編の3ページ3行目に誤記がありました。謹んでお詫びして訂正いたします。
誤：棚瀬先生（東京帝国大学文学部出身で浄土真宗本願寺派の寺属）
正：棚瀬先生（東京帝国大学文学部出身で浄土真宗本願寺派の寺族）

　　　　　　　　　　　聞き手　菱　田　律　子（矯正・保護課程講師）

〔論説〕

「少年院運営改善」を振り返って

菱　田　律　子（矯正・保護課程講師）

はじめに

　昭和24（1949）年1月1日、現行少年法と少年院法（旧法）が施行され、戦後の少年院が発足、平成31（2019）年には70年の節目を迎えるが、少年院の現実は極めて厳しいものがある。少年院新収容者の減少、加えて、少年法の少年年齢について、現行の20歳未満から18歳未満への引下げが論議されており、実施されれば、少年院は「存亡の機」に直面することが危惧される。
　本稿は、昭和51（1976）年12月8日付け矯正局長依命通達「少年院運営の改善について」をもって試行が開始され、昭和52（1977）年5月25日付け矯正局長依命通達「少年院の運営について」をもって同年6月1日から本格実施された少年院運営改善（以下「運営改善」という。）に関する個人的体験から、少年院の来し方行く末を考えようとするものである。
　なお、原則として、元号（西暦）併記とし、参考文献の引用に当たっては、直接御指導いただいた方々のものもあるが、敬称は省略する。

1　明徳少女苑——少年院運営改善に直面して——

（1）　明徳少女苑の概要
　筆者は、昭和51（1976）年4月1日付けで、明徳少女苑（以下「明徳」という。）において法務教官として採用され、平成25（2013）年3月31日付けで定年退職するまでの37年間、矯正職員として勤務していた。

明徳は、名古屋市天白区天白町八事八幡山にあった女子少年院である。近隣には、名城大学や塩釜神社等があり、春は桜とつつじ、秋は紅葉の名所として知られた閑雅な丘陵地帯にして住宅街の一隅にあった。
　明徳の記念誌「あゆみ」や矯正協会発刊「矯正風土記」によれば、前身は、昭和10（1935）年、名古屋控訴院検事長の主唱で思想犯関係の青少年を対象に設立された保護団体「明徳塾」である。昭和24（1949）年1月、国に移管され、瀬戸少年院分院として発足、昭和26（1951）年4月、本院に昇格、草創期は過剰収容のため食料の確保と病気の治療に苦労したとのことである。
　昭和41（1966）年には「明徳技能訓練所」、昭和43（1968）年には「花の木美容学校（愛知県の県木ハナノキにちなんで命名）」を開設、手芸・タイプライター・美容の3種目の職業訓練施設になった。特に、美容は、女子少年院では唯一の種目であり、全国募集して訓練生を受け入れ、愛知美容学校長、名城大学教授等の協力を得て意欲的に実施していた。
　昭和48（1973）年、管内各少年院の土地の効率化を図るという総合的見地から、特定固有財産整備特別会計として瀬戸少年院の敷地内に新営移転する計画が浮上したが、瀬戸少年院周辺住民の反対運動のため、昭和49（1974）年、同計画が廃止された。
　昭和51（1976）年2月、保護処分多様化の先取りとして、収容期間4か月の短期処遇課程を開設、同年10月、収容業務停止（以下「業停」という。）が内定した。

（2）　新採用職員当時

　採用当日、同日付け採用職員と共に、苑長室において「法務教官」の辞令交付を受けた。築41年の木造2階建ての庁舎は、老朽化していたが、どこか懐かしいような風情と温かみがあり、周囲の景観と調和していた。
　職員30人、長期生10人、短期生1人（短期処遇課程を開設して最初の少年）の小規模施設だった。収容人員から、さぞかし「のんびり」していたと想像されるかもしれないが、事実は否である。離任・退職する職員6人の送別会を兼ねた昼食会に参列、職員一人一人の言葉に涙を流す少年たちに感動した初

行事から、息つく暇もない多忙な日々（「別表１　新採用職員当時の自庁研修日誌の抜粋」参照）が始まった。20日余りの自庁研修では、苑長・各課長による研修もあったが、生活指導・職業補導・保安等の各係長から、きめ細かい実地研修や当直勤務の見習い、塩釜神社での花見や名古屋城への社会見学、誕生会などの行事があり、アットホームな中にも厳しさもあり、実務を通して「法務教官」として育てていただいた。

　南向きの斜面に建てられた施設は、庁舎から各寮舎、最上段の医務課まで階段状の渡り廊下でつながり、さらにその上が運動場、耕作地は庁舎とは道路を挟んだ反対側の斜面にあった。一日に何度も、階段や坂を昇降することは、体力がなかった当時の筆者にとって、毎日が体力測定・トレーニングだった。４月21日からは当直勤務に組み入れられ、月に８回から９回の当直勤務が命ぜられた。初めての名古屋の蒸し暑い夏は、当直勤務をこなすだけで精一杯だった。

（3）　収容業務停止

　当時の苑長にして最後の苑長 首藤吉男 は「矯正風土記」に『痛恨の極み、業停！』と題して寄稿、次のように記している。

　　忘れもしない昭和51年10月４日、私は全国少年院長会同から急ぎ帰庁し、朝礼の席で業務停止の本省計画について全職員に伝達した。会議室は一瞬水を打ったように静まりかえり、伝達を受ける職員の顔は心なしか青ざめていくように見受けられた。

　　明徳少女苑の場合は、収容人員の極端な減少に加えて、建物設備の老朽化等の問題点はあったにしても、少年院唯一の美容学校を設立して本格的な職業訓練を実施中であった。四囲の環境からして、教育実施上有効な社会資源を豊富に利用できる好条件を備えた施設であったことから、業務停止の措置はまことに遺憾であった。（中略）施設の整理統合に際しては、往々にして職員の士気の低下と混乱を招きやすいので、職員に希望を与えるために、職員の再配置について早期に見通しをたてるべく矯正管区と緊密な連絡をとりながら遺漏のないように配慮したが、途中で人事担当部課長が定期異動により交替し、異動計画の一部手直しが行われるなど、転出先の固まるまでの間の所属職員の心情は

複雑で、不安や動揺をかくせなかった。しかし、教育の対象者である少女たちに対しては、業務停止の厳しい現実を極秘事項として守りとおし、最後の一人の少女が出院するまで、職員一同ふだんと変わらぬ誠実な勤務を続けて、無事終結できたことは幸いであった。これも、ひとえに、小施設で良質の職員のまとまりがあったからにほかならない。(後略)(「矯正風土記」上巻1143ページ)

筆者は、採用一年目であったが、国家公務員採用試験上級乙種採用者として、昭和51（1976）年9月20日から同年12月18日まで矯正研修所大阪支所における中等科第二部研修に入所中であり、苑長の業停の話は、直接、聞いてはいない。直属の上司である教務課長からの封書で知った。中等科第二部研修には、富山少年学院と河内少年院の職員も入所、筆者も含めると、研修員12人中3人が業停に直面した。極秘事項であることを遵守したのか、「情報交換」した記憶はないが、各自厳しい現実を受け止めたと思う。

中等科研修了後、筆者は名古屋矯正管区総務課に併任され、矯正局指示の法規の整理に携わることになった。同様に併任されていた中に、先に業停になった三重少年学院の元職員がいた。また、明徳の用度係長は豊浦医療少年院で業停を経験、異動先の三重少年学院の業停により明徳に異動した方であることを知り、業停の個々の職員に与える影響を実感した。当時の名古屋矯正管区は、豊浦医療少年院、三重少年学院、岐阜少年院に続き、明徳と富山少年学院の業停が決まり、打撃は大きかった。

昭和52（1977）年1月14日、管区長から明徳に対し正式に業停の告知がなされた。筆者は、第一部長から告知を受け、異動の希望を聞かれた。女子職員の配置に苦慮されているものと推測、名古屋出身ではないことから「東京」と答えたところ、その場で愛光女子学園（以下「愛光」という。）への転任が決まった。実質的には、わずか半年しか勤務することができなかった明徳ではあるが、当時の少年たちのフルネームや会話の断片等を、今も覚えている。明徳は、筆者にとって、矯正職員としての原点である。

2　愛光女子学園──少年院運営改善の渦中で──

(1)　長期処遇施設から短期処遇施設へ

　業停に伴う異動の第一陣として、昭和52（1977）年3月22日付けで東京都狛江市の愛光へ転任した。

　当時、長期処遇2か寮（さくら寮・わかば寮）、短期処遇1か寮（ふよう寮）、合計50人余り収容していた。卒業遠足の際に逃走企図した長期生、縫い針を嚥下し、さらに実習室階上の物干場から飛び降り自殺を企図した短期生が在院、明徳育ちの筆者には、大都会の少女たちは手強い存在だった。

　運営改善によって、東京管内の女子少年は、榛名女子学園が長期処遇、愛光が短期処遇と分けて運用することになり、愛光は昭和52（1977）年3月末をもって長期処遇の新収容を停止し、短期処遇専門施設へ転換する途中だった。

(2)　爆発

　長期生と短期生の人数比が逆転、長期処遇1か寮（わかば寮）、短期処遇2か寮（さくら寮・ふよう寮）になった頃から、長期生の心情は不安定になり、遂に「爆発」した。昭和52（1977）年11月18日、雨で一日延びた神代植物公園への遠足が実施された日の深夜、長期生4人がモップの柄で寮舎廊下・扉の窓ガラス21枚を叩き割り大騒ぎ、非常ベルによって駆け付けた職員によって単独室に収容され、金属手錠（現行の第一種手錠に相当）が使用された。4人は近接の狛江団地に向かって「団地の皆さん…」と大声を発し、職員に対し怒鳴り続けていた。身体の柔らかい1人が後ろ手に掛けられた金属手錠を前に持ってきて手を抜くことに成功すると、手錠が凶器と化し、手錠を振り回して単独室内を破壊、そのことを大声で通声、他少年も真似を始め、手の施しようのない、まさに「騒擾」状態になった。筆者は愛光から少し離れた調布市国領の独身寮に住んでいたが、当直明けの非番だったためか、非常招集されなかったが、翌朝登庁して愕然とした。短期生はおびえ、長期生は皆表情が変わっていた。東京矯正管区機動隊（府中刑務所）が派遣された。

当時の寮舎は、2階建てで半開放の集団寮と単独寮が鉄扉でつながり、巡回路はなく、寮舎内を巡回する構造だった。単独寮は、階上6室は考査生、階下6室は調査・謹慎生等を収容していたが、単独寮の少年は集団寮に移し、階上階下に2人ずつ収容、前日までとは異世界になっていた。長期生の集団寮は階上にあり、残りの10人余の少年たちも、4人ほどではなくとも職員に対し敵意をむき出しにする者もおり、それからの数か月、長期生全員が出院するまでの間、緊張感に押し潰されそうな勤務が続いた。
　4人のうち2人はむりやり医療上の理由を付けて関東医療少年院へ移送され、同院から榛名女子学園へ、1人は青葉女子学園へ保安上移送、残りの1人は昼夜間単独処遇のまま翌年3月仮退院したが、最後まで決して心を開こうとしなかった。
　当時の園長　津久井保　は、「愛光の歩み　40周年記念誌」に『思い出』と題して寄稿、次のように記している。

　　　長期の少女達が教育課程の途中で、改善もされないままに退院を政策的に早めることには問題があると考え、社会復帰後、更生が見込まれる少年についての仮退院を早めることには異論はなかったが、それ以外の少女については従来通りとして、当分の間、短期、長期の併設で運営することも已むを得ないことと考えた。(「愛光の歩み　40周年記念誌」12・13ページ)

　自分達より後に入院した短期生が、先に出院するのを目の当たりにする長期生の心情を思えば、長期生への配慮が不足していたと言わざるを得ない。少年院新収容者の凋落傾向を食い止める切り札として期待された短期処遇への転換であったが、実に試練の道だった。
　ところで、神代植物公園への遠足が、雨天で延びていなかったら、筆者の当直の日の夜間に決行されていたのであろうか、真相を知りたいと思い、「保安情報」等を調べてみたがわからなかった。愛光の「記念誌」の年譜にも、神代植物公園への遠足については記載されているが、本件については記載されていない。「法務年鑑」(昭和52年版90ページ) には、「逃走事故は、少年院40件、少年鑑別所7件で、前年とほぼ同様の発生件数であり、その他特に問題もなく平穏であった」(傍点筆者) とある。現場で勤務していた者として

は「騒擾」であったと思うが、矯正局とは見解の相違であろうか。

　蛇足ながら、昭和59（1984）年9月、笠松刑務所に出張した際、偶然、分類事務室の壁の昼夜間単独処遇者の名札の中に、4人のうちの1人の氏名を発見、驚愕した。分類事務室を出たところで、連行中の彼女とすれ違い、大変、緊張した記憶がある。もし、最初の少年院で「爆発」させることがなければ、その後の彼女の人生は違っていたかもしれないと思うと、複雑なものがある。

3　少年院運営改善の意義

（1）「大きな変革」それとも「軌道修正」

　運営改善について、平成元年版「犯罪白書」では「昭和の刑事政策」を特集、「少年院処遇の新たな展開」として、次のように記されている。

　　昭和52年には、「少年院の運営について」の通達が発出された。これは、それまでややもすると、少年の収容期間が1年程度に固定化しがちであったことや処遇内容が画一的になりがちであったことなどに対する反省から、処遇の個別化、収容期間の弾力化、各施設における処遇の特色化を図ることのほか、少年院における施設内処遇と仮退院後の保護観察との有機的一体化を図ること、関係機関や地域社会との連絡協調を一層強化することなどを基調とするもので、戦後の少年院処遇制度における大きな変革であった。（傍点筆者、「犯罪白書」平成元年版546ページ）

　平成12（2000）年に法務省から刊行された「法務行政の50年」では「重要施策の変遷」として、次のように記されている。

　　昭和42年以降、少年院の新収容人員は大幅に減少を続けた。この要因として、処遇形態の画一化、在院期間の硬直化等の指摘もなされたが、より大きな背景として、従来のいわゆる国親思想に疑問が呈され、施設収容はできる限り忌避すべきものであるという刑事政策上の潮流が高まったことも影響していたものと推測される。これらの事態を受け、真に実効ある処遇を展開し得る少年院運営の在り方が、真剣に議論・検討されることとなった。それらの結果とし

て、昭和50年代に入り、少年院運営は軌道修正された。(傍点筆者、「法務行政の50年」355ページ)

運営改善とは、「大きな変革」それとも「軌道修正」、どちらだったのだろうか。この書きぶりの違いに当惑する。また、「法務行政の50年」では、背景について「推測される」として明言を避けていることを、残念に思う。

(2) 少年院数の推移――増設と廃止――

終戦直後、設置順に多摩少年院、浪速少年院、瀬戸少年院、福岡少年院、広島少年院、仙台少年院（現東北少年院)、北海少年院の7庁だった。

戦争孤児の保護や少年非行の急増、民間の少年保護団体が昭和24（1949）年3月31日限りで廃止されることになったことから、増設が急務となり、昭和24（1949）年1月の現行少年法と少年院法（旧法）施行時には、本院25庁、分院23庁、計48庁になった。

さらに、昭和26（1951）年1月から、少年法第68条の暫定措置期間の経過により少年年齢が18歳未満から20歳未満へ引上げられるため、対応が必要だった。そのため、分院から本院への昇格、刑務所から少年院への転用、新設、廃止があり、昭和29（1954）年末には、本院56庁、分院6庁、計62庁になった。その後も、分院から本院への昇格、新設、廃止があり、そして、昭和47（1972）年の沖縄の本土復帰により、本院62庁、分院2庁、計64庁になった。これが少年院数の最高値である。

しかしながら、昭和42（1967）年以降、新収容者は大幅に減少、昭和49（1974）年の新収容者は1969人、戦後最低を記録、少年院数を維持することは困難になった。

昭和49（1974）年、「矯正施設適正配置計画」が策定され、千葉星華学院、三重少年学院、岐阜少年院、千歳少年院の業停が決まった。

さらに、昭和51（1976）年、運営改善の試行により、東京医療少年院、印旛少年院、河内少年院、明徳、富山少年学院、新光学院、東北少年院の7庁の業停が決まった。廃止までに年月を要した施設や再開した施設もあり、平成11（1999）年、本院53庁になった。詳細は「別表2 少年院数の推移」を

参照していただきたい。
　時代の要請で増設され、不要になり廃止されたと言われれば、それまでのことではあるが、いずれの施設も少年保護団体や旧軍事施設の転用であり、過剰収容時代には、逃走や騒擾など幾多の困難を乗り越えてきたこと、そして、断腸の思いで業停という困難な業務を遂行したことを、忘れてはならないと思う。運営改善とは、まず身を切って断行されたものであった。

（3）　場末の大衆食堂
　運営改善について、「刑政」の座談会「少年院・少年鑑別所50年のあゆみ―少年法・少年院法施行50年の軌跡と明日への展望―」の中で、境克彦（当時多摩少年院長）が、次のように語っている。

> この運営改善で一番印象に残っているのは、当時の矯正局長が少年院を称して、例えて言えばお客の入らない場末の大衆食堂とおっしゃったことです。大変ショックでした。建物は古い。従業員、すなわち職員は頭が硬い。メニュー、すなわち処遇内容はいろいろあるように言っているが、適切に実行できる人はいないし何も特色がないではないか、ということのようでした。おそらく関係機関、特に家庭裁判所の方の目にも同じように映っていたので少年院送致の数が減少してきたんでしょうね。（中略）この運営改善によって少年院に生気がよみがえったことは間違いありません。（「刑政」平成11（1999）年1月号49ページ）

　当時の矯正局長石原一彦が「場末の大衆食堂」と評したという話は、現場にも伝わり、新米職員だった筆者も衝撃を受けた記憶がある。お客が入っていないこと、建物が古いことは、事実だった。
　しかしながら、「特色がない」とされるのは、今更ながらではあるが、少々、疑問がある。少なくとも、既述の明徳、以下に記す富山少年学院、新光学院は、特色ある少年院だったと思うものである。

　ア　富山少年学院―少年院初の高校教育――
　富山少年学院は、富山県上新川郡大山町東黒牧100（現富山市東黒牧）にあ

った初等・中等の男子少年院だった。昭和24（1949）年、少年保護団体「富山少年学園」から瀬戸少年院分院となり、昭和26（1951）年に本院に昇格、鍵も格子もない開放処遇の施設だった。

　昭和37（1962）年、富山県教育委員会から富山県立雄峰高等学校（以下「雄峰高校」という。）福沢学級（福沢は同院所在地の学区名）として認可された。これは、富山少年学院後援会理事長にして雄峰高校長だった草野寛正の、少年たちに高校教育を受けさせたいという熱意と教育委員会への粘り強い働き掛けがあって実現したものであった。

　雄峰高校教員によるスクーリングが院内で実施され、雄峰高校の行事に福沢学級生として参加した。在院中に卒業証書を授与された者、出院後も雄峰高校に在籍して卒業した者、転校して卒業した者など、少年院で初めて正規の高等教育への道を開いた功績は極めて大きい。

　最後の院長　寺西孝昭　が「少年院の運営を抜本的に改善することが計画され、その一環として昭和53年4月以降、当院の収容業務を一時停止することとなった」（傍点筆者、「富山少年学院のあゆみ」12ページ）と記述している。「一時停止」と説明されていたのだろうか。それとも、「一時停止」は願望だったのだろうか。知る術はないが、切ないものがある。

　　イ　新光学院―新光海洋学校――
　新光学院は、山口県熊毛郡平生町大字佐賀3900にあった特別・医療の男子少年院だった。新光学院があった阿多田半島は、塩業が盛んな所だったが、昭和18（1943）年、海軍が約百世帯を強制退去させて潜水学校を開校、人間魚雷「回天」の訓練基地とし、戦後はニュージランド軍が駐留、昭和23（1948）年、少年刑務所の名を避けて新光学院という名称で特設され、昭和28（1953）年、少年院に転用され、昭和53（1978）年業停、平成11年（1999）年に廃止された。この間、旧地権者は国に対して土地の返還運動を続け、平成8（1996）年にようやく和解した経緯がある。

　瀬戸内海を臨む立地を活用、「新光海洋学校」を開設、特色ある教育を実施した。記念誌「新光学院史」には、次のように記されている。

昭和39年10月27日、函館少年刑務所から「第二北海丸」の所属換を受けた。次いで昭和40年1月、船舶職員科が新設され、海員養成（小型船舶操縦士）をめざして職業訓練が開始されると共に海洋訓練（カッター訓練、手旗訓練）が導入された。（中略）船舶職員科は、昭和43年までに65名の生徒を訓練し、海洋学校開校の礎となった。昭和44年3月、新しい練習船「新光」が進水（中略）7月1日、第1回入校式が挙行（中略）新光海洋学校甲板科第1期練習生が誕生した。（中略）

　海洋学校において船舶職員として訓練を受けた生徒達の成行調査を、広島矯正管区並びに法務総合研究所の協力を得て実施した。対象は昭和52年1月末現在において、卒業後3年以上経過した少年で、内訳は甲板科第1期生（昭和44年入校）より、第6期生（昭和48年入校）までの60名、及び機関科第1期生（昭和46年入校）より、第3期生（昭和48年入校）までの22名の合計82名である。但し、この82名のうち2名は病気のため医療少年院に移送され、4名については警察庁の指紋カードが発見されず調査不能であったため、実際の調査対象は76名である。

	失敗率（移送及び再収容）	成功率（非収容全員）	計
ハイフィールズ	37%（ 84名）	63%（145名）	100%（229名）
多　　　摩	19%（119名）	81%（506名）	100%（625名）
新光海洋学校	13%（ 10名）	87%（ 68名）	100%（ 78名）

（文中・表中の──部は原文のママ、「新光学院史」79〜91ページ）

　成行調査の結果、成功率は、当時、評判の高かったアメリカのハイフィールズよりも、質が良いとされる多摩少年院よりも、新光海洋学校が高く、非行性の進んだ特別少年院生であっても、教育内容・方法によっては効果が期待できることを示すものであった。

　なお、「新光学院史」には、「事故の軌跡」と題して「事故と戦い続けてきた三十年は、まさしく新光学院の歴史でもある。過去の傷跡を記録にとどめることは心苦しく、ある人にとっては、いやしがたいものであるかも知れないが、あえて貴重な教訓として記載することにする」（「新光学院史」65ページ）として、保安事故について13ページにわたって詳述されている。また、「新光魂」と題して職員気質が語られているが、新光学院OBによる「新光会」

が平成29（2017）年現在も健在であることは「新光魂」の面目躍如である。

（4）　少年法改正論議との関係

　法務省では、昭和34（1959）年頃から、刑事局を中心に少年法の改正について検討を続け、昭和41（1966）年5月、「少年法改正に関する構想」を公表した。この構想に対する各界の意見を参考にして、昭和45（1970）年6月、「少年法改正要綱」をとりまとめ、法制審議会に諮問した。

　審議は7年間続いたが、要綱は少年法の基本理念を変えるものであるとして、最高裁判所・日本弁護士連合会・学会から強い反対意見があり難航、昭和52（1977）年6月、①少年の権利保障の強化及び一定限度内における検察官関与の両面から少年審判手続きの改善を図ること、②18歳以上の年長少年の事件については18歳未満の少年とはある程度特別な扱いをすること、③一定の限度内での捜査機関による不送致を認めること、④保護処分の多様化及び弾力化を図ることの4つを柱とする「中間答申」が出されたが、その後、結論が出されないまま終わった。

　この中間答申の④を先取りして実施されたのが、運営改善である。①矯正と保護との有機的一体化、②処遇の個別化・収容期間の弾力化、③処遇課程の設置・各施設の処遇の特色化、④関係機関・地域社会との連絡協調の4つが運営改善の柱であった。運営改善の前後では、仮退院者の比率が格段に上昇、少年一人一人に個別的処遇計画（現行の個人別矯正教育計画に相当）が作成され、短期処遇の充実が図られ、長期処遇においても収容期間が弾力化された。

　その後も、昭和55（1980）年には教育課程の編成・運用及び成績評価基準の導入、平成3（1991）年には短期処遇改善施策、平成5（1993）年には長期処遇改善施策など運営改善の方向で「企業努力」を重ねてきた。運営改善とそれ以降に実施された施策の基本理念は、平成26（2014）年6月に成立、平成27（2015）年6月から施行された新しい少年院法にも引き継がれている。運営改善は、「軌道修正」というよりは「大きな変革」であり、その意義は大きかったと思う。

おわりに

　日本国憲法の改正手続に関する法律（国民投票法）の投票権年齢が18歳とされたことから、公職選挙法の選挙権年齢が18歳に引下げられ、平成28（2016）年参議院議員選挙から施行され、そして、民法の成年年齢や少年法の少年年齢の引下げが論議されていることは周知のとおりである。

　法務省の「少年矯正統計」（「別表3　平成28（2016）年少年鑑別所新収容者及び少年院新収容者の年齢層別」参照）によれば、平成28（2016）年の少年鑑別所新収容者7770人のうち18歳以上は3291人（42.4％）、少年院新収容者2563人のうち18歳以上は1219人（47.6％）である。

　もし、少年年齢が現行の20歳未満から18歳未満に引き下げられたならば、18歳以上は少年として扱われず、従って、少年鑑別所における資質鑑別や健全育成に配慮した観護処遇が受けられず、自分自身を見直す機会を失うことになる。また、少年院における矯正教育を受けられないことになる。

　少年院にとっても、現在の施設数を維持することはますます困難になる。これまで多くの少年院では集団寮を編成、集会指導や役割活動など集団の教育力を生かした指導を活用、更生的風土を培ってきたが、収容減になると、それが困難になり、職員の処遇力も減退するおそれがある。少子化の時代であり、財政上、施設数のある程度の整理はやむを得ないものとは思うが、広域収容の拡大は少年と保護者との関係改善にも悪影響を及ぼすもので、百害あって一利もない。

　運営改善の前と今日の状況とを対比すると、新収容者の減少は共通するが、確たる切り札がなく、厳罰化の風が吹いている今日の方が厳しいような気がする。18歳以上を「青年層」として特別の政策を設けるという意見もあるようだが、拙速な制度変更は混乱をもたらし、そのしわ寄せは少年に及ぶのではないだろうか。現行の少年法、そして少年院の教育は積年の実務の積み重ねの上にある。特に、18歳以上の少年にとって、最後のセーフティネットとして機能している。この問題について、慎重に論議してほしいと切に願う。そして、少年院においては、少年院だからできることを積極的にアピー

ルして、必要なことは何でもやっていく精神で取組んでほしいと思う。

　最後に、明徳少女苑については齊藤栄子氏と石黒容子氏に、富山少年学院については山田俊夫氏に、新光学院については木原正壽氏に、多大なる御協力・御教示をいただいたことを深謝するとともに、竜頭蛇尾に終わったことを心から反省しお詫びするものである。

参考文献
「矯正年譜」法務省矯正局 昭和50（1975）年
「少年矯正の近代的展開」矯正協会 昭和59（1984）年
「矯正風土記」矯正協会 昭和63（1988）年
「平成元年版　犯罪白書―昭和の刑事政策―」法務総合研究所 平成元（1989）年
「法務年鑑別冊　法務行政の50年」法務省　平成12（2000）年
「あゆみ」明徳少女苑 昭和53（1978）年
「愛光の歩み 40周年記念誌」愛光女子学園狛桜会 平成2（1990）年
「富山少年学院のあゆみ」富山少年学院 昭和53（1978）年
「新光学院史」新光学院 昭和53（1978）年
「日本の矯正と保護 第2巻 少年編」朝倉京一ほか編　有斐閣　昭和56（1981）年
『少年院運営の改善について』小野義秀「刑政」昭和52（1977）年6月号
『あすの矯正のために』石原一彦「刑政」昭和53（1978）年1月号
『記念座談会 少年矯正60年の歴史を語る』土持三郎ほか「刑政」昭和58（1983）年3月号
『少年院運営の10年を振り返って』土持三郎「刑政」昭和62（1987）年4月号
『少年法・少年院法施行40年と少年矯正の課題』来栖宗孝「刑政」平成元（1989）年4月号
『現行少年法制下の少年院実務を回顧する』野津祥市「刑政」平成3（1991）年1月号
『少年院・少年鑑別所50年のあゆみ―少年法・少年院法施行50年の軌跡と明日への展望―』「刑政」平成11（1999）年1月号
『少年院の運営について』土持三郎「刑政」平成22（2010）年5月号
『少年院法の改正検討作業から振り返る運営改善施策について』上野友靖「刑政」平成25（2013）年3月号
『少年院における「更生的風土」の生成に関する調査研究―昭和52年矯正局長依命通達「少年院の運営について」を中心に―』岩田一正「刑政」平成27（2015）年9月号
『少年院の半世紀を振り返って（少年院法施行50周年記念講演）―忘れられない出来事 忘れられない人々―』副島和穂「矯正教育研究」第54巻　平成21（2009）年
『戦後少年院の歩み―昭和の記憶―』土持三郎「矯正教育研究」第55巻　平成22（2010）年
『少年院の現代史―昭和52年通達まで―』緑川徹「比較法制研究」国士舘大学第30号 平成19（2007）年

『少年院研究の基礎』緑川徹「比較法制研究」国士舘大学第31号 平成20（2008）年

別表1　新採用職員当時の自庁研修日誌の抜粋

月日	曜	実務修習事項（備考）
4／1	木	辞令交付、着任式、送別会（離任・退職職員と生徒の昼食会）、寮会議
4／2	金	生活指導係長研修、職業補導係長研修、美容科、体育
4／3	土	農業、保安係長研修（非常ベルほか）
4／5	月	生活指導係長研修（短期処遇）、美容科
4／6	火	職業補導係長研修、美容科、寮会議、職業補導教室掃除
4／7	水	塩釜神社花見下見、家政科（花見弁当調理）、花見（昼食会）
4／8	木	事務科、家政科、バレーボールクラブ、生徒会　＊単独寮当直勤務見習
4／9	金	＊単独寮当直勤務見習　家政科、生活指導係長研修（「生徒心得」）
4／10	土	農業
4／11	日	＊日直見習（運動・寮勤務）
4／12	月	美容科、寮勤務、教務課長研修、歓迎会、職業補導教室掃除
4／13	火	美容科、護身術訓練、職業補導教室掃除
4／14	水	美容科、生活指導係長研修（「生徒心得」）、寮勤務、庶務課長研修
4／15	木	合同授業（国語・社会・保健・音楽）、茶道、用度係長研修
4／16	金	社会見学（上級生4人、名古屋城）
4／17	土	所持品検査、環境整備
4／19	月	家政科、医務課研修、用度係長研修、会計係長研修、入浴勤務
4／20	火	教務課長研修、食堂勤務、苑長研修、保安課長研修
4／21	水	家政科（クッキー作り）、分類保護課長研修、体育　＊単独寮当直勤務
4／22	木	＊単独寮当直勤務　処遇審査会、合同授業、卓球クラブ、苑長面接
4／23	金	分類保護課長研修、医務課研修、誕生会（昼食会）、家政科
4／24	土	園芸　＊単独寮当直勤務

【備考】
・土曜日はいわゆる「半ドン」、午後が休みだった。
・単独寮当直勤務は、「事務当直」の扱いで、翌日は17時まで勤務だった。
・当時の職業補導は、収容人員の減少に伴い、手芸・タイプライターは休科、美容科と家政科の体制だった。

別表2　少年院数の推移

年	少年院の名称等
昭和47（1972）年	東京医療少年院分院秩父学園業停、昭和52年廃止
昭和48（1973）年	榛名女子学園分院上田清修寮業停、昭和52年廃止
	豊浦医療少年院廃止
昭和49（1974）年 ＊矯正施設適正配置計画 による	千葉星華学院、昭和51年業停、昭和61年廃止
	三重少年学院、昭和51年業停、昭和59年廃止、
	岐阜少年院、昭和51年業停、昭和60年廃止
	千歳少年院、昭和51年業停、昭和58年廃止
昭和51（1976）年 ＊運営改善の試行による	東京医療少年院、昭和53年神奈川少年院廃止、同院跡地に移転、神奈川医療少年院に改称
	印旛少年院、昭和53年業停、昭和60年廃止、同年新設の市原学園が事務を継承
	河内少年院、昭和53年業停、昭和57年廃止
	明徳少女苑、昭和53年業停、昭和56年廃止
	富山少年学院、昭和53年業停、昭和62年廃止
	新光学院、昭和53年業停、平成11年廃止
	東北少年院、昭和53年業停、昭和59年現在地に移転・再開

◎参考

年	本院	分院	計	備考
平成12（2000）年	52	1	53	播磨学園、加古川学園の分院化
平成20（2008）年	51	1	52	宇治少年院廃止
平成25（2013）年	50	2	52	泉南学寮、和泉学園分院化、青森少年院廃止
平成26（2014）年	49	3	52	紫明女子学院、北海少年院分院化
平成27（2015）年	48	4	52	青葉女子学園、東北少年院分院化
平成28（2016）年	47	5	52	貴船原少女苑、広島少年院分院化
平成29（2017）年	46	6	52	沖縄女子学園、沖縄少年院分院化
平成30（2018）年	45	6	51	置賜学園廃止予定

別表３　平成28（2016）年 少年鑑別所新収容者及び少年院新収容者の年齢層別

		総数	年少少年 16歳未満	中間少年 16～18歳未満	年長少年 18歳以上
少年鑑別所 新収容者	総数	7770	1546 19.9%	2933 37.7%	3291 42.4%
	男子	7163	1384 19.3%	2696 37.6%	3083 43.0%
	女子	607	162 26.7%	237 39.0%	208 34.3%
少年院 新収容者	総数	2563	377 14.7%	967 37.7%	1219 47.6%
	男子	2369	340 14.4%	889 37.5%	1140 48.1%
	女子	194	37 19.1%	78 40.2%	79 40.7%

（政府統計 e-Stat「少年矯正統計」に基づき作成）

【跡地巡礼①―明徳少女苑―】
　本稿に取組むに当たって、明徳の跡地を訪ねることにした。意図を伝えると、かつて共に勤務した二人が同行してくれることになった。平成29（2017）年3月24日、名古屋駅で待ち合わせ、地下鉄塩釜口で下車、迷うことなく跡地に到着した。傾斜地を活用、3階建てのテラスハウスが14棟配置され、「タウン上八事」という名称の日当たり抜群の住宅街になっていた。三者三様に、様々なことを明徳から学び、法務教官として、社会人として育てられたことを確認する跡地巡礼になった。

写真①　明徳少女苑庁舎（昭和50（1975）年ころ）

【跡地巡礼②―新光学院―】
　6月16日、JR柳井駅下車、時間の関係でタクシーに乗車、「阿多田交流館まで。昔、少年院があった所ですが、何か御存知ですか」と尋ねたところ、運転手さんから「ああ、新光さんですね」という優しい答が返ってきた。
　阿多田交流館は、平成16（2004）年、古代から現代までの地域の文化や歴史に触れあう場として、新光学院の跡地の一角に開設された展示・交流施設である。中でも、人間魚雷「回天」で出撃した若者たちに関する資料は平和学習として貴重な展示である。職員の方から伺ったエピソード、①新光学院の卒業生と名乗る男性が来館、起業して成功しているようだったこと、②近隣の方が夏休みに遊びに来た孫を連れて来館、新光学院のことも話されていたこと、どちらも誠に嬉しく、懇切に対応して下さった職員の方に、お礼申し上げる次第である。潮風がとても心地良い跡地巡礼だった。

写真② 新光学院庁舎と平生湾(平成5(1993)年ころ)

写真③ 阿多田交流館(平成29(2017).6.16 筆者撮影
　　　交流館前左側旧地権者を偲ぶ碑 交流館前右側「回天」レプリカ)

【跡地巡礼③―富山少年学院―】

　8月11日、JR富山駅から富山地鉄バスに40分乗車、目的地着。富山少年学院の跡地は、富山国際大学のキャンパスの一部になっていた。バスの運転手さんや乗客の方に富山少年学院について伺ったが御存知なかったこと、曇天のため立山連峰を望むことができなかったことは残念だったが、近隣には専修学校職藝学院、民間の能力開発センター、片山学園中学校・高等学校があり、文京地区になっていることは嬉しいことであった。

　なお、他の廃止された少年院の跡地も巡礼したい願望はあったが、今回は果たせなかった。今後の課題にしたい。

〔講師研究会〕

矯正の現状と課題

手 塚 文 哉（元大阪矯正管区長）

1　矯正の現状

（1）　収容人員の推移

　刑事施設については、平成5年から増加した収容人員は平成19年をピークとして減少傾向にあります。全国的に見て、平成26年刑事施設の一日平均収容人員は61,768人、68.5％の収容率です。大阪管内は収容人員10,928人、74.0％の収容率で全国平均より少し高くなっています。また、これを指標別、いわゆる初犯のA指標と累犯のB指標を比べると若干の差違があります。平成28年6月30日現在、全国平均のA指標は70.0％、B指標は69.6％、W（女子）指標は86.7％という収容率です。これは後ほど説明しますが、女子刑務所の収容人員が増えてきていることが全体的な収容率への影響を及ぼしていると思います。

　景気が悪くなると、失業率が高くなり、生活に困窮する人たちが増えて、刑事施設の収容人員が増加すると言われています。そういう意味では景気が回復したと言えます。最近、建設・土木関係、飲食関係の会社からの受刑者に対する求人が増えています。ただし、2020年の東京オリンピックが終了した段階での動きが心配です。

　また、それだけの要素ではないところがあります。その一つは何かと言いますと、厳罰化の風潮です。社会一般を見ると、交通違反の関係では法律が改正されるなど、厳罰化が進んでいます。その影響から、平成17年まで言渡し刑自体が増えてきました（新受刑者の平均刑期は29.5月）。平成27年版犯罪白

書によると、厳罰化傾向は落ち着いていると記載されています。確かに平成25年の新受刑者の平均刑期は28.5月となっています。それともう一つは、仮釈放の問題があります。その関係で、刑務所の在所期間が非常に長くなり、その影響で、被収容者が膨れ上がったということであります。経済指標と厳罰化の二つの要素があって、刑務所が過剰収容になったのではないかと思います。

それでは、少年院はと言いますと、右肩下がりの傾向になっています。少年院のピークは昭和59年でして、このときに年間平均収容者数は4,600人でした。それからずっと下がっております。これは皆さんもお分かりのように、子どもの数が少なくなったというのが大きな原因ではないかと思います。また、少年の「引きこもり」も大きな要素ではないかと思います。暴走族等の集団に入らなくなった。あるいは、それら集団を形成しなくなったのが原因であると思います。少年鑑別所も同様で、昭和59年がピークでして、この時に1,386人が年間平均収容者数でした。今、少年院は全国的には収容人員は2,803人、収容率は50.4％、当管内は収容人員555人、53.1％の収容率です。少年鑑別所に関しては、全国的には収容人員は683人、収容率25.9％、当管内は収容人員186人、収容率36.3％ということで、非常に少ない人員になっております。

（2） 大阪矯正管区内仮釈放率、刑執行率の推移

大阪矯正管区内の仮釈放率につきましては、平成23年までは50％を切るような状況でしたが、最近は53.4％まで上昇しています。しかしながら、刑の執行率も上昇しており、現在は87.5％となっています。実際のところ、仮釈放期間は1カ月から2カ月という者が増えており、見せかけの仮釈放が多くなっているように思います。そのため、刑務所の在所期間が長くなっています。この傾向は他管区でも同様であります。

（3） 刑事施設の状況

被収容者に占める処遇困難者の割合が増加しています。新受刑者のうち再入者の割合は平成17年49.5％であったが、平成26年は59.3％に、全受刑者に

占める割合についても、高齢受刑者は平成17年11.5％であったが、平成26年は18.2％に、増加しています。精神病疾患者についても平成17年7.2％であったが、平成26年は9.0％に増加しています。病院移送件数については、平成26年は1,096件と高水準で推移しています。

また、処遇困難者ではありませんが、女子受刑者の割合が高くなっており、平成17年5.9％であったが、平成26年は8.2％となっており、女子受刑者処遇が問題となっております。

職員の勤務環境ですが、交替制勤務職員の年休取得日数は5.4日で国家公務員平均の13.0日とはほど遠い取得となっており、4週8休が確保できない施設が63庁あるなど、いまだに厳しい勤務状況であります。なお、本年度の法務省の年休取得の目標値は15日となっています。

平成26年における新受刑者の罪名は、窃盗が32.9％（7,183人）と最も多く、次いで、覚せい剤取締法違反が27.5％（6,016人）、詐欺が8.4％（1,827人）、傷害が5.2％（1,142人）、道路交通法違反が4.7％（1,033人）の順となっています。

女子の場合、覚せい剤取締法違反と窃盗が構成比のおおよそ8割を占めているとともに、殺人が上位にある点が特徴として上げられます。

平成26年における新受刑者の入所度数別構成比は、初入者が40.7％（8,892人）、再入者が59.3％（12,974人）であります。再入者の内訳としては、2度の再入者が17.6％（3,846人）と最も多く、次いで、3度が11.7％（2,552人）となっています。

平成26年における出所受刑者の帰住先別構成比は、仮釈放では、父・母を帰住先とする者の割合が最も高く、次いで、更生保護施設等、配偶者の順であります。他方、満期釈放者では、その他が過半数を占めています。その点が問題であるとして、各施設でその対応を行っているところです。

（4）　少年施設の状況

少年施設では、新収容のうち精神障害を有する者の割合が、平成16年4.8％に対して、平成25年は13.4％と増加しています。また、新収容のうち暴行・傷害事犯者の割合が、平成16年12.5％に対して、平成25年は23.7％と増加しています。私の感覚でありますが、4点ほど気が付いていることがあり

ます。①IQが高いが発達障害の少年が増えています。②母子家庭の子供も多くなっています。③ふつうの少年が事件を起こすことが多くなっています。④犯罪を見ると、窃盗、強盗が少なくなり、詐欺、性犯罪が多くなっています。

　以上のように、少年施設も難しい少年が増加しています。管内でも加古川学園にN3を収容していますが、当初20人程度の収容を見込んでいましたが、現在、50人を超えています。

2　再犯防止の状況

（1）　再犯防止の重点施策

　再犯防止の重点施策として、平成24年7月犯罪閣僚会議で「再犯防止に向けた総合対策」が決定され、「出所後2年以内に再び刑務所に入所する者等の割合を今後10年間で20％以上減少させる。」という数値目標が示されました。また、平成25年12月には、「世界一安全な日本」創造戦略が閣議決定され、さらに、平成26年12月には、犯罪閣僚会議で「犯罪に戻らない・戻さない」が宣言され、2020年までに「犯罪や非行をした者の事情を理解した上で雇用している企業の数を3倍にする、帰る場所がないまま刑務所から社会に戻る者の数を3割以上減少させる。」という目標が設定されました。このように再犯防止が国の施策と位置付けられ、私どもとしてもこの目標を達成すべく、各種施策を展開しているところです。

（2）　大阪矯正管区内再入率の推移

　現在、2年以内の再入率は全国平均で18.1パーセントです。大阪管内は17.5パーセントということです。この数字をどのように見るかと申しますと、平成18年から22年までの5年間の再入率の平均、全国では20％になりますが、これを基準として20％を減じた率である16％が目標値となります。したがって、全国的に見ると2ポイント減少し、目標達成まではさらに2ポイント減少させるということです。この数字も、A指標とB指標ではちょっとパーセンテージが違います。A指標の初犯の施設だと、7パーセントから

8パーセントぐらいなのですが、B指標の累犯施設だと20％から25％ぐらいです。累犯施設だとなかなか難しいというのがこの数字を見ると分かっていただけると思います。先ほどの少年院の話の中でも触れましたが、少年院の場合は、10パーセントから12パーセントの再入所率であります。少年院で手厚く、教育なり指導を行っていても、なかなか立ち直らせるというのは難しいことだと思いました。また、刑事施設のA指標の再入率が下がらなくなっています。全体の再入率を下げるにはB指標施設に期待しています。

施設の中だけでいくら手を尽くしても、やはり社会復帰後にどれだけ支援していくかということが必要なことです。

（3） 満期出所者に占める帰住先未定者の比率

犯罪閣僚会議が設定したもう一つの目標に、帰住地確保の問題があります。各施設で差があるのは指標別の違いでありますが、本来、京都刑務所のように右肩下がりでなければならないと思います。管内各施設で意志が統一されていませんので、これから指導していきたいと思います。帰住先を確保するには、入所時から受刑者自らが帰住地設定に意欲を持たせなければなりません。それには分類の職員だけでなく、処遇の職員の働き掛けが重要になってきます。また、帰住地設定が困難な障害者や高齢者については特別調整に乗せることが必要であります。

（4） 帰住地確保の充実強化

府中刑務所の例でもう少し説明いたします。府中刑務所の平成27年の釈放者は、1,178人で、そのうち64.5％の760人が満期釈放であります。特別調整や帰住地ありの者を除く321人、42％が帰住地のない者であります。これは昨年と比較すると、189人16.3ポイント減少したことになります。

具体的な対策としては、刑開始時の指導の際に、本人の帰住地の希望を聞き、手紙の発信等で意向を聞かせることや、処遇の担当職員から働きかけて帰住地の可能性のある者にアプローチさせる等、できる限り早期に、帰住地設定に向けた動機付けを行う、特別調整候補者を早期に選択し、特別調整候補者への動機付けを高める、関係機関との連携強化、柔軟な調整を行う等で

目標を達成しています。

3　高齢受刑者対策

（1）　高齢受刑者数の推移と認知症

　高齢者の入所受刑者人員は、総数及び女子ともに最近20年間、ほぼ一貫して増加し、平成26年は、平成7年に比べて、総数では4.6倍に、女子では約16倍に激増しています。入所受刑者に占める高齢者の比率も、ほぼ一貫して上昇しており、特に女子はその傾向が顕著であります。また、高齢者は入所受刑者全体に比べ、再入者の割合が高くなっています。入所受刑者の罪名別構成比を見ますと、男子高齢者は、窃盗の割合が最も高く、次いで、覚せい剤取締法違反、詐欺の順であります。女子の高齢者は窃盗が約8割と際立って高くなっています。平成26年12月31日時点での60歳以上の対象受刑者に対して、HDS-R（改訂長谷川式簡易知能評価スケール）を実施し、30点満点で、20点以下で認知症が疑われるとしました。その結果、65歳以上の受刑者で認知症傾向のある者は17％で、全国でおおよそ1,100人いると推計されています。府中刑務所でも平成26年度に入所した者に検査したところ、65歳以上の受刑者のうち、17％が認知症と認定されています。

（2）　高齢受刑者の処遇（府中刑務所の例）

　府中刑務所における65歳以上の高齢受刑者数は、平成26年12月末現在401名で、全受刑者に占める割合は16.6％です。今後も高齢者の割合が増加するものと推測しております。

　平成26年4月、高齢受刑者等は5か工場に集禁し、出役できない者は病舎養護工場へ、精神疾患者、反則行為の反復者は観察工場、観察居室で作業を行わせていましたが、対象者の増加により昼夜単独室への収容が多くなっていました。平成27年度に養護工場2ケ所の増加、通路のバリアフリー化の推進、洋式トイレへの改修、車椅子の台数の確保等を図ってきましたが、さらに、入浴場の整備、身体機能低下や認知症のためのプログラムの導入、専門スタッフの増配置を図っているところであります。

4　就労支援対策

（1）　釈放事由別就職内定率

　平成27年の全国男子受刑者の仮釈放者は11,288人で、そのうち就職が内定している者は2,133人、18.9％であります。全国男子受刑者の満期釈放者は8,892人で、そのうち就職が内定している者は846人、9.5％であります。大阪管内は、仮釈放者は1,915人で、そのうち就職が内定している者は505人、26.4％であり、満期釈放者は1,737人で、そのうち就職が内定している者は322人、18.5％であります。全国平均より就職内定者が多い割合となっています。なお、就職見込みありは受刑者本人の申告によるものです。

　女子受刑者については、全国の仮釈放者は1,615人で、そのうち就職が内定している者は102人、6.3％であります。全国の満期釈放者は591人で、そのうち就職が内定している者は15人、2.5％であります。大阪管内は、仮釈放者は236人で、そのうち就職が内定している者は12人、5.1％であり、満期釈放者は131人で、そのうち就職が内定している者は2人、1.5％であります。全国平均より就職内定者が少ない割合となっています。

　これを見てわかるように、在所中の内定率が低い状況です。仕事がなければ生活基盤が安定しませんので、就労支援をもっと活発に行う必要があります。

（2）　東日本・西日本就労支援情報センター

　矯正就労支援情報センターとは、一言で言えば、受刑者の雇用を希望する民間企業に向けた「矯正施設検索サービス」を行う仲介センターです。平成28年4月に、東はさいたま市新都心に、西は大阪市中央区に新設されました。センターの目的は、受刑者・在院者の雇用を希望される企業を支援し、受刑者等が出所後、早期に仕事を確保することで、出所後の生活を安定させ、ひいては、再犯の防止を図ることです。

　センターは主に3つの業務を行いますが、1つ目は先程申し上げた「矯正施設検索サービス」です。センターでは、全国の矯正施設被収容者の職歴、

資格、帰住予定地等の情報を一括して管理し、企業の御相談に応じ、御希望に適合する者がいる施設の情報を提供いたします。このサービスを提供することにより、求人に対する求職のマッチングを地域限定ではなく、全国的に行えるようになります。

　2つ目は「採用面接等支援サービス」です。採用に向けた手続の中で、企業の御負担を軽減すべく、書類の提出の仲介、採用面接の日程調整など、幅広くサポートさせていただきます。3つ目は「就労支援相談窓口機能」です。企業のお問い合わせに応じ、就労支援制度について御案内させていただくほか、矯正の実情を知っていただくため、矯正施設やそこで行われている職業訓練の見学会、また、矯正展の御案内など各種の広報活動を行うことも予定されています。

　このような取組によって、平成27年度はハローワークを通じた矯正施設在所中の就職内定件数が356件であったところ、これを増加させ、再犯が防止されることを期待しております。

(参考)

○　受刑者等に対する就労支援の一環として、平成26年2月から、受刑者等専用求人制度が導入され、受刑者等の雇用を希望する企業は、ハローワークを通じた求人に当たり、一般の求職者には公開せず、指定した矯正施設にのみ求人票を提示することができるようになりました。

○　矯正施設の被収容者は広域から収容されており、例えば、企業所在地近くの刑事施設に求人を行っても、その施設の受刑者が出所後にその施設の周辺で生活するとは限らないため、企業の近くの刑事施設を対象に受刑者等専用求人を行ったとしても、応募があるとは限らない状況です。

○　全国の刑事施設では、それぞれ資格や技術取得に向けて職業訓練が行われていますが、その訓練を受けるため、他の刑事施設で収容されていた受刑者が一時的に収容されている場合もあるため、地域や職業訓練の実施状況から施設を指定して受刑者等専用求人を行ったとしても、条件が合わず応募がないなど求人に対する求職のマッチングは限定的にしか行われていないという課題があります。

○　当該課題を踏まえて新設されたのが矯正就労支援情報センターであります。

（3）　自立準備ホームと就労支援センター

　施設内処遇から社会内処遇に移す前に、中間施設を作って、そこで就労のための準備を行おうという動きがあります。更生保護施設の新設が難しいので、自立準備ホームを設立し、そこを就労支援センターとして使用しようということです。いわゆるソーシャルファームを実現しようという動きです。今、島根あさひ社会復帰促進センターがあります浜田市旭町に廃校になった小学校を改築し、自立準備ホームを作るという計画が進んでいます。施設改修費は県に2分の1を、協力企業に2分の1を負担していただき、矯正OBが設立した更生支援事業団が運営する構想です。地元企業や島根県立大学と提携し、ソーシャルファームとしての作業内容を検討している状況です。このような動きは既に新潟で行っており、「自立準備ホーム日常塾」では棚田のコシヒカリを作ろうと開設資金を募集しています。

5　女子刑事施設の運営改善

（1）　女子刑事施設の現状と対策

　女性の犯罪には特徴があります。非常に多いのが覚せい剤と窃盗ですが、窃盗といってもその大半は万引きです。それと、65歳以上の高齢受刑者が非常に増えてきています。65歳以上の受刑者の83.9パーセントが窃盗事犯という状況です。女性の万引きというのは、経済的な問題よりは精神的な問題のほうが多いと言われています。例えば、夫婦で一緒に生活していたけれども、配偶者の方が亡くなられて一人きりになって寂しい、それでコンビニに行って万引きをする。そういう例が増えてきているのです。また、虐待を受けていた人、摂食障害が非常に多いことです。中には、吐くためにコンビニで万引きをして食べていたというような女子受刑者もいます。そういう精神的な問題を抱えた受刑者が多いこともあって、女子刑務所における処遇は大変なのです。

また、一般の刑務所の職員の年齢構成比を見ますと、年齢別にだいたい均等になっています。ところが、女子刑務所の方は約半数が20歳代ということです。この理由としては結婚を機に辞めていく人もおりますし、そういう人ばかりではなくて、不便なところに施設が所在していたりして、生活に慣れることができずに辞めていく人が多いというようなこともあります。

　現在、このような状況を改善しようということで、マーガレット・アクションという施策を全国的に推し進めています。女子刑務官が職場に定着しやすいような方法を考えていかないといけないだろうということで、このような取組を始めているところです。

（2）　刑法犯検挙人員女子比・入所受刑者女子比

　刑事施設においては、女子受刑者の割合というのが非常に増えてきています。入所受刑者人員の9.7％が女子受刑者という状況です。この数字は諸外国から比べたらまだ低いほうです。一般刑法犯の女性犯罪の発生の割合は20％前後ですので、実際に刑務所へ入所する女子受刑者の割合を比べれば、女性は警察、検察及び裁判所という刑事手続の中で、かなり寛大な取扱いを受けていたことが分かります。女性の犯罪の特徴として、①社会に与える実害の程度が比較的軽微であること、②犯罪の動機及び手段などの犯情の悪質なものが比較的少ないこと、③犯罪が類型的に多様化していないこと、が挙げられます。これは女性の体力が劣弱であるという体力的条件、受動的、順応的、感情的という心理的特性、そして家庭とその周辺など社会活動の分野が狭いことが影響しています。しかし、最近、その寛大な取扱いを受けられなくなったことが推測されます。女性の社会進出も増加しており、そういったことも背景にあるのではないかと思います。

6　矯正医療体制の充実

　医者の配置が非常に少なくなっています。全国的に定員が328人ですが、欠員が71人もあります。このような状況が長く続きますと、職員配置の問題もありますし、医療費にも大きな影響があります。外部病院に診察や治療を

頼まなければならなくなるわけです。

　このようなことから、矯正医療の在り方に関する有識者検討会を設置し、意見を聴取し、改善を図っているところです。また、管区長や施設長が自ら医大や大学の医学部等へ説明に回って、協力を求めているというような状況であります。

　平成28年12月１日から施行となりました矯正医官特例法についても、矯正医官を確保するための施策の一つです。法務大臣の承認により兼業を可能とし、フレックスタイム制も適用できることになりました。

7　矯正施設の老朽化

　矯正施設は本所、支所を合せると297箇所ありますが、工事中の施設を含め、約半数の144庁が現行の耐震基準を満たしていない老朽施設であります。また、全国の矯正施設の職員宿舎は約12,000戸ありますが、そのうち12％にあたる1,400戸が経年に達した老朽宿舎であります。

　施設の老朽化による問題点としては、構造耐力の不備による建物倒壊等のおそれがあり、収容確保が阻害することになります。また、被収容者の収容環境の悪化による、健康被害や教育環境も阻害されます。苛酷な勤務を強いられている職員に対しては、少しでもストレスを解消するため、居住環境を良くしたいと考えています。

8　ソーシャルインクルージョンの理念

　それでは、ここで社会のあり方について僭越ではありますが、少しご説明いたします。

　従来、ハンディキャップを持った人に対する社会復帰は、ノーマライゼーションの理念であり、物理的、心理的バリアを取り除いて、地域社会生活を可能にしようという動きでありました。平たく言うと、道路の段差を解消するとか、建物にエレベータを設置する等であります。しかしながら、本当に大切なのは、「人の手によるちょっとした手助け」ではないかということ

です。道路の段差で困っている人がいれば、手を貸してあげるという、そういうささいな手助けが必要であります。

　受刑者の社会復帰については、ただ仕事を与えるだけでは不十分であり、仕事を通して人と人とのつながりをつくらなければ、仕事を続けることはできません。社会内で就労と教育の機会を与えることによって、社会的排除・孤立や貧困から救うことができると考えています。このソーシャルインクルージョンの考え方は日本の社会では育たないと言われていました。

9　将来の刑事施設の在り方

　施設内処遇としては、規律ある規則正しい生活の中で、改善更生のためのプログラムや就労支援のための職業訓練を積極的に実施し、受刑者が自らを見つめ直し変化し、責任を背負っていくことを学び、それを地域の方々が支え、社会復帰に向けての希望と意欲を持ち、周囲の人々との関係を保つためのスキルを習得することが大切であります。

　これを社会に繋げていくことが必要であると考えています。ここ数年、刑務所を取り巻く社会内処遇の制度も大きな変化があります。一つは刑務所出所者等の総合的就労支援対策で、ハローワークが入った形での就労支援対策ができました。二つ目は平成21年度以降、厚生労働省の予算で、各都道府県に地域生活定着支援センターが置かれ、刑務所出所者の福祉へのつなぎをコーディネートする機関が生まれました。そして、特別調整によって満期出所者に対しても帰住先を見つけることを行っています。

　刑務所側にも変化があり、今まで満期出所した者に対しては、一歩塀の外へ出たら、一切、刑務所とは無関係であると思っておりましたが、満期出所者に対しても出所後の帰住地は100％分かっている状況であります。

　こうした取組が広まることによって、ソーシャルインクルージョンの社会が実現できるのでないかと考えています。

　(主な参考文献)
　・法務省司法法制部：「平成27年版矯正統計年報」
　・法務省法務総合研究所：「平成27年版　犯罪白書」

・ぎょうせい：「法律のひろば」（平成28年1月号）
・犯罪社会学会：「犯罪からの社会復帰とソーシャル・インクルージョン」
・有斐閣：「日本の矯正と保護」
・日本弁護士連合会：「刑務所のいま」

矯正の現状と課題

1 収容状況の推移（1日平均収容人員）
2 刑事施設の現状
3 少年施設の現状
4 再犯防止の重点施策
5 大阪矯正管区内の再入率の推移
6 満期出所者に占める帰住先未定者の比率
7 帰住地確保の充実強化（府中刑の例）
8 大阪矯正管区内仮釈放率、刑執行率の推移
9 高齢受刑者数の推移と認知症
10 高齢受刑者の処遇（府中刑の例）
11 釈放事由別就職内定率
12 東日本・西日本就労支援情報センター
13 自立準備ホームと就労支援センター
14 女子刑事施設の運営改善
15 刑法犯検挙人員女子比、入所受刑者人員女子比
16 矯正医療体制の充実
17 矯正施設の老朽化
18 ソーシャルインクルージョンの理念
19 将来の刑事施設の在り方

28.8.6特別研修講座
「矯正・保護課程」講師研究会資料

大阪矯正管区長　手塚文哉

1 収容状況の推移（1日平均収容人員）

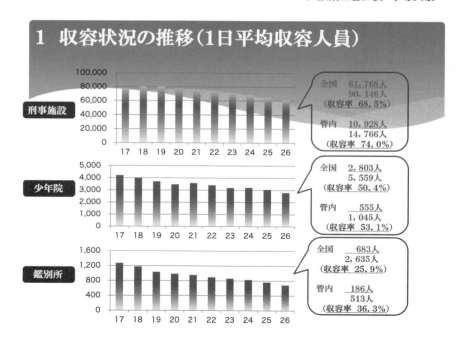

刑事施設
全国　61,768人
　　　90,146人
（収容率 68.5%）
管内　10,928人
　　　14,766人
（収容率 74.0%）

少年院
全国　2,803人
　　　5,559人
（収容率 50.4%）
管内　555人
　　　1,045人
（収容率 53.1%）

鑑別所
全国　683人
　　　2,635人
（収容率 25.9%）
管内　186人
　　　513人
（収容率 36.3%）

矯正の現状と課題（手塚） 113

2 刑事施設の現状①

処遇困難者の増加 ▶ 被収容者に占める処遇困難者の割合が増加

○ 新受刑者の再入者の推移

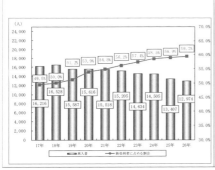

○ 高齢受刑者数の推移

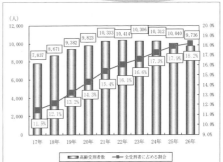

2 刑事施設の現状②

○ 精神疾患者数の推移

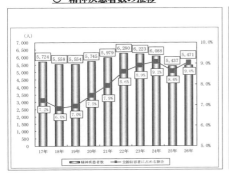

○ 病院移送件数の推移

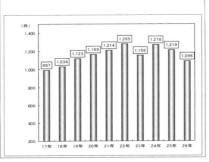

2 刑事施設の現状③

○ 女子受刑者数の推移

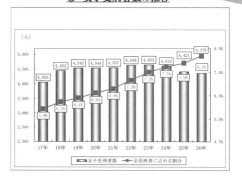

○ 交替制勤務職員年休取得日数
　5.4日　(国家公務員平均13.0日)

○ 4週8休が確保できない施設
　77庁中　63庁

2 刑事施設の現状④

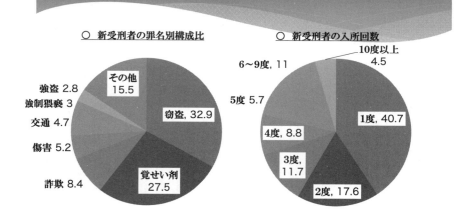

○ 新受刑者の罪名別構成比
- その他 15.5
- 強盗 2.8
- 強制猥褻 3
- 交通 4.7
- 傷害 5.2
- 詐欺 8.4
- 覚せい剤 27.5
- 窃盗 32.9

○ 新受刑者の入所回数
- 10度以上 4.5
- 6～9度 11
- 5度 5.7
- 4度 8.8
- 3度 11.7
- 2度 17.6
- 1度 40.7

2 刑事施設の現状⑤

○ 仮釈放出所者受刑者の帰住先

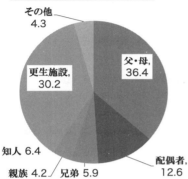

○ 満期釈放出所者受刑者の帰住先

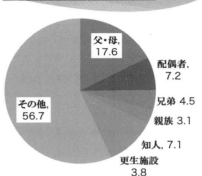

3 少年施設の現状

○ 新収容のうち精神障害を有する者

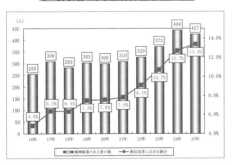

○ 新収容のうち暴行・傷害事犯者

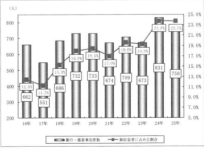

4 再犯防止の重点施策

(1) 平成24年7月 犯罪閣僚会議 「再犯防止に向けた総合対策」
「出所後2年以内に再び刑務所に入所する者等の割合を今後10年間で20％以上減少させる。」

(2) 平成25年12月 「世界一安全な日本」創造戦略が閣議決定

(3) 平成26年12月 犯罪閣僚会議 「犯罪に戻らない・戻さない」宣言
2020年までに
「犯罪や非行をした者の事情を理解した上で雇用している企業の数を3倍にする。」
「帰る場所がないまま刑務所から社会に戻る者の数を3割以上減少させる。」

5 大阪矯正管区内再入率の推移

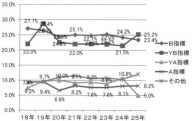

6 満期出所者に占める帰住先未定者の比率

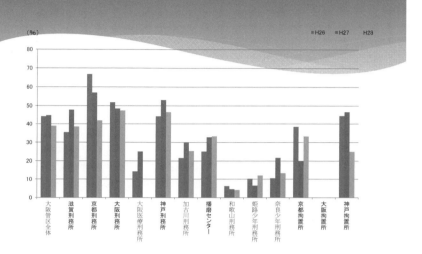

7 帰住地確保の充実強化（府中刑の例）

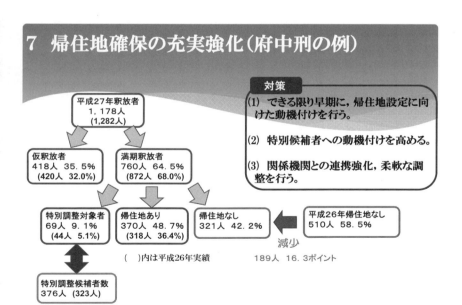

8 大阪矯正管区内仮釈放率、刑執行率の推移

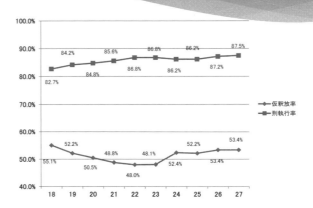

9 高齢受刑者数の推移と認知症

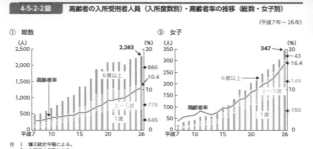

60歳以上の受刑者で認知症傾向のある者はおおよそ14％～おおよそ1,300人いると推計
65歳以上の受刑者で認知症傾向のある者はおおよそ17％～おおよそ1,100人いると推計
※ 平成26年12月31日時点での上記年齢の対象受刑者に対して、HDS－R（改訂長谷川式簡易知能評価スケール）を実施し、30点満点で、20点以下で認知症が疑われるとした。

10　高齢受刑者の処遇（府中刑の例）

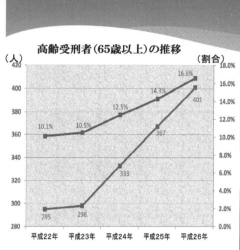

現状
(1) 5か工場に集禁，病舎養護工場観察工場，観察居室に収容
(2) 社会復帰支援指導を実施
(3) 地元養護老人ホームと相互研修

問題点
(1) 一般工場における生産性の低下
(2) 養護工場の不足
(3) 職員負担の増加

対応策
(1) 養護工場の増加
(2) バリアフリー化の推進
(3) 軽作業へのシフト
(4) 身体機能低下や認知症のためのプログラムの導入
(5) 専門スタッフの増配置

11　釈放事由別就職内定率

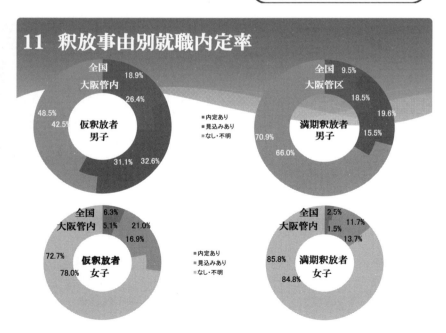

12 東日本・西日本就労支援情報センター

平成28年秋 業務開始予定

〜受刑者・在院者の雇用を希望される企業等を支援し、再犯防止の実現を目指します〜

矯正施設検索サービス
- 全国の受刑者等の情報を一括管理
- 求人企業等の雇用ニーズにマッチする矯正施設を素早くご案内

採用面接等支援サービス
- 求人企業等の矯正施設での一連の採用手続を幅広くトータルにサポート

就労支援相談窓口機能
- 求人企業等に対する支援制度のご案内
- 求人企業等に対する矯正施設見学会、矯正展、職業訓練見学会のご案内

求人企業等

東日本・西日本矯正就労支援情報センター

刑務所・少年院

相談 → ← 求人企業等のトータルサポート
← 全国の受刑者等の情報

東日本矯正就労支援情報センター
（北海道、東北、関東及び東海・北陸地区担当）
【所在地】さいたま市中央区新都心2−1
　　　　さいたま新都心合同庁舎2号館1階
【電話番号】048−601−1608

西日本矯正就労支援情報センター
（近畿、中国、四国及び九州地区担当）
【所在地】大阪市中央区大手前4−1−67
　　　　大阪合同庁舎第2号館本館4階
【電話番号】06−6941−5780

13 自立準備ホームと就労支援センター

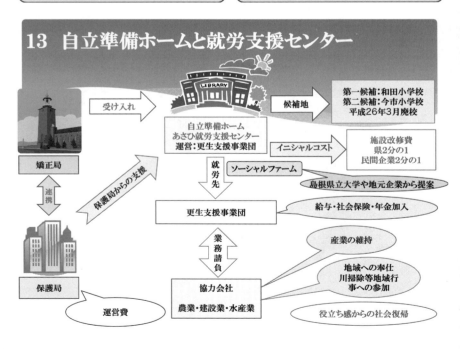

14 女子刑事施設の運営改善

女子受刑者の特徴
- 覚醒剤取締法違反　38.2%（男子26.4%）
- 窃盗　42.1%（男子31.9%）
- 65歳以上の占める割合　16.4%（男子 9.8%）
- 65歳以上の罪名 窃盗　83.9%（男子50.5%）
- 被虐待経験や性被害による心的外傷、摂食障害等

※上記数値については、平成26年の新入受刑者

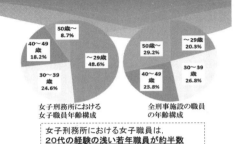

女子刑務所における女子職員は、
20代の経験の浅い若年職員が約半数

↓

女子刑事施設の収容環境の改善
⇓
「女子職員の過重な負担の軽減」

15　刑法犯検挙人員女子比
　　　入所受刑者人員女子比

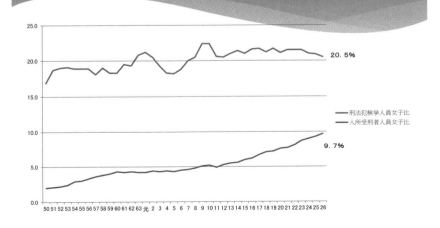

16 矯正医療体制の充実

○ 矯正医官の定員・現員

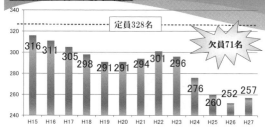

定員328名
欠員71名

年度	現員
H15	316
H16	311
H17	305
H18	298
H19	291
H20	291
H21	294
H22	301
H23	296
H24	276
H25	260
H26	252
H27	257

矯正医官 激減の理由
一般社会との差
- ★ 医療技術の維持・向上が困難な執務環境
- ★ 民間と比較して硬直的な勤務時間管理
- ★ 地域医療機関に貢献できない
- ★ 認知度が低く,社会的な評価がされにくい
- ★ 「欠員拡大」→「現職の不安増」という負のスパイラル

矯正医官の欠員による問題点
- ● 急病への対処の遅れ
- ● 外医診療の増,外医に伴う護送職員の増

結果として,国費・職員の負担が増加

矯正医官の確保

矯正医官特例法:平成27年12月1日施行
- ● 広報・啓発活動等の活性化,勤務条件の改善等を国の責務として明記
- ● 法務大臣の承認により兼業を可能とし,勤務時間の内外において柔軟に対応
- ● 施設外勤務や症例の研究等をしやすいフレックスタイム制を適用

17 矯正施設の老朽化

現状
庁舎 矯正施設297庁(本所+支所)のうち,工事中の施設を含め,約半数(144庁)が現行の耐震基準を満たしていない老朽施設である。

宿舎 全国の矯正施設の職員宿舎約12,000戸のうち,約1,400戸(約12%)が経年に達した老朽宿舎である。

施設の老朽化による問題点
- ● 構造耐力上の不備による建物倒壊等のおそれ
  ⇒ 収容確保を阻害(被収容者の暴動,逃走) ⇒ 一般社会への影響大
- ● 被収容者の収容環境の悪化
  ⇒ 健康被害・不十分な教育環境 ⇒ 改善更生・社会復帰の支障
- ● 職員の居住環境の悪化
  ⇒ 非常時の緊急参集に支障,職員の士気低下 ⇒ 施設運営に悪影響

安全・安心を確保するため
老朽施設の整備をはじめとした物的整備の促進

老朽庁舎

職業訓練棟

単独室

老朽宿舎

木造宿舎

職員宿舎(浴室)

東日本大震災の被災状況

収容棟外壁亀裂(内側)

工場内壁の落下

18 ソーシャルインクルージョンの理念

ソーシャルインクルージョン（社会的包摂）

「全ての人々を孤独や孤立、排除や摩擦から援護し、健康で文化的な生活の実現につなげるよう、社会の構成員として包み支え合う」という理論

大切なのは「人の手によるちょっとした手助け」

「ノーマライゼーション」～物理的、心理的バリアを取り除いて、地域社会を可能にしようという動き⇒道路、建物の段差を解消等

社会的排除・孤立 ⇔ 就労・教育機会の喪失 ⇔ 貧困

↓

「仕事を通して人と人とのつながりをつくる」

「ソーシャルファーム」社会的弱者や就労を望む人たちの雇用促進のために仕事を生み出し、支援と雇用の機会を提供することを目的としたビジネス

参考　日本の社会が抱えている問題
- 地域社会の絆が弱体化
- 家族や親族間の助け合いが薄くなっている
- 企業が従業員を家族共々一生面倒を見るという伝統が消えた

⇒ **裸の一人の人間** 社会との関係性が薄くなった

追い討ち

貧困層の増加
- 生活保護率　平成7年0.7%⇒平成19年1.2%
- 貧困層の大部分は高齢者
- 母子家庭の貧困　平成5年79万世帯⇒平成15年123万世帯（うち8.8%は生活保護）
- 非正規雇用の増大　年収200万円以下の労働者が1,000万人を超えた（平成19年）

19 将来の刑事施設の在り方

施設内処遇　　　　　　　コミュニティ・プリズン構想

1. 規律ある規則正しい生活
2. 改善更生のための改善指導プログラムの実施
3. 就労支援のための職業訓練の実施

→ 受刑者が自らを見つめ直し変化し、責任を背負っていく ← 地域の方々が支える

社会復帰に向けての希望と意欲を持ち周囲の人々と関係を保つためのスキルを習得

↓ 連携

社会内処遇　　　　　　　ソーシャル・インクルージョンの理念

| 中間施設就労支援 | 社会内における就労・教育機会を付与「仕事を通して人と人とのつながりをつくる」 |

社会内処遇制度の変化
- 刑務所出所者等の総合的就労支援対策
- 地域生活定着支援センターの設置
- 特別調整による満期出所者の帰住先の確保

↓

| 一般社会 | ハンデキャップを持った人を健康で文化的な生活の実現につなげるよう、社会の構成員として包み支え合う |

犯罪者の改善更生強化による治安への不安感の解消

「安心・安全な社会」の実現

〔講師研究会〕

更生保護の現状と課題
―― 地方更生保護委員会委員から見た仮釈放についての一考察 ――

久　保　　　貴　（東京福祉大学教授／前近畿地方更生保護委員会委員長）

はじめに

　筆者は、過去4年間、地方更生保護委員会で委員をしていた。本稿では、委員として日々の業務を行う中で、仮釈放制度について委員としての立場から考えたことをまとめるとともに、あまり知られていないと思われる委員業務の実態についても説明したい。なお、本稿で述べたことは私見であり、筆者がこれまで所属した組織及び現在所属している組織の見解ではないことをあらかじめお断りする。

1　仮釈放制度について

　仮釈放については、刑法（明治40年法律第45号）の第28条において、「懲役又は禁錮に処せられた者に改悛（しゅん）の状があるときは、有期刑についてはその刑期の三分の一を、無期刑については十年を経過した後、行政官庁の処分によって仮に釈放することができる。」と規定されており、仮出場については、第30条第1項において、「拘留に処せられた者は、情状により、いつでも、行政官庁の処分によって仮に出場を許すことができる。」とされ、第2項において、「罰金又は科料を完納することができないため留置された者も、前項と同様とする。」と規定されている。そして、その行政官庁としては、更生保護法（平成19年法律第88号）では、第16条で「地方更生保護委員会（以下「地方委員会」という。）は、次に掲げる事務をつかさどる。」として、

「一　刑法（明治四十年法律第四十五号）第二十八条の行政官庁として、仮釈放を許し、又はその処分を取り消すこと。二　刑法第三十条の行政官庁として、仮出場を許すこと。三　少年院からの仮退院又は退院を許すこと。（以下、省略）」と規定されている。

2　地方更生保護委員会について

　仮釈放の可否を判断する行政機関として、全国8か所に地方更生保護委員会が高等裁判所に対応する形で設置されている。地方更生保護委員会は行政機関ではあるが、更生保護法の第17条において、「地方委員会は、三人以上政令で定める人数以内の委員をもって組織する。」とされ、第23条において、「地方委員会は、次に掲げる事項については、三人の委員をもって構成する合議体で、その権限を行う。一　この法律又は他の法律の規定により決定をもってすることとされている処分　二～四　省略」とされており、委員3人で構成される合議部制がとられている。全国で22（北海道2,東北2,関東5,中部2,近畿4,中国3,四国1,九州3）の合議部があり、委員の定数は66となっている。66名の委員の多くが常勤の委員であるが、非常勤の委員もいる。委員3名ずつで構成される22の合議部で、全国の矯正施設（刑務所、拘置所、少年院等）からの仮釈放について、その可否を判断している。

　地方更生保護委員会には、委員に加えて、更生保護法第20条で「地方委員会に、事務局を置く。」とされており、事務局には保護観察官が配置されている。保護観察官には、保護観察所に配置され社会内処遇である保護観察を実施する保護観察官と、地方更生保護委員会に配置され仮釈放審理のための調査を担当している保護観察官がおり、地方更生保護委員会の保護観察官は、委員と同じように、矯正施設に出向いて収容者と面接するなどして、委員の仮釈放審理が適切に行われるよう調査業務を担当している。現在、約140名程度の保護観察官が8か所の地方更生保護委員会に配置されている。

3　主査委員の指名

　地方更生保護委員会では、仮釈放審理事件ごとに主査委員を決定することになるが、実務上は、委員ごとに担当する矯正施設をあらかじめ指定しておき，当該矯正施設からの仮釈放については当該施設を担当する委員が主査委員となる。仮釈放の可否についての判断は合議部で行うことになるが、地方更生保護委員会に複数の合議部がある場合、主査委員の所属する合議部が担当する。

4　仮釈放の審理に至る流れ

　矯正施設の収容者については、収容されるとすぐに身上調査書が作成される。身上調査書には、本籍、氏名、刑名刑期（刑事処分の場合）、処分内容（保護処分の場合）、収容期間、犯罪や非行の内容、これまでの生活歴などに加えて、（仮釈放となった場合の）帰住予定地（本人が希望する場所であり、必ずしも帰住予定地として認められるわけではない。）や引受人（本人が希望する引受人であり、必ずしも引受人として認められるわけではない。）との関係などが記載される。作成された身上調査書は、矯正施設の所在地を管轄する地方更生保護委員会と帰住予定地を管轄する保護観察所に送付される。保護観察所では、送付された身上調査書をもとに、本人が希望している帰住予定地が本人の更生にとって適切か否か、本人が希望している引受人が引受人として適当か否かについて調査を行い、その結果を矯正施設を管轄する地方更生保護委員会と身上調査書を送付した矯正施設に送付する。更生保護法では、第33条において、「刑事施設の長又は少年院の長は、懲役又は禁錮の刑の執行のため収容している者について、刑法第二十八条又は少年法第五十八条第一項に規定する期間が経過したときは、その旨を地方委員会に通告しなければならない。」と規定しており、当該期間の経過にともない法定期間経過通告書が地方更生保護委員会に送付される。法定期間が経過しなければ仮釈放にはならないので、実務上は、期間が切迫している場合を除き、法定期間の経過が通告されて地方

更生保護委員会の調査が開始されることになる。

　法定期間が経過し、身上調査書をもとにした保護観察所の調査で本人が希望している帰住予定地及び引受人が適当であると判断され、かつ矯正施設内での本人の成績等が良好であり、仮釈放の諸条件が整ったと矯正施設が判断する場合には、矯正施設の長は仮釈放許可の申出を行うことになる。更生保護法では、第34条第1項において、「刑事施設の長又は少年院の長は、懲役又は禁錮の刑の執行のため収容している者について、前条の期間が経過し、かつ、法務省令で定める基準に該当すると認めるときは、地方委員会に対し、仮釈放を許すべき旨の申出をしなければならない。」と規定し、同条第2項において、「刑事施設の長は、拘留の刑の執行のため収容している者又は労役場に留置している者について、法務省令で定める基準に該当すると認めるときは、地方委員会に対し、仮出場を許すべき旨の申出をしなければならない。」と規定している。矯正施設からの仮釈放許可の申出により、地方更生保護委員会の仮釈放の審理が開始されることになる。更生保護法では、第24条において、「前条第一項の合議体は、同項第一号に掲げる処分又は同項第四号に掲げる申請をするか否かを判断するには、審理を行わなければならない。」と規定しており、仮釈放の可否を判断するための仮釈放審理が開始される。

　なお、更生保護法では、第35条において、「地方委員会は、前条の申出がない場合であっても、必要があると認めるときは、仮釈放又は仮出場を許すか否かに関する審理を開始することができる。」と規定しており、仮釈放の審理は、矯正施設からの仮釈放許可申出があった場合だけではなく、仮釈放許可申出がない場合でも、地方更生保護委員会が独自の判断で審理を開始することができる。実務上、いわゆる職権による仮釈放審理の開始と呼ばれるものであるが、実状は、仮釈放審理は申出によるものがほとんどであり、申出によらない仮釈放審理の開始は少数にとどまっている。

5　委員会の判断（決定）

　ここで、地方更生保護委員会の意思決定のプロセスについて見てみよう。

地方更生保護委員会は合議体であることから、地方更生保護委員会の意思決定のプロセスは通常の行政機関とは異なっている。地方更生保護委員会の意思決定機関としては、大きく二つに分かれる。一つは合議部であり、他の一つは委員会議である。

　更生保護法は、第21条で、「地方委員会の所掌事務の処理は、第二十三条第一項の規定により三人の委員をもって構成する合議体で権限を行う場合その他法令に特別の定めがある場合を除き、委員の全員をもって構成する会議の議決による。」とされており、当該地方更生保護委員会に配置されている全員の委員による委員会議を意思決定機関としている。

　一方、第23条では、「地方委員会は、次に掲げる事項については、三人の委員をもって構成する合議体で、その権限を行う。」として、「一　この法律又は他の法律の規定により決定をもってすることとされている処分　二　第三十五条第一項（第四十二条及び売春防止法（昭和三十一年法律第百十八号）第二十五条第四項において準用する場合を含む。）の規定による審理の開始に係る判断　三　第三十九条第四項（第四十二条及び売春防止法第二十五条第四項において準用する場合を含む。）の規定による審理の再開に係る判断　四　第七十一条の規定による申請」として、仮釈放の可否の判断にかかるものについては、委員会議ではなく合議体を意思決定機関と定めている。そして、同条第3項で「第一項の合議体がその権能として行う調査は、その構成員である委員又は保護観察官をして行わせることができる。」として、委員または地方更生保護委員会に配置されている保護観察官が調査を行うこととなる。

　つまり、地方更生保護委員会の意思決定については、委員会議で決定するものと委員会（合議部）で決定するものとがあるが、委員が単独でできることについては規定されていないことから、委員が単独で決定できることは、少数の例外を除いてほとんどない。例外的に委員が単独で決定できることとしては、例えば、緊急を要する場合の留置の決定がある。更生保護法は、第73条第1項において、「地方委員会は、第六十三条第二項又は第三項の引致状により引致された少年院仮退院者について、第七十一条の申出があり同条の規定による申請をするか否かに関する審理を開始するときは、当該少年院仮退院者を刑事施設又は少年鑑別所に留置することができる。」と規定して

おり、同条第4項において、「第一項の規定による留置及び第二項ただし書の規定による釈放に係る判断は、三人の委員をもって構成する合議体（第七十一条の規定による申請をするか否かに関する審理の開始後においては、当該審理を担当する合議体）で行う。ただし、急速を要するときは、あらかじめ地方委員会が指名する一人の委員で行うことができる。」と規定し、急速を要する場合にのみ、委員が単独で決定することができるとされている。

　以上から、このような明文の規定がない場合には必ず合議体で決定しなければならず、委員が単独で行うことができることはほとんどないと言える。地方更生保護委員会では、委員が3人いてはじめて合議体を構成することができるのであり、合議体を構成するためには3人の委員を確保しなければならない。このことは、委員の人数が多い地方更生保護委員会ではそれほど問題にならないことが多いが、例えば、四国地方更生保護委員会のように委員が3人しかいない場合には合議を行うために全員の委員が必要となり、緊急の合議を行わなければならいような場合に問題となることもある。

6　仮釈放の審理

　仮釈放の可否を判断するに際しては、委員は本人と面接をしなければならないとされている。更生保護法では、第37条において、「地方委員会は、仮釈放を許すか否かに関する審理においては、その構成員である委員をして、審理対象者と面接させなければならない。ただし、その者の重い疾病若しくは傷害により面接を行うことが困難であると認められるとき又は法務省令で定める場合であって面接の必要がないと認められるときは、この限りでない。」と規定されている。少年院等の一部では、委員の面接を省略する場合もある（その場合、保護観察官の面接が実施されている。）が、通常、委員の面接が実施される事案がほとんどであり、成人の場合には、ほぼ全ての事案について委員の面接が実施されている。なお、委員の面接は個別面接であり、委員が担当する矯正施設に出向いて本人一人一人と一対一で面接を実施している。面接の所要時間は事案によって異なるが、おおむね一人につき45分から1時間程度はかかることがほとんどである。多くの場合、一人につき1回の

面接を実施しているが、必要に応じて複数回の面接を実施することもある。

7　仮釈放の許可・不許可

　本人との面接において、仮釈放することが相当との心証が得られた場合あるいは仮釈放することが相応しくないと考える場合には、主査委員（面接を実施した委員）は当該事案について合議にかけることになる。
　更生保護法では、第39条第1項において、「刑法第二十八条の規定による仮釈放を許す処分及び同法第三十条の規定による仮出場を許す処分は、地方委員会の決定をもってするものとする。」と規定しており、仮釈放を許可する場合には、合議体の決定が必要である。なお、仮釈放を許可しない場合には、仮釈放を許可する旨の決定をしない旨の判断（表現はまわりくどいが、仮釈放を許可するのは相応しくないという判断）を行うことになる。
　仮釈放許可の決定に際しては、更生保護法では、第39条第2項において「地方委員会は、仮釈放又は仮出場を許す処分をするに当たっては、釈放すべき日を定めなければならない。」と規定し、同条第3項について「地方委員会は、仮釈放を許す処分をするに当たっては、第五十一条第二項第五号の規定により宿泊すべき特定の場所を定める場合その他特別の事情がある場合を除き、第八十二条第一項の規定による住居の調整の結果に基づき、仮釈放を許される者が居住すべき住居を特定するものとする。」と規定しており、仮釈放の日とともに帰住地を特定することになる。
　更生保護法では、第26条において、「第二十三条第一項の合議体の決定は、決定書を作成してしなければならない。」と規定されており、決定書の作成が義務づけられている。また、第27条においては「前条の決定は、当該決定の対象とされた者に対し、これを告知することによって、その効力を生ずる。」と規定されており、決定の効力は本人への告知がなされなければ発生しないとされている。決定の告知については、同条第3項において、「第一項の決定の対象とされた者が刑事施設に収容され、若しくは労役場に留置されている場合又は少年院若しくは婦人補導院に収容されている場合において、決定書の謄本を当該刑事施設（労役場に留置されている場合には、当該労役場

が附置された刑事施設）の長、少年院の長又は婦人補導院の長に送付したときは、当該決定の対象とされた者に対する送付があったものとみなす。」とされており、地方更生保護委員会から本人が収容されている矯正施設の長に送付することで決定の効力が発生することになる。

　仮釈放許可の決定がなされた後、仮釈放するには相応しくない状況が生じた場合には、更生保護法の第39条第4項において、「地方委員会は、第一項の決定をした場合において、当該決定を受けた者について、その釈放までの間に、刑事施設の規律及び秩序を害する行為をしたこと、予定されていた釈放後の住居、就業先その他の生活環境に著しい変化が生じたことその他その釈放が相当でないと認められる特別の事情が生じたと認めるときは、仮釈放又は仮出場を許すか否かに関する審理を再開しなければならない。この場合においては、当該決定は、その効力を失う。」と規定されており、仮釈放の許可を取り消すか否かを判断するために、仮釈放の審理を再開することになる。通常の場合、仮釈放の許可を取り消すとともに、短期間で状況が改善される見込みが乏しく、仮釈放を許可することが相応しくないと判断される場合には、仮釈放を許可する旨の決定をしない旨の判断を併せて行うことになる。

8　仮釈放の取消し

　ここでいう仮釈放の取消しは、上述した仮釈放許可の取消しとは異なり、仮釈放が許可されて仮釈放となった後に、当該仮釈放を取り消すことである。刑法では、第29条第1項において、「次に掲げる場合においては、仮釈放の処分を取り消すことができる。」と規定されており、仮釈放取消しの事由として「一　仮釈放中に更に罪を犯し、罰金以上の刑に処せられたとき。二　仮釈放前に犯した他の罪について罰金以上の刑に処せられたとき。三　仮釈放前に他の罪について罰金以上の刑に処せられた者に対し、その刑の執行をすべきとき。四　仮釈放中に遵守すべき事項を遵守しなかったとき。」があげられている。仮釈放の処分を取り消すか否かを判断するのは、地方更生保護委員会である。仮釈放取消しの処分ができるのは当該仮釈放期間中で

あり、合議体による決定が仮釈放期間中になされるだけではなく、決定の効力を生じさせるためには当該仮釈放期間中に告知が行われなければならない。特に、仮釈放中に更に罪を犯した場合（1号）及び遵守事項に違反した場合（4号）については、地方更生保護委員会は当初の仮釈放許可の判断が適切であったかどうかを見直すこととなる。

　刑の一部の執行を猶予する制度の施行に伴い、刑法の第29条第2項では「刑の一部の執行猶予の言渡しを受け、その刑について仮釈放の処分を受けた場合において、当該仮釈放中に当該執行猶予の言渡しを取り消されたときは、その処分は、効力を失う。」と規定されている。

　また、仮釈放の取消しに伴う刑の執行においては、刑法の第29条第3項で「仮釈放の処分を取り消したとき、又は前項の規定により仮釈放の処分が効力を失ったときは、釈放中の日数は、刑期に算入しない。」とされているとおり、仮釈放となった期間と同等の期間、刑を執行することになる。

9　仮釈放許可の基準

　これまで、仮釈放について、事務の流れ（手続き）を中心に見てきたが、ここで、仮釈放を許可するための基準について見てみよう。

　仮釈放を許可するための判断の基準については、「犯罪をした者及び非行のある少年に対する社会内における処遇に関する規則」（平成20年法務省令第28号）に定められている。犯罪をした者及び非行のある少年に対する社会内における処遇に関する規則（以下、「規則」という。）は、第28条において、仮釈放許可の基準として、「法第三十九条第一項に規定する仮釈放を許す処分は、懲役又は禁錮の刑の執行のため刑事施設又は少年院に収容されている者について、悔悟の情及び改善更生の意欲があり、再び犯罪をするおそれがなく、かつ、保護観察に付することが改善更生のために相当であると認めるときにするものとする。ただし、社会の感情がこれを是認すると認められないときは、この限りでない。」と規定されている。この規則でいう「法」とは、更生保護法である。ここでは、仮釈放を許可する基準として、（1）悔悟の情及び改善更生の意欲があること、（2）再犯のおそれがないこと、（3）社会

内処遇に移行することが本人の改善更生に資すること、（4）社会が是認すること、の4点が挙げられている。

　委員は、関係資料の内容及び本人との面接等を通じて、上記の4点について慎重に検討して心証形成を行い、主査委員として合議体の合議にかけることになる。実務においては、委員は、関係資料を精査してある程度の心証を持つとともに、それを本人との面接において確認する（あるいは、心証と齟齬するような要因がないかどうかを確かめる）ことになる。そして、事実関係とともに主査委員としての心証を合議において説明し、3人の委員でさらに（1）から（4）について検討し、合議体としての判断を行うことになる。

　（1）及び（3）については、特に本人との面接等を通じて判断することが可能であるが、（2）及び（4）については、心証を形成することが難しく感じられる場合があるように思われる。（1）から（4）までの要因については、必ずしも独立したものではなく、相互に関連していることが多い。また、（1）から（4）までの要因は常に同じ程度の重要性を持つというわけではなく、事案によって、（1）から（4）までの要因のうちで特に重要とされるものが異なってくることも多い。規則の文章を読むと、（1）と（2）が並列であり、（3）は（1）と（2）のいずれに対しても同時に成り立つものでなければならず、その上で（4）という条件が満たされているかどうかを判断するという構造になっている。しかしながら、（1）から（4）までの要因のそれぞれについて判断の幅があり、さらに、上述したように事案により要因間の重要性も変化することになることから、委員としては、事案ごとに、すべての要因を「総合的に」判断することにならざるを得ない。主査委員が形成した心証について、さらに合議において検討を加えるという過程を通じて、合議体としての判断が導き出されることになる。

　以上が、刑務所等からの仮釈放、少年院からの仮退院における仮釈放許可の基準であるが、仮出場許可の基準については、規則の第29条において、「法第三十九条第一項に規定する仮出場を許す処分は、拘留の刑の執行のため刑事施設に収容されている者又は労役場に留置されている者の心身の状況、収容又は留置の期間、社会の感情その他の事情を考慮し、相当と認めるときにするものとする。」と規定されている。

10　委員の業務

　以上、地方更生保護委員会の（委員の）視点から仮釈放の審理及び許可の決定に伴う手続の流れについて見てきたが、実際の委員の業務の流れについて見ることにする。

　地方更生保護委員会の委員の業務は、おおむね次の5つにまとめることができる。（1）書面調査、（2）面接、（3）面接結果のまとめ（合議用の書類の作成）、（4）合議、（5）臨時の合議等、である。（1）から（4）までは委員の通常の業務であり、1週間を単位として（1）から（4）までの業務が繰り返される。（5）は、例えば、仮釈放の取消し等の突発的な業務であり、先にも述べたとおり期間が切迫していることがしばしばである。

　通常、委員は、複数の矯正施設を担当している。担当する矯正施設から出された仮釈放許可申出については、主査委員として（1）から（4）の業務を行うことになる。定例の合議は毎週1回行われることから、それに合わせて、矯正施設からの仮釈放許可申出書、身上調査書、帰住予定地と引受人に関する保護観察所からの報告、委員の面接に先だって実施された保護観察官の面接結果のまとめ等の関係書類を精査し、矯正施設での面接の準備を行う。そして、毎週のように矯正施設に出向いて、一人一人に個別の面接を行い、事件についてどう考えているのか、これまでの生活をどのように改善しようと考えているのか、釈放後はどのような点に注意して生活していこうと考えているのか等について、本人から聞き出すとともに、必要な指導助言を行う。面接終了後は、面接の結果をまとめて、仮釈放を許可するか否かについての主査委員としての判断とその根拠・心証等を記載した書面を作成する。合議においては、作成した書面を提出して、一件ごとに事件の内容、生育歴、犯罪・非行歴、仮釈放後の生活計画等について説明し、仮釈放を許可するか否かについて3人の委員で協議を行う。許可する場合には、仮釈放期間中に守るべき遵守事項についても協議の上、仮釈放許可決定書を作成する。仮釈放を許可する旨の決定をしない旨の判断をする場合も、その理由を付して書面を作成する。

委員の1週間の業務を見ると、週5日のうち、1日は合議、1～2日は矯正施設に出向いて面接を行っており、残りの2日で面接の結果をまとめて合議用の書類を作成するとともに、次の面接のための関係資料を精査している。ちなみに、矯正施設における面接は、おおむね1日に6～8件となっている。合議における審理の件数は、多少の増減はあるが、毎週、3人の委員からそれぞれ8～10件程度の事案が提出されており、全体では25～30件程度の事案を1件ずつ審理しているので、かなりの時間がかかっている。
　前述の（5）臨時の合議等については、仮釈放審理のように計画的に実施できるものではなく、突発的に飛び込んでくるものであり、合議部の委員3人がいる時を見計らって実施している。臨時の合議等においては、委員は持ち込まれてきた関係書類を短時間で精査し、心証を形成しなければならず、時間との勝負であることも多いが、適切に情報を把握して適正な判断をしなければならない。
　このように委員の業務は大変忙しいと言わざるを得ない。後の説明するように業務量が多いということだけではなく、仮釈放の許可や取消しなど、本人の身柄を釈放して社会内で生活をさせるという決定や身柄を拘束して再度刑の執行を行うという決定など、本人の生活に大きな影響を与えるものであるという精神的プレッシャーもある。

11　仮釈放に関する統計

　それでは、地方更生保護委員会において、どのくらいの仮釈放審理が行われ、どのくらいの仮釈放が許可されているのか、仮釈放審理等に関する統計を見てみよう。
　平成28年に、地方更生保護委員会において仮釈放等の審理が開始された件数は、19,997件であり、内訳は、新たに開始されたものが17,059件、前年からの繰越しが2905件、移送されたものが33件であった。前年の平成27年では、仮釈放等の審理が開始された件数は20,788件（新たに開始されたものが17,988件、繰越しが2,778件、移送が22件）であり、若干減少している。10年前の平成19年では、総数が25,736件であったものが、5年前の平成24年では22,702

件となり、過去10年間では一貫して減少傾向にある。

　審理が終了した件数は、平成28年では17,278件であり、内訳は、仮釈放許可が16,099件、許可しないが1,142件、その他37件であった。前年の平成27年では、17,883件（仮釈放許可が16,832件、許可しないが1,022件、その他29件）であり、若干減少している。10年前の平成19年では総数が22,239件であったものが、5年前の平成24年では19,645件となり、過去10年間では一貫して減少傾向にある。

　平成28年に仮釈放審理が終了した件数17,278件を合議部数の22で割ってみると、1合議部当たりの審理件数の平均は785.4件となる。委員一人当たりの審理件数の平均は261.7件となる。地域によって件数にかなりの差異はあるが、平均して委員一人当たりで1年間に260件以上の面接を行っていることが分かる。

（1）　仮釈放を許可する旨の決定をしない旨の判断（仮釈放不許可）

　上記の仮釈放審理には、刑務所等からの仮釈放だけではなく、少年院からの仮退院も含まれているが、少年院からの仮退院については特別の場合を除き、ほとんどの場合に仮退院が許可されていることから、刑務所等からの仮釈放だけに絞って、仮釈放を許可する旨の決定をしない旨の判断をした件数（言い換えれば、仮釈放を許可しない件数）を見てみよう。審理が終了した件数に対する仮釈放を許可しない件数は、平成28年では7.1％となる。前年の平成27年では6.7％であった。5年前の平成24年では7.0％、10年前の平成19年では10.0％であったので、過去10年を見ると、おおむね7〜10％で推移している。仮釈放審理件数のうち7〜10％弱程度のものが仮釈放を許可されなかったことが分かる。この数値を少ないと見るか多いと見るかは議論の分かれるところであるが、先に述べたとおり仮釈放審理事案のほとんどが矯正施設からの仮釈放許可申出によるものであり、矯正施設においては仮釈放許可申出を行うまでに数多くのスクリーニングが行われている。言い換えれば、矯正施設において成績が良好な者に対して仮釈放許可申出がなされており、矯正施設の視点からは仮釈放に相応しいと判断された者であるが、そのうちの10％弱が地方更生保護委員会の視点からは仮釈放には相応しくないと判断さ

れたことを意味している。地方更生保護委員会が矯正施設とは異なる視点から審理を行っていることがうかがわれる。

（2） 仮釈放率

　矯正施設を出所した者のうち、仮釈放で出所した者の割合である仮釈放率を見ると、平成28年では、刑務所等から出所した者は22,947人であり、そのうち満期釈放となった者は9,649人（42.0％）、仮釈放となった者は13,260人（57.8％）、その他が38人（0.1％）となっている。刑務所等の矯正施設から出所した者のうち6割弱の者が仮釈放で出所していることが分かる。

（3） 刑執行率

　有期刑で仮釈放になった者の執行すべき刑期に対する執行した刑期の割合である刑の執行率を見ると、平成28年では、仮釈放となった者13,072人のうち、執行率が85～89％のものが3,518人（26.9％）、90～94％のものが3,016人（23.1％）、80～84％のものが2,722人（20.8％）、75～79％のものが1,588人（12.1％）、95％以上のものが1,339人（10.2％）となっており、8割以上の者が80％以上の執行率となっている。

（4） 仮釈放取消し

　平成28年に地方更生保護委員会において仮釈放が取り消された件数は625件である。仮釈放中に新たに刑が確定したことによる仮釈放取消しは1件であり、残りの624件はすべて仮釈放中の遵守事項に違反したことを理由とする仮釈放取消しである。平成27年では仮釈放が取り消された件数は652件、平成26年では647件、平成25年では650件、平成24年では683件となっている。過去5年間では1年間でおおむね650件程度が仮釈放を取り消されており、年ごとの変動はそれほどなく、過去5年間ではほぼ一定となっていることが分かる。この数値が多いか少ないかは判断の分かれるところであるが、例えば、地方更生保護委員会が1年間に仮釈放を許可した件数は平成28年では16,099件であることは先に述べたとおりである。平成28年に仮釈放を取り消された者がいつ仮釈放を許可されたのかは明らかではなく、また仮釈放を取

り消された事案では、かなり前に仮釈放となったがその後所在不明となり刑の進行を停止して本人の所在を探していた者も多く含まれているが、年ごとの変動がそれほどないと仮定して、平成28年に仮釈放を許可された者と仮釈放と取り消された者の比率を見ると3.9％となることから、100件の仮釈放のうち4件弱が仮釈放を取り消されていることが推測される。

12　委員の面接について

　本稿を終えるに当たり、委員が収容者一人一人と直接面接を行うことの意義について検討したい。委員が収容者一人一人と一対一で行う面接においては、仮釈放の適否についての心証を得ることが目的ではあるが、それだけではなく、面接（とその後の収容生活）において、収容者自身に「考えさせる」ことも目指されている。そこでは、収容者に自分を振り返らせることにより、自己の問題性を気づかせるとともに、出所後の生活をどのようにしようとするのかを具体的に考えさせることにより、将来の生き方に目を向けさせ、これまでとは若干でも異なる生活に向けた努力をさせることが大切である。説教をしたり反省させようとしたりするのではなく、自ら考えるように仕向けることが、委員の行う面接においても求められている。社会に戻ってから社会復帰がうまくいくかどうかは、本人の自覚にかかっている。もちろん、本人を支える周囲の援助は不可欠であるが、社会復帰に向けた本人の気持ちがなければ、いくら周囲が援助をしても社会復帰は困難になる。そのためには、矯正施設に収容されている時から、自己を素直に見つめさせ、自分で考えるように仕向けていることが大切であり、委員の面接においてもその点が求められいると言えよう。

13　今後の課題

　現在の仮釈放制度をより十全に機能させるために取り組むべき課題について考えてみたい。
　第一に、仮釈放手続ではそのほとんどが矯正施設からの仮釈放許可申出に

より開始されていることは先に述べたとおりである。しかしながら、更生保護法の第35条において「地方委員会は、前条の申出がない場合であっても、必要があると認めるときは、仮釈放又は仮出場を許すか否かに関する審理を開始することができる。」と規定されているとおり、地方更生保護委員会には矯正施設からの仮釈放許可申出によらずに審理を開始する権限が与えられている。そのためには、矯正施設内の本人の状況について地方更生保護委員会が的確に把握することが不可欠である。そのようなメカニズムを作ることが、申出によらない仮釈放審理の開始を増やすことにつながると考えられる。このような地方更生保護委員会の主導による仮釈放審理の開始は、矯正施設とは別の独立した機関である地方更生保護委員会の第三者機関としてのチェック機能をも果たすことにつながるように思われる。

　第二に仮釈放審理の充実、そして仮釈放許可の適否に関する適切な判断を担保するためには、委員による複数回の面接や同じ収容者に対する複数委員の面接を実施することが有効であると考えられる。これらは現行の制度においても可能であり、例えば、無期刑受刑者に対しては実施されているが、地方更生保護委員会の合議部が22と少なく、上述したように事件数が多い現状では、これらの充実策を拡大することは難しい。満期釈放に比べて仮釈放では出所後の再犯率が低いことが指摘されており、仮釈放とその後の社会内処遇をより充実させていくことが求められている。そのためには地方更生保護委員会の組織体制をより充実させることが必要であろう。

[〈特集〉刑事施設医療の改革を考えるために]

はしがき

赤 池 一 将（龍谷大学法学部教授）

　日本の矯正が抱える目下の最大の悩みは、刑事施設に安定的に医官を確保できないことであろう。兼業許可の運用柔軟化等、当面の改善措置を盛り込んだいわゆる矯正医官特例法の導入後も、常勤医師定員の2割が欠員という状況が続いている。この特例法が事態の好転に資するとしても、それで日本の矯正医療の抱える問題が抜本的に解決されると考える者はいない。常勤医師の不在は、国が、責任ある医療を被収容者に提供する際の大きな足枷となるが故に、全国の多くの刑事施設において、今後も医師確保のために現場の懸命の努力が続けられよう。しかし、一般社会においても医療崩壊・医師不足が叫ばれる今日、医者がいない人里離れた土地で担当職員が行う努力にも限界がある。この問題の構造を見ずに、その矛盾を現場が引き受けているとすれば大いに問題である。刑事施設において医師を安定的に確保するための抜本的・構造的改革の検討は、政策担当者にとっても、そして、この国の行刑政策のあり方を研究する者にとっても喫緊の課題である。

　刑事施設医療の改革は、「刑事施設医療の司法省から厚生省への移管」と「刑事施設医療への社会保険の適用」により、医師の安定的確保と医療の質改善に成功したフランスの事例がこれまで紹介されてきたに過ぎず、行刑改革会議においても、また、先の特例法の審議過程においても、そうした抜本的・構造的改革の検討は今後の課題として、報告書にその旨が記載されるにとどまっていた。そこで、龍谷大学矯正・保護総合センターにおいて「矯正施設における医療・健康・人権の社会的構成に関する比較法政策学的研究」グループを発足させ、社会福祉学、看護学、医療経済学等の専門家を加えた

学際的研究チームにより、科学研究費（基盤研究（B）15H03298）を得て、この問題の検討を行ってきた。本特集は、その成果の一端である。

　まず、比較法制度研究として、イングランド、オーストラリア・ニューサウスウェールズ（NSW）州、ドイツの3例をとりあげる。ここでは、フランス型の移管と社会保険適用による改革を念頭に置きながら、それぞれの国情にあった刑事施設医療改革の展開を紹介・検討する。次いで、刑事施設医療との関係で、刑事政策プロパーの検討を囲い込む隣接領域となる社会福祉学、医療経済学、医療情報の3つの観点から、刑事施設における医師確保のための改革のあり方とその効果の射程について検討を行う。今後、刑事施設医療への社会保険の適用を導入した台湾に関する調査等を経て、これまでの研究成果の全体を公表する予定である。本特集が、この問題の議論に一石を投じる、その先駆けとなれば幸いである。

[〈特集〉刑事施設医療の改革を考えるために]

刑事施設独自の医療から社会共通的な医療へ
―― イングランド刑事施設医療の保健省移管をめぐって ――

三島　聡（大阪市立大学法学部教授）

1　はじめに

　日本の刑事施設における医療は、一般の医療と異なり、法務省が所管し全額国費でまかなわれている。2003年の行刑改革会議において、厚生労働省に移管し一般の医療に組み入れて保険で対応するという改革案が議論されたが、この案は採用されるにいたらなかった。もっとも、「行刑改革会議提言」では、厚生労働省への移管が完全に否定されたわけではなく、「諸外国の動向等も見ながら、今後検討すべき課題」とされた[1]。そして、上記「提言」にいたる同会議の審議過程では、移管の代表国としてフランスとイギリスがあげられていたが、イギリスについては、当時移管の手続が始まったばかりであったため、詳細な検討が加えられることはなかった[2]。
　その後、2013年に矯正施設の医療の在り方に関する有識者会議が法務省内に設けられ、4回の会合を経て翌2014年1月に報告書が公表された。その報告書では、法務省管轄を維持したまま、外部の医療機関に委託することや厚生労働省との連携を強化することについては一定の提言がなされているものの、移管については、日本弁護士連合会からの要望事項の1つとして掲げられただけで、検討した形跡はみられない[3]。

1　行刑改革会議「行刑改革会議提言」42頁（2003年）。
2　行刑改革会議第3分科会「第1回会議」（2003年9月8日開催）〔海渡雄一報告〕参照。
3　矯正施設の医療の在り方に関する有識者会議「矯正医療の在り方に関する報告書」23〜25頁（2014年）。

イングランド＝ウェールズにおいて国営刑事施設全体の医療の移管が実現したのは、2006年。それからすでに10年以上経っている。日本でも刑事施設の医療体制の整備が強く求められている今日、イングランド＝ウェールズの移管の経験を参考にしながら、厚生労働省への移管の当否をあらためて検討する必要があるのではないか。以下では、イングランドにおける刑事施設医療の移管の動きを概観し、それをふまえて日本の刑事施設医療のあり方につき若干の考察を試みたい。ウェールズにおける移管もイングランドとほぼ同様の経過をたどるが、同地域はイングランドと別の国民保健制度を有し、統一的に論じられない面もあるので、ここではイングランドの移管に焦点をあてることにする[4]。

なお、本稿では、「移管」という語を、財政負担を含めて省庁間で権限・責任が移ることを示す語として使い、ある省庁下の組織から別の省庁下の他の組織に具体的な権限・責任が移るばあいには、「権限移譲」など別の語を用いる。

2 移管の経緯

(1) 1990年代前半までの状況

イングランドでは、1948年に国民保健サービス（National Health Service, NHS）が導入され、以降、一般国民、さらには在住外国人も、原則無料で医療を受けられるようになった。しかし、刑事施設医療は、2000年代半ばまで、この制度に組み入れられず、ウェールズの刑事施設も含めて、保健省ではなく刑事施設を統括する内務省が所管していた。内務省の行刑局（Prison Service）内に刑事施設医務部（Prison Medical Service. のちに健康ケア部［Directorate of Health Care］に改組）が設けられ、部長のもとに、副部長のほか、地域ごとの刑事施

---

[4] イングランドの刑事施設医療について紹介した邦文の文献として加藤昌義「英国矯正医療」刑政125巻7号80～86頁（2014年）がある。イギリスの他の地域でも同様に移管されており、スコットランドの移管は2011年、北アイルランドの（完全な）移管は2012年である。イングランド＝ウェールズでは、警察の留置場での医療も2016年4月に保健省に移管する予定であったが、2015年12月に中止になった。

設の医療を統括する首席医務官（Principal Medical Officer）が数名おかれた。これらの職務にはいずれも医師が就いた。そして、各施設の医療は、常勤の医務官ほか、普段は NHS の総合診療医（general practitioner, GP）として働く非常勤の医務官、および、契約による外部の専門医（精神科、泌尿器科、婦人科医、整形外科、耳鼻咽喉科等）が担当した。もっとも、財政的には、日本のように、被収容者の医療費のすべてが刑事施設を所轄する内務省の負担であったわけではない。施設内での一次医療（プライマリ・ケア、専門病院以外での一般的な診療を指す）は同省が負担するものの、外部の病院での治療費や入院費は保健省が負担することとされていた[5]。

ウェールズの刑事施設もあわせた数値だが、1964年の時点で、医務官は、本局にいる正副部長等も含め常勤が62名、非常勤が78名であったとされ、大半の小規模施設には、常勤医務官はいなかったとされる[6]。このような状況は、1980年代半ばになっても基本的に変わらない。1986年の時点で、常勤医務官は定員99名のところ98名、非常勤医務官は定員117名のところ107名、契約専門医は250名で、116施設のうち実に88もの施設において常勤医がおらず、医務官を兼任している GP に医務の運営を委ねていたという[7]。契約専門医もあわせると、刑事施設の医療のかなりの部分が、NHS に勤務する医師によって担われていたことになる[8]。また、看護については、女性の刑事施設では、正規の看護師が担当していたのにたいして、男性の刑事施設では、正規の看護師の数が限られ、主として刑事施設での短期間の看護研修を受けたにすぎない刑務官（1980年代までは hospital officer、1990年代には health care

5 　なお、契約専門医の診療費については、おおむね内務省が負担していたものの、内務省と保健省のいずれが負担するかの統一的なとりきめはなかった。See, eg, The Joint Prison Service and National Health Service Executive Working Group, *The Future Organisation of Prison Health Care* (1999) para 27.

6 　Home Office, *The Organisation of the Prison Medical Service: Report of the Working Party* (1964) para 6.

7 　Social Services Committee (SSC), *Prison Medical Service*, vol 1 (HC 1985-86, 72) paras 86, 97, 102, 103, 105.

8 　この当時、NHS 勤務医によって刑事施設医療の約2/3がまかなわれていたとされる。Eg SSC, *Prison Medical Service: Minutes of Evidence* (HC 1985-86, 72-i) 3 (Home Office's memorandum).

officerと呼ばれる）が担っており、両施設間には大きな差があった[9]。

このような事情もあって、保健省に移管されるかなり前から、刑務施設医療をNHSに統合し、NHSの医師や正規の看護師が担当すべきだとする主張が、関係組織からたびたびなされてきた。たとえば、1962年に内務省内に設けられた、刑事施設医務部の組織に関する作業委員会にたいし、キングス・カレッジ・ロンドン精神医学研究所、全国精神衛生協会（のちに「マインド [Mind]」と改称）、王立内科医学会、王立医学・心理学会（のちに「王立精神医学会」と改称）といった組織が、それぞれ刑務施設医療をNHSに統合すべきだとの意見を提出している[10]。また、1979年には、王立精神医学会があらためて同様の提言をおこなった[11]。さらに、1986年、刑事施設医務部のあり方につき審議していた下院社会福祉委員会において、王立看護協会、プリズン・リフォーム・トラスト、マインド、ハワード・リーグ、ナクロ（National Association for the Care and Resettlement of Offenders, NACRO)、全国自由人権協会（National Council for Civil Liberties, NCCL. のちに「リバティ [Liberty]」と改称）などの諸団体が、刑務施設医療のNHS統合を求めたのである[12]。

だが、政府はこのような要請に応じようとはしなかった。1964年の刑事施設医務部の組織に関する作業委員会報告書[13]、1981年の刑事局業務報告書[14]、1986年の刑事施設医務部に関する下院社会福祉委員会報告書[15]などにおい

---

9 SSC (n 7) paras 86-87. なお、hospital officer のなかには正看護師の資格をもつ者も若干は存在する。1986年の段階で11％強で、直近数年間で大幅に増えたという。ibid para 89.
10 Richard Smith, 'History of the Prison Medical Services' (1983) 287 BMJ 1786, 1787.
11 The Royal College of Psychiatrists, 'The College's Evidence to the Prison Services Inquiry' (1979) 3 Psychiatric Bulletin 81, 84.
12 SSC, *Prison Medical Service: Minutes of Evidence* (HC 1985-86, 72-iii) 91 (Royal College of Nursing's memorandum); (HC 1985-86, 72-vi) 153, 158 (Prison Reform Trust's), 170 (Mind's); (HC 1985-86, 72-vii) 198 (Howard League for Penal Reform's), 216 (NACRO's), 232 (NCCL's).
13 Home Office (n 6) paras 22-24.
14 Home Office, *Report on the Work of the Prison Department 1981* (Cmnd 8543, 1982) paras 241-252.
15 SSC (n 7) paras 103-105, 116.

て、刑事施設医務部とNHSや保健省との連携強化は必要としつつも、(すくなくとも当面は)刑事施設独自の医務組織を存続すべきだとしたのである。

1990年代にはいると、保守党政権のもと、内務省は、他の公益事業と同じように、刑事施設医療についても購入機能と提供機能を分離して、各施設レヴェルで外部委託をより積極的に推進していく方針にあらため、これにともない行刑局本庁の医療部門の任務を医療の提供からその方針策定、助言などにとどめるなどの変更をおこなった[16]。もっとも、刑事施設医療が行刑局の責任のもとで提供され、刑事施設側の姿勢如何でその提供のあり方が左右されることには変わりがなく、実際上も、この改革が医療の質の向上にあまり役立たなかったとされる[17]。

(2) 1990年代後半以降
ア 政府の姿勢が大きく変化するのは、1990年代後半以降である。そのきっかけになったのは、1996年の刑事施設査察局の「患者か、被収容者か」(Patient or Prisoner?)という表題の報告書[18]であった。刑事施設査察局は、各種の専門的知見をもとに各刑事施設を詳細に査察し、それぞれの問題点を指摘して改善を求める、行刑局から独立した機関である。この刑事施設査察局が、上記報告書において、刑事施設医療の責任主体を内務省の行刑局から保健省所轄のNHSの担い手に移すことを提言したのである。査察局は、この報告書のなかで、それまでの各施設での査察結果をふまえて、以下のような点を指摘している。
・ 被収容者は社会一般と同水準の医療が受けられなければならない。

---

16 See Home Office, *Report on an Efficiency Scrutiny of the Prison Medical Service* (1990); Tom Marshall and others, *Health Care in Prisons: A Health Care Needs Assessment* (2000) 4.

17 HM Chief Inspector of Prisons for England and Wales (HMCIP), *Annual Report April 1994-March 1995* (1995) 40-50; HMCIP, *Annual Report April 1995-March 1996* (1996) 22-23; HMCIP, *Annual Report April 1996-November 1997* (1997) 11-13; HM Inspectorate of Prisons (HMIP), *Patient or Prisoner?* (1996) 8 ; The Joint Prison Service and National Health Service Executive Working Group (n 5) para 5.

18 HMIP, *Patient or Prisoner?* (n 17).

- 保安や規律への考慮から、被収容者が「患者」として扱われないことが往々にして起こる。だが、医療的措置が必要なすべての被収容者は、「患者」として扱われるべきである。
- 刑事施設で提供される医療は、NHSでの医療よりも劣っている。
- 刑事施設の看護職員のなかには、刑務官の制服を着用し、看護の資格をもたない者もいる。看護職員は、専門家と認められる資格をもち、かつ、看護職員だと認識できる共通の制服を着用すべきである。
- 行刑局に直接雇用される医師その他の医療関係者のなかには、NHSの同業者から孤立し、十分な研修等が得られない者が一定程度存在する。行刑局に直接雇用される医療関係者には、NHSの同業者と同様に、専門的な研鑽・経験を積む機会が与えられるべきである。
- 刑事施設医療を、NHSと別個に維持しつづけるのはもはや妥当とはいいがたい。施設に収容される前後に提供される医療はNHSの責任であり、収容される期間だけは別だというのは不合理である。犯行前の健康状態やその時点で提供された医療は、刑事施設での被収容者の健康状態や同人の周囲に影響を与える。逆に、刑事施設での被収容者の健康状態は塀の外の社会にも影響を与える。医療の提供・外部委託の権限をNHSに移譲するための工程を、内務省・行刑局、保健省・NHSの間ですみやかに決めるべきである。

そして、NHSに医療の提供・委託の権限を移譲する利点として、下記のものが考えられる。
- NHS・行刑局間の医療政策に関する一貫性の確保
- 刑事施設医療に関わる公衆衛生上の問題の分析・解明の可能性等
- NHS・行刑局間での医療水準の統一化
- 刑事施設医療と一般社会の医療との連続性・継続性の確保
- （刑事施設の）医療従事者の研修の機会の確保
- 統一的な監査・業績評価の実現
- 科学的根拠にもとづく医療（evidence-based practice）に向けた統一的な取組みの実現
- 患者憲章等に関わる水準の設定やその改善に向けた統一的な取組み

の実現

　この報告書は本文わずか14頁のたいへん短いものではあるが、刑事施設医療の主要な問題点、および、医療一般につき責任を負う官庁への移管が要請される主な理由を、この報告書の記述のなかに見出すことができる。以下、列挙してみよう。

　第1に、医療的な対応が必要な者については、等しく医療が提供されるべきだということである。健康は、その人がその人らしく生きるための基盤である。健康の回復・増進は、個々人にとって、きわめて重要な利益である。刑事施設に収容されている人だからといって、医療の提供がおろそかにされることがあってはならない。

　第2に、刑事施設では、拘禁施設という本質的な性格から、医療の提供・享受に制約がかかりやすく、実際にもそうなっているということである。刑事施設では、被収容者は外部との交流がいちじるしく制限されることはもちろんのこと、生活全般にわたって大幅な制約を受ける。刑事施設の内部では、一般社会とは異なる独自のルールが通用する部分社会が形成され、社会一般の権利保障的なルールの適用が往々にして阻害される。医療についていえば、社会一般の医療保障のルールが適用されず、被収容者は十分な医療が受けられないという事態がしばしば起こる。しかも、権力行使の担い手である刑務官が患者の看護を担当することもあり、そのばあいには、医療的観点だけではなく、保安上の観点も加味して看護しがちである。このような抑圧された状態を打開するためには、医療と保安を分離し、純粋に医療的な視点から、被収容者の医療上のニーズに見合った医療が提供される仕組みが必要になる。その効果的な解決策は、本意見書が主張するように、医療一般を所轄する官庁に刑事施設医療を移管し、社会一般の医療を提供・委託している外部の機関に担当させることだと考えられる。

　第3に、第2の点とも関連するが、刑事施設独自の医療体制をもつとなると、その担い手の資格や技能、資質等についても、社会一般よりも劣ってもよいということになりがちになり、また、社会一般と同様の技能の維持・向上の機会を保障することが困難になる。すでに述べたように、当時のイングランドでは、刑務官が、正規の看護師よりも短い期間の研修で看護職に就く

ことが認められていた。また、施設内で常勤で働く医療関係者は、外部の医療機関との関係が希薄なうえに、医療制度が社会一般と異なると、研鑽を積む機会が一層得られにくくなる。それゆえ、社会一般と同じ医療制度のもとにおくことによって、担い手の資格を社会一般と同等に引き上げるとともに、研修の機会が得られやすくすることが重要だと考えられる。

　第4に、たとえ刑事施設医療が社会一般の医療とほぼ同様水準にあるとしても、入所や出所により医療の提供が分断されてしまうと、本人の健康に悪影響を及ぼすことになる。それゆえ、入所前から出所後までの間に提供される医療の内容をできるかぎり一貫させ連続性を持たせることが望ましい。そのためには、刑事施設医療と社会一般の医療を別組織に委ねるのではなく、統一した組織に委ねるほうがよいと考えられる。

　第5に、被収容者にたいする医療は、たんに当該被収容者個人の健康の問題にとどまらず、公衆衛生上の問題だということである。被収容者が感染性の病気に罹り、十分回復しないまま社会に戻れば、その病気が社会一般の人々にうつる可能性が生ずる。それゆえ、刑事施設内で病気を治すことが、社会一般の人々の健康の維持・増進に資する。このことからすると、塀の中の医療についても、公衆衛生に責任を負う機関に担当させるのが適切だと考えられる。

　イ　さて、1996年の上記報告書の提言をうけて、政府がようやく刑事施設の医療制度の大改革に着手する。内務省と保健省との間で協議が始まり、1999年、両省間に設置された作業委員会が、改革の方向性を示す報告書を出す。この報告書は、短期間のうちに刑事施設医療の責任を内務省・行刑局から保健省・NHSに移すのは適切でなく、当面のあいだ、従来どおり一次医療の費用を内務省・行刑局に負担させたまま、行刑局とNHSの公式的な連携を通じて刑事施設医療の向上をはかるべきであるとした。各個別地域、より広範な地方、全国の3つのレヴェルすべてで両者の連携を強化し、医療の水準をNHSと同等にすること、医療に従事する職員の孤立化を最小限にとどめること、医療を保安から分離すること、入所前から釈放後までの医療の連続性が確保される体制の整備を求めたのである[19]。

　この作業委員会の報告書の提言にしたがって、2000年3月、行刑局と

NHS の全国レヴェルの連携組織である、刑事施設医療特別委員会（Prison Health Task Force）と刑事施設医療政策ユニット（Prison Health Policy Unit）が保健省内に設置された。前者は、施設医療の運営に関する援助や行刑局・NHS 間の連携強化等を担う機関であり、後者は、刑事施設医療の方針の策定等を担当する機関である。これらの組織創設にともない、これまで方針の策定等を担ってきた行刑局の健康ケア部が廃止された。そしてこの時期、新設されたこれらの組織のもとで、被収容者の医療上のニーズの調査や医務官に関する調査・提言等、刑事施設医療の向上のためのさまざまな作業が精力的に進められた。

2002年9月、内務省と保健省が、翌2003年4月に国営刑事施設の医療関係の費用負担（予算）を内務省から保健省に移すことを発表した。ただし、医療提供に関する責任をただちに保健省・NHS に移行するのは到底無理なので、国営刑事施設の医療関係の予算を保健省に移すものの、当分のあいだ、その予算の多くを行刑局に配分し、その配分の範囲においては行刑局が保健省・NHS と連携しながら、引きつづき刑事施設医療の責任を担うこととされた[20]。2002年12月、上記の刑事施設医療特別委員会と刑事施設医療政策ユニットの2つの機関は Prison Health という組織に統合され（のちに Offender Health に改称）、2003年4月には、予定どおり国営刑事施設の医療関係の予算が保健省に移された。そして、内務省および保健省は、3年後の2006年4月までに、国営刑事施設の医療提供に関する責任を、行刑局から NHS プライマリ・ケア・トラスト（Primary Care Trust, PCT）に完全に移すこと、それまでの間に、一定の施設で NHS プライマリ・ケア・トラストへの移行を試行的に実施することを発表した[21]。NHS プライマリ・ケア・トラストは、この

---

19 The Joint Prison Service and National Health Service Executive Working Group (n 5) paras 34-52.
20 See letter from Martin Narey to governing governors (24 September 2002); Prison Health Task Force and Policy Unit, *Prison Health——Transfer of Budget Responsibility* (2002).
21 See Phil Wheatley and Nigel Crisp, *Transfer of Prison Health to the NHS——Update* (20 March 2003); Prison Health, *Prison Health——Transfer of Budget Responsibility Q & As issue 2* (2003).

当時、NHS の中核的な担い手として、保健省から一定の予算の配分を得て、担当する地域の住民の医療上のニーズを勘案しつつ、一次医療については GP に、二次医療（専門病院での治療）については専門病院にそれぞれ委託する役割を担っていた公的な組織である。政府は、保健省に移す国営刑事施設の医療関係の予算の多くを、まずは、保健省から行刑局に配分し、行刑局に引きつづき医療の提供・委託をおこなわせつつ、段階的に社会一般の医療を担う NHS プライマリ・ケア・トラストにその権限・責任を移行しようとしたのである。

　2004年4月、123の国営刑務施設のうち34の施設の医療を、18の NHS プライマリ・ケア・トラストが引き受けることになり[22]、翌2005年には、さらにその動きが広まって、刑事施設医療を担当しない NHS プライマリ・ケア・トラストは、3つを残すのみとなった[23]。そして2006年4月までの間に残りのトラストも加わり、予定どおり、すべて国営刑事施設の医療の提供・委託の権限・責任が保健省側に移されることになった。これにより、刑事施設医療の医療機関への委託や、委託を受けた医療機関の実際の医療の内容があらかじめ合意した水準に達しているかどうかのモニタリングなどは、NHS プライマリ・ケア・トラスト（のちに NHS England に改組）がおこない、医療に関する行刑局（のちに全国犯罪者管理局 [National Offender Management Service, NOMS] を経て、行刑・保護観察局 [Her Majesty's Prison and Probation Service] に改組）の役割は、おおむね医療機関による日々の医療の提供を側面から支えることに限られることになった[24]。

　なお、2006年の段階では、刑事施設の職員が担当する病院移送（escort）と病院での監視（bedwatch）の費用は依然として内務省予算でまかなわれてい

22　Department of Health, 'Ministers Announce Prison Healthcare Trailblazers' (22 March 2004)〈http://webarchive.nationalarchives.gov.uk/20081107051519/http://www.dh.gov.uk/en/Publicationsandstatistics/Pressreleases/DH_4077063〉accessed 23 November 2017.

23　'New Head of Prison Health Appointed' (2005) 19 Prison Health Newsletter 2.

24　See Department of Health and Home Office, *National Partnership Agreement between the Department of Health and the Home Office for the Accountability and Commissioning of Health Services for Prisoners in Public Sector Prisons in England* (2007) paras 3. 18-3. 19.

たが、病院移送は医師の医学的判断にもとづいておこなわれることから、2008年4月に保健省の予算から支出することになった。また、2011年4月には、施設で提供される薬物離脱プログラムにつき、費用・委託権限ともに保健省・NHSに移すことになった。

さらにまた、これまで別扱いとされていた民営刑事施設の医療の提供についても、2013年にNHSが広く責任をもつことになった。これにより、国営刑事施設の医療とほぼ同様に、NHSのもとで運用されることになった[25]。

3　移管による変化

(1)　制度上の変化

以上のような刑事施設医療の移管・権限移譲によって何が変わったのであろうか。まず制度上の主要な変化をみてみよう。

第1に、刑事施設でも、NHSの水準にもとづく医療が、NHSの医師によりおこなわれるようになったことである。イギリスの医療保健制度は、医療への市民のアクセスを保障するだけではなく、その提供される医療の質も確保しようとする制度である。移管・権限移譲により、この質確保の要請およびその手段が、刑事施設医療にも等しく適用されることになった。たとえば、国立医療技術評価機構（National Institute for Health and Care Excellence, NICE）が、広く医療につき質の標準を示す臨床ガイドラインを策定しているが、その対象に刑事施設医療も含まれるようになり、ごく最近、刑事施設医療のためのガイドラインを定めて公表している[26]。また、刑事施設医療の質確保のための査察・監査として、従来からある刑事施設首席査察官の査察などに加え、医療機関を対象とする保健医療委員会（Healthcare Commission）やその後継組織であるケアの質委員会（Care Quality Commission, CQC）による監査・業

25　See NHS Commissioning Board, *Securing Excellence in Commissioning for Offender Health* (2013) para 11.
26　NICE, *Physical Health of People in Prison: NICE guideline* (NG57, 2016); NICE, *Mental Health of Adults in Contact with the Criminal Justice System: NICE guideline* (NG66, 2017).

績評価も実施されるようになった。

　第2に、一般の医療のばあいと同様、刑事施設においても、看護担当者には正規の看護師の資格が要求されることになった。そして、看護師は本来看護師としての職業倫理にもとづいて活動することが求められるため、刑務官が看護師を兼ねることも許されなくなった。従来看護師の資格を有し看護職員として勤務していた刑務官は、刑務官を辞めて看護師として働くか、(看護に直接関与しない医務課職員を含め) 刑事施設職員として働くかの選択に迫られることになった。これまで渾然一体となっていた保安と医療とが、この点において明確に分離されることになった。

　第3に、提供された医療の内容に苦情があるばあいには、被収容者も一般の患者と同様の苦情申立手続を利用することができるようになった。従来は、提供された医療の具体的な内容に苦情があったばあい、被収容者は、他の処遇関係の苦情と異なり、行刑機関における通常の苦情申立手続のほかに、行刑局や担当医師と独立した機関である刑事施設・保護観察オンブズマン (Prison and Probation Ombudsman) への苦情申立手続を利用することができなかったため、被収容者の利益保護に欠けるところがあった。移管後は、原則として、まず医療機関に医療を委託したNHSプライマリ・ケア・トラスト等 (現在ではNHS England) にたいして苦情を申し立て、その対応に不服があるばあいには、さらに上記の保健医療委員会ないしはケアの質委員会に苦情を申し立てることができるようになった[27]。

(2) 提供される医療の実質的変化

ア　では、提供される医療の実質的な変化はどうか。

　まず、1996年に刑事施設医療に重大な問題があることを指摘し移管のきっかけをつくった刑事施設査察局が、この点につきどのように評価しているのかをみてみよう。

27　See, eg, National Offender Management Service, Public Health England and NHS England, *National Partnership Agreement between: the National Offender Management Service, NHS England and Public Health England for Co-Commissioning and Delivery of Healthcare Services in Prisons in England 2015-2016* (2015) para 3. 14.

刑事施設査察局は、医療の専門家も査察団に加え、さらに、移行期の2005年ころからは保健医療委員会ないしはケアの質委員会とも連携をとりながら査察を実施してきた。以前刑事施設医療について厳しく批判したその機関の責任者である首席査察官が、経年の年次報告書で刑事施設全般の医療の変化をどのように評価しているのかは、注目に値する。

　移管前の2001/2002年から2016/2017年までの首席査察官の年次報告書をみてみると、その間に刑事施設医療が大きく改善していると評価していることがみてとれる。2001/2002年の報告書では、行刑局からNHSへの予算・業務の移譲を大いに歓迎すると述べたうえ、各施設の査察の結果をふまえて、医療従事者の雇用、看護師の医療以外の業務負担、医務室の環境、外部の病院に移送すべき重篤な精神科患者の処遇などの種々の点において問題があることを指摘している[28]。これが移行期の2005/2006年の報告書になると、医療関係者の監督管理体制や研修の機会提供、診察待ちへの対応、精神疾患の患者のニーズへの適応などの点について問題があるとしつつも、移管の対象となっている国営刑事施設の医療については、準備期間を含む過去5年の間に大きく向上したと積極的に評価している[29]。そして、国営刑事施設の移管が終了した2007/2008年の報告書では、今年も、全般的にみて昨年に引きつづき刑事施設医療の向上が認められるとされ、2010/2011年や2011/2012年の報告書でも、それぞれの年に一層向上している旨、さらに2014/2015年の報告書では、医療についての望ましい運用が、生活面に関する他の査察項目よりも多くみられた旨記載されている[30]。

　このように、刑事施設首席査察官は、毎年の査察の状況をふまえて、移管の準備を開始して以降刑事施設医療が格段に向上してきたと評価している。
イ　つぎに、2016年に公表された、拘禁施設におけるNHSの医療業務委託の影響に関する保健省イングランド公衆衛生局 (Public Health England) の調査

---

[28] HMCIP, *Annual Report 2001-2002* (2002) 16-18.
[29] HMCIP, *Annual Report 2005-2006* (2006) 32-34.
[30] HMCIP, *Annual Report 2006-2007* (2007) 27; HMCIP, *Annual Report 2010-2011* (2011) 8; HMCIP, *Annual Report 2011-2012* (2012) 7; HMCIP, *Annual Report 2014-2015* (2015) 49.

報告書をみてみよう[31]。この報告書で調査対象とされている拘禁施設には入国管理に関する収容施設なども含まれるが、中核となるのは刑事施設である。そのため、この調査は、実質的には刑事施設医療の移管の効果を検討するものとなっている。調査の手法として、拘禁施設におけるNHSの医療業務委託関連の文献調査と関係者へのインタビューの2つが用いられたが、このうち、移管の効果との関係で重要なのは、後者のインタビューである。インタビューは、医療機関への委託権限をもつNHSイングランドや、保健省、公衆衛生局、全国犯罪者管理局、内務省の関連部署の者、さらにプリズン・リフォーム・トラスト、ナクロ等の関連団体、医療関係者などにたいしておこなわれた。

インタビューの回答者からは、刑事施設では事前ないしは早期に介入する体制が整っていないこと、施設職員に医療に関する理解が欠けているために、被収容者からの診療の申し出が抑制されること、被収容者は一般の人々よりも医療に関するニーズが高いとされているところ、それに見合う資源が用意されて、社会一般と同水準の健康が確保されているかどうかはあきらかでないことなどの問題点が指摘されている。だが、インタビュー全体としては、上記の刑事施設首席査察官の評価とほぼ同じように、移管以降、医療の質、医療関係者の技能等の向上、透明性等の点で顕著な改善があったと総括されるものであった[32]。

なお、刑事施設査察局の1996年の上記報告書では「医療従事者の研修の機会の確保」の必要性が指摘されていたが、この点はその後改善がなされ、本調査報告書では、専門的技能を高める機会が継続的にある旨指摘されている[33]。

ウ　以上のように、移管後の刑事施設医療を肯定的に評価するのが一般的で

---

[31] Public Health England, *Rapid Review of Evidence of the Impact on Health Outcomes of NHS Commissioned Health Services for People in Secure and Detained Settings to Inform Future Health Interventions and Prioritisation in England* (2016).

[32] ibid 55.

[33] ibid 39. ただし、制約があってすべての者が頻繁に利用しているわけではないという。

あり、ほかにも、たとえば、前述の国立医療技術評価機構の刑事施設の身体的健康に関する2016年ガイドラインの文書のなかに同様の評価がみられる[34]。

4 おわりに——日本の刑事施設医療の改善に向けて

(1) 日本における移管の必要性

以上、イングランドにおける刑事施設医療についての移管の経緯やその影響について概観してきた。

イングランドでは、従来一般の医療よりも質が劣るとされていた刑事施設医療の提供を、刑事施設を統括する組織に（内務省・司法省、行刑局）に委ねるのではなく、社会一般の医療の提供に責任をもつ組織（保健省、NHSの組織）に委ねることによって、その質を高め、社会一般の医療に近づけることにおおむね成功してきたといえよう。

他方、日本では、1で触れたように、2003年の行刑改革会議で、刑事施設医療を法務省から厚生労働省に移管すべきかどうかにつき議論はなされたものの、現状維持の方針がとられ現在に至っている。

日本の刑事施設医療においては、イングランドの刑事施設医療ほど強い移管の必要性は存在しないのであろうか。2（2）アであげた刑事施設医療の主要な問題点ないしは移管が要請される主たる理由を、日本の刑事施設医療にあてはめてみよう。

第1の、医療的な対応が必要な者に等しく医療が提供されるべきだということは、日本にも当然あてはまる。

第2の、拘禁施設という場の性格にてらし、医療の提供・享受に制約がか

---

[34] NICE, *Physical Health*（n 26）32. なお、本文書は、2006年以降、刑事施設医療は大きく変化したものの、依然として障害があり、塀の外の社会と同等の医療を提供することが困難だとし、対策を講ずべき重要な点として、入所当初およびそれに引きつづく健康診断、医療の継続性、医療関係者間における効果的な意思疎通、緊急時の適切な対応、施設間の移送や釈放前後の援助の方法・手続をあげる。ibid 32-33. 他方、移管後の精神医療の問題点については、National Audit Office, *Mental Health in Prisons*（2017）などを参照。

かりやすいという点も同様である。移管前のイングランドと同様、大半の刑事施設では准看護師の資格を有する刑務官が、一時期医務課に配属されて看護を担当し、被収容者の診療の必要や緊急性についてのふるいわけをおこなっている。また、行刑改革会議の矯正医官へのアンケートでは、約半数の医官が、刑務官から医療的判断について意見をいわれた経験があると回答したとのことであり、他部門の刑務官の要請により医療的判断が左右される可能性が指摘されている[35]。日本の刑事施設では、保安と医療とが現在も分離されず、保安的見地から医療が制約を受けやすい状態にあるといえよう。

第3の、担い手の資格、技能等についてもおおむねあてはまる。上記の准看護師の資格は、医療刑務所で正看護師よりも短期の研修で取得するものであり、また、准看護師の資格取得後、刑務官として一定期間勤務したあとに医務課に配属されることも多く、そのばあい改めて十分な研修を経ずにいきなり看護の職務に就くことになる。医師についても、塀の外では患者が医師を選べるので、技能に不安があるとみられる医師を意識的に避けることができるが、刑事施設ではそうはいかない。刑事施設では医師不足が深刻なため、技能に不安のある医師であっても採用され長年にわたってそのまま勤務し続ける、という事態も十分考えられる。

第4の、施設への入所前から出所した後まで、医療提供の一貫性が確保されていないことや、第5の、被収容者にたいする医療が公衆衛生上の問題だということも、日本の刑事施設医療にそのままあてはまる。

以上の諸点にてらすと、日本でも、イングランドとほぼ同様に、刑事施設医療を医療政策の策定・実施に責任を持つ厚生労働省に移す必要性が認められよう。

(2) 厚生労働省への移管の主な障害とその評価

だが、刑事施設医療を厚生労働省に移管し、保険方式を基調とする一般の医療制度に組み入れることには抵抗が強い。「行刑改革会議提言」は、その理由として、つぎの4点をあげる。

---

[35] 行刑改革会議・前掲註（1）36頁。

①「健康保険の給付水準は、主に過剰医療を抑制するために設けられたものであって、医療内容の制限を示すことはあっても、最低基準を定めるものではなく、健康保険を基準とすることによって医療水準の底上げをすることは期待でき」ない[36]。
②「健康保険制度は、医療費負担のリスクを負う者が、保険料を負担することと引き換えにそのリスクを回避する趣旨のものであるところ、最終的には医療費が国費で負担されるのであるから、被保険者にとって回避すべきリスクが存在せず、保険制度を適用する意味がない[37]」。
③「被収容者のほとんどは雇用関係がないため、健康保険を適用するとすれば国民健康保険から給付を受けることとなるが、その医療費を相互に負担し、被収容者とともに被保険者となる当該市町村に在住する自営業者等の理解を得ることは困難と考えられ、さらに、健康保険を適用する場合には、被収容者は保険料のほか、自己負担分を負担することとなって、所持金の少ない被収容者が必要な医療を回避して、かえって医療水準を引き下げる懸念がある[38]」。
④(医師の確保、医師による医療的判断の独立性や適正な医療水準の確保のため、刑事施設の医療部門を、厚生労働省に移管したうえ、地域の中核病院が担うことを義務づけたり、国立病院の分院としたりすることが効果的とする意見にたいして)「地域の病院に対して、行刑施設の医療部門を担うことを義務付けることは法的にも困難である上、国立病院については、我が国の医療政策上、国は特定の政策医療に特化した医療を行うものとされ、その数も少なく、ナショナルセンターを除いて……そのすべてが独立行政法人化するため、必ずしも各行刑施設に対応できない状況であること、国立病院においても、へき地においては医師が不足するなどしており、厚生労働省へ移管したからといって、医師の確保が容易になるとは必ずしも考えられないこと、他方、厚生労働省へ移管しなくても、医療関係機関との協力により、医師の斡旋を受けることは可能であること、厚生労働省への移管により、国の被収容者に係る医療費予算の確保がこ

---

[36] 行刑改革会議・前掲註(1)37頁。
[37] 行刑改革会議・前掲註(1)37頁。
[38] 行刑改革会議・前掲註(1)37〜38頁。

とさら容易になるとも考えにくいこと等、その効果には種々の疑問や問題点が考えられる[39]」。

まず①の点について。イギリスのNHSは、一定の質の確保しながら在住者に広く医療を提供するものであるのにたいして、日本の医療保険制度は、質の確保に主眼がおかれておらず、給付水準が主として過剰診療を抑制するために設定されている。この点はそのとおりである。

しかし、日本の医療（保険）制度のこのような性格は、たとえば、経済協力開発機構（OECD）の近時の報告書で問題点として指摘され、財政管理優先の制度から医療の質も同様に重視する制度への移行が強く求められているところである[40]。質確保の観点に乏しい現行の医療（保険）制度を所与として、刑事施設医療をこれに組み入れても意味がないと論ずることがはたして適切かどうか検討の余地があろう。

また、刑事施設医療の一般医療（保険）制度への組入れは、医療の質の向上に関係するだけではなく、提供されるべき医療の範囲の拡大にも関係している。医療保険でまかなわれる範囲の医療であれば、本人は全額の医療費を出す必要はなく、通常その3割の支払いで提供される。生活保護の医療扶助の診療方針もこれに準じているので（生活保護法52条1項）、国民健康保険の適用のない生活保護受給者についても、その範囲であれば原則として無料で医療が受けられる。刑事施設の被収容者が受けられる現行の医療の範囲がこれと同様であれば問題は生じないが、実際はそうではない。

たとえば、歯科のブリッジやクラウンによる補綴治療である。ブリッジによる補綴治療は、歯が1、2本なくなり、その両脇の歯がしっかりしているばあいに、両脇の歯を支えとして人工の歯を橋のように架ける治療であり、クラウンによる補綴治療は虫歯や怪我などで歯が欠損したばあいに、歯茎のなかにある歯根に、金属の芯を挿し込んで歯を造る治療である。基本的な材料を用いてこれらの治療をおこなうばあいには医療保険の適用を受ける。他方、刑事施設内においては、依命通達で、これらの材料については自弁で対

39　行刑改革会議・前掲註（1）41〜42頁。
40　OECD, *OECD Reviews of Health Care Quality: Japan 2015: Raising Standards*（2015）19-20.

応させる扱いになっているものの、その治療そのものは国費でおこなう刑事施設医療の範囲とされている[41]。だが、実際にはこれらの補綴治療を実施していない施設が多いようである。そのため、虫歯で歯痛に悩まされる被収容者の多くは、治療方法として抜歯を選択せざるをえなくなっている。これは、医療保険や医療扶助によるばあいよりもあきらかに劣る治療である。

　また、戸籍の性を変更した性同一性障害者は、塀の外では、医療保険の適用を受けて、3割負担でホルモン注射が受けられる。これにたいして、刑事施設内では、通達で、「性同一性障害者等についての積極的な身体的治療（ホルモン療法、性別適合手術等）関しては、極めて専門的な領域に属するものであること、また、これらの治療を実施しなくても、収容生活上直ちに回復困難な損害が生ずるものと考えられないことから、特に必要な事情が認められない限り、法第56条に基づき国の責務として行うべき医療上の措置の範囲外にあると認められる」と規定され、戸籍の性を変更したか否かにかかわらず、原則として国の提供する医療に含まれないとされている[42]。この点は国会でも取りあげられ、国側は、「性同一性障害者等である被収容者に対して医師が御指摘のホルモン療法を行う必要があると認める場合には、当該ホルモン療法について『特に必要な事情』があると認められ、当該ホルモン療法が国の責務として行われるという趣旨である」と答弁しているが[43]、当該医師が、上記の通達の文言にしたがって、「極めて専門的な領域に属するものであること、また、これらの治療を実施しなくても、収容生活上直ちに回復困難な損害が生ずるものとは考えられないこと」をもとに「ホルモン療法を行う必要性」を判断しなければならないとすれば、ホルモン注射の実施はきわめて制限的にならざるをえないであろう。ここでも、被収容者は、生活保護受給者を含む一般の人々よりも受けられる医療の範囲が制限されることになる[44]。

---

[41] 2007・5・30矯医3344号矯正局長依命通達（改正、2011・5・23矯医2998号、2011・5・23矯医2998号、2013・5・28矯医196号）3(1)イ。

[42] 2011・6・1矯成3212号矯正局成人矯正課長・矯正医療管理官通知（改正、2015・10・1日矯成2631号）2(2)。

[43] 2016・1・19受領答弁17号・内閣衆質190第17号（2016年1月19日）。

刑事施設医療が厚生労働省に移管され、一般の医療制度のなかに統合されれば、これらの治療も受けられることになるはずである。医療保険を水準として設定することによって、従来提供されなかったより適切な治療が受けられるという意味で、刑事施設の医療水準の向上に資するといえよう。ちなみに、イングランドにおいて2007年に締結された刑事施設医療に関する保健省と内務省の協定では、当該協定の目的として、「NHSから一般の市民が受けるのと同一の質および『範囲』の医療の機会を、被収容者に提供すること」（強調・引用者）と定められ、「同一範囲」の保障が明示されている[45]。

つぎに、②と③の点について。被収容者が無料で医療を受けられるという仕組みが「保険」の考え方にそぐわない面があるのは、そのとおりであろう。また、移管によって医療費の支出が増加し、既存の加入者の保険料が大幅に引き上げられることになれば、彼らに不満が生ずるのもまちがいない。

しかし、国民健康保険についていえば、全収入に占める保険料収入の割合は2割程度にすぎず、収入の多くを国、都道府県、市町村の一般会計からの財政支援等でまかなっている。制度上保険料や一部負担金の減免も認められており（国民健康保険法44条、77条。健康保険法の一部負担金の支払いの減免につき同法75条の2）、保険の原理の強調がはたして現実の制度に適合しているのか検討の余地があろう。

また、被収容者は、一般的にみて、収容期間中収入が得られるとしてもごくわずかな額にとどまり、毎月の収入で保険料を支払うのが困難な人々である。制度が想定している、保険による医療給付をうけながら保険料や一部負担金が免除される加入者・被保険者に準じて彼らを取り扱うことは十分可能ではなかろうか。刑事施設医療を移管したばあいでも、現行の保険料や一部負担金の免除に準じた形で被収容者に経済的な負担をかけず、かつ国費を投

44　2018年1月現在中央社会保険医療協議会で、性転換手術への医療保険の適用の是非が審議されているが、これが認められたばあい、保険や医療扶助による医療と刑事施設での医療との差がより一層明確になろう。ホルモン注射と同様に、本文であげた通達により原則として認められないうえに、多くの施設では内部の設備で手術は物理的におこなえないものと思われ、結局一律に否定されることになるのではないか。

45　Department of Health and Home Office (n 24) para 2.2.

入して、現行の医療保険制度の枠内で対応することは、考えられる選択肢ではないかと思われる[46]。そして、刑事施設医療を全額国費でまかなうことを維持するのであれば、厚生労働省に移管しても従前の加入者にとって不利益はないので、彼らからとくに不平・不満の声がでてくることもなかろう。

　もっとも、現行法の保険料や一部負担金の免除がこれらの料金を「一時的に」支払えない加入者・被保険者を想定した臨時的・応急的な制度だとすれば、刑事施設の被収容者、とりわけ長期の受刑者のばあいにはこの趣旨に合致しないため、全額国費負担のまま刑事施設医療を医療保険制度に組み入れるのは適当ではない、という見方もあろう。そのように考えるばあいには、医療「保険」ではなく、生活保護の医療扶助に準じた公費負担の医療制度を創設して対処すべきことになろう。この医療扶助に準じた刑事施設医療の公費負担制度であれば、②や③の問題はそもそも生じない。制度を新設することの困難さがあろうが、他方で、これらの問題に煩わされることなく厚生労働省への移管が可能になる。

　では最後の④の点はどうか。たしかに、刑事施設医療を厚生労働省に移管すれば、医師の確保等、刑事施設医療をめぐる諸問題がただちに解決するというわけではない。しかし、健康の維持・増進は、人の生活の基盤をなすきわめて重要な利益である。そのための医療の提供が、刑事施設独自のものであるために、塀の外の世界よりも制限されやすく、また現に制限されているとすれば、その障害を除き、医療一般を統括する部門に委ねることを最優先すべきであろう。もともと、法務省は医療を本来的に担当する機関ではないため、医療に関する政策の立案・実現能力には大きな限界がある。医療の普及・向上を本来的な所管事務とする厚生労働省が責任をもち、刑事施設を所管する法務省（矯正局）が協力する形で、刑事施設医療の政策の立案・実現

---

[46] なお、2017・3・28総評相47号（「刑事施設に収容されている者に対する国民健康保険等の保険料の減免に関する取扱いの周知の促進（あっせん）」）によれば、被収容者について国民健康保険等につき保険料を減免せず、そのまま支払義務を課している例があるという。医療（療養）以外の給付が条例等で定められていれば（国民健康保険法58条参照）その給付を受ける可能性は理論的にはあるものの、現実的にはあまり考えられない。保険による医療給付がなされていないのに、保険料を支払わされるのははなはだ不合理である。すみやかにあらためられる必要がある。

を図っていくのが適切だと思われる。そして、具体的にどのように改善していくべきかは、そのような体制に変更することに決定したあとに、厚生労働省と法務省の両者で知恵を絞り、妥当な方策を見いだし、実現にむけて努力していくべきであろう。移管によってただちに大きな成果が得られないことを理由に、移管に消極的な態度をとるのは適切ではない。

　この点、イングランドにおいても、管轄を内務省から保健省に移しただけで、刑事施設医療の質が高まったわけではない。刑事施設独自の医療体制では社会一般と同等の医療の提供は期待できないとして保健省に移管することを決め、それにあわせて、内務省と保健省が連携して合同の組織を作り、被収容者の医療上のニーズを綿密に調査するなど、円滑な移管に向けて精力的な活動がなされてきた。現在でもそれぞれの組織、さらにはその他の関連する組織をも巻き込んで刑事施設医療の質の維持向上のための努力が続けられている[47]。そのような継続的努力があったからこそ、刑事施設医療の質が大きく向上してきたのである。日本でも移管するとなれば、法務省と厚生労働省とが緊密に協力し、多大な労力をこの改革に投入する必要があろう。

　そして、この改革に際しては、とくにつぎの点に留意すべきであろう。日本では、前述のように、提供される医療の質を保証する制度が十分発達していないが、塀の外の社会では、ともあれ、患者が医師や医療機関を選ぶことができる。医師の対応に満足がいかなければ、医者・医療機関を変えて受診することが可能である。これにたいして、刑事施設のなかでは、患者たる被収容者は医師を選ぶことはできない。その医師の対応に不満があってもその医師の診察を基本的に受け続けなければならない。このことからみて、刑事施設での医療については、とくに患者のニーズにあった医療が提供され、しかもその質が確保される必要がある。そのためには、まず、刑事施設に収容されている人々にはどのような医療上のニーズ（ことに精神科）があるのかが綿密に調査され、また、そのニーズに適した形で医師を配置できる制度の構築が検討されなければならない。そしてさらに、新たな医療提供の制度ができた後は、その制度によって刑事施設医療がどれだけ向上したのかを査察・

---

[47] See eg Public Health England, *Health & Justice Annual Review 2015/16* (2016); NHS England, *Strategic Direction for Health Service in the Justice System: 2016-2020* (2016).

検証できるような仕組みが必要がある。2（2）アで述べたように、イングランドで刑事施設医療の改革をもたらすきっかけになったのは刑事施設査察局の報告書であった。この報告書が大きな意味をもちえたのは、同局が医療の専門家も加えて、毎年多くの施設につき綿密な査察をおこない、各査察報告書のなかで、刑事施設医療の実態の劣悪さをくりかえし公表してきたからである。このような実態調査が日本でも継続しておこなわれることが強く求められる。

[〈特集〉刑事施設医療の改革を考えるために]

オーストラリア・ニューサウスウェールズ州(NSW)における矯正医療の現状と日本への示唆

森　久　智　江（立命館大学法学部教授）

1　はじめに

　オーストラリアにおける、刑事施設を含む刑事司法での医療サービスの提供形態には、その管轄に応じて以下の4つの形態がある[1]。

　①独立した保健機関が、保健省の予算により、矯正医療の主体となっている場合であり、州の刑事施設法及び保健法双方で規定されている。1991年以降のニューサウスウェールズ州（NSW）がこれに当たる。②刑事施設管理主体に保健機関が完全に組み込まれている場合。現在のクィーンズランド州（QLD）、西オーストラリア州（WA）がこれに当たる。③保健省から予算を得ながら、被収容者の健康上のニーズの管理を、特定省庁としての法的なサポートなく実施している中間独立体の場合[2]。現在のタスマニア州（TAS）、南オーストラリア州（SA）、オーストラリア首都特別地域（ACT）がこれに当たる。④刑事司法における保健サービスの民営化がなされている場合。州が入

---

[1] Michael Levy, 'Prisoner health care provision: Reflections from Australia' (2005) 1 (1) *International Journal of Prisoner Health* 67.

[2] たとえば、南オーストラリア州（SA）では、特定の省庁や機関が所管するのではなく、「SA Health」という名義（brand name）の中間体が、保健及び精神衛生・物質乱用対策大臣（the Minister for Health and Minister for Mental Health & Substance Abuse）、高齢化対策大臣（the Minister for Ageing）の所管する業務として刑事司法における健康問題に対応している。これらの大臣は特定省庁の長とならない無任所大臣（Minister without portfolio）である。SA Health, *About SA Health*, 〈http://www.sahealth.sa.gov.au/〉(last visited 30 Oct. 2017).

札により外部と契約を実施している。現在のビクトリア州(VIC)、北部準州(NT)がこれに当たる。

現在の日本においては、法務省が直接刑事施設に勤務する医師を雇用し、矯正医療に対する責任を負っていることから、上記4形態の中では②のあり方に最も近いものといえよう。オーストラリアにおいても、かつては②の形態を採る州がほとんどであったが、いずれの州も徐々に②の形態からは移行しつつある。また、日本の矯正医療の現状においては、医師の確保や薬剤費を含む医療費の増大等、現在のあり方において様々な問題点が指摘されている。その意味では、そもそも現在の日本の矯正医療サービスの提供形態そのものについて、改めて検討されるべき時期に来ているともいえよう。

そこで、これらの4つの形態のうち、本稿では①の形態を採用しているNSWの矯正医療に着目したい[3]。NSWが①の形態に至った流れ及び現状について紹介した上で、そこから日本の矯正医療(及び刑事司法における医療)の

---

[3] 筆者は、2017年2月に、実際にNSWの矯正医療について現地調査を実施した。具体的には、ⅰ.シドニーCBD内にある中央裁判所(Central Court)及びダウニングセンター(Downing Centre)に設置されている「全州地域及び裁判所リエゾンサービス(State-Wide Community & Court Liaison Services)」、ⅱ.シルバーウォーター矯正複合施設(Silverwater Correctional Complex)における、①JH&FMHNが、刑事施設入所時及び移送時に行われるプライマリーケアを担う「首都圏拘置所及び収容センター(Metropolitan Remand & Reception Centre: MRRC)」、②MRRC内にある、刑事施設入所時及び移送時の精神的な問題のアセスメントを行う「精神保健スクリーニングユニット(Mental Health Screening Unit)」、③MRRC内にある、裁判所段階でドラッグコートへの医療的適合性判断と解毒治療(Detoxification)を行うためのユニットである「成人ドラッグコートプログラムアセスメントユニット(Adult Drug Court Program Assessment Unit)と、ⅲ.ロングベイ矯正複合施設(Long Bay Complex)における、①手術前後の経過観察中及び透析の必要な被収容者のための「亜急性期ユニット(Medical Sub-acute Unit: MSU、30床)」、②高齢及びリハビリテーションを要する被収容者に対して、特別なケア、アセスメント、リハビリテーションを提供する「高齢者ケア及びリハビリテーションユニット(Aged Care & Rehab. Unit: ACRU、15床)」、③急性期及び亜急性期の精神疾患を有する被収容者のための「精神保健ユニット(Mental Health Unit: MHU、40床)」を訪問した。なお、ロングベイ矯正複合施設には、同じ敷地内に司法精神科病院(Malabar Forensic Hospital、135床)もある。これらの他、JH&FMHNでの勤務経験を有する外部の医師にもヒアリング調査を実施した。

あり方について得られる示唆について、若干の検討を行うこととする。

2　オーストラリアにおける一般医療の特徴

(1)　医療財源確保と医療提供体制

まず、オーストラリアの一般医療について概観しておきたい。オーストラリアでは、国による公的な医療保障制度を中心としつつ、その医療提供にあたっては、各州で民間医療保険や民間病院を積極的に活用するという方策が採られている[4]。国は全国の医療財源の確保のため、「メディケア（Medicare）」と呼ばれる公的医療保険制度の運営に責任を有しているが、実際の医療提供体制の整備・運営は、各州政府が担っている。

オーストラリア全国の総病院数は1,326病院（2010年6月現在）あるとされるが、そのうち民間病院が573を占めている。ここでいう「民間病院」とは、株式会社として経営される病院、非営利団体によって経営される病院があり、その約半分の293病院が日帰り手術専門病院であるとされる[5]。なお、公立病院は、病院外医療サービスを行うサテライト施設を傘下に有しており、民間病院や独立開業医とも業務提携しながら、地域医療ネットワークを形成しているのだという。この地域医療ネットワークの経営形態が「医療公営企業（Statutory Health Corporation）」と称されている[6]。

(2)　公的医療保険制度（Medicare）の概要[7]

1984年に創設された公的医療保険制度であるメディケア（Medicare）は、

---

[4]　松山幸弘「地域医療経営のガバナンスの国際比較（第5回）オーストラリア〈その①：医療制度の概要〉」医療経済研究機構レター181号（2009）1頁。

[5]　松山幸弘「海外の地域包括ケアと非営利事業体から学ぶ―第2回豪州―」シルバー新報（2013年2月22日号）〈www.canon-igs.org/column/macroeconomics/20130227_1757.html〉（last visited 30 Oct. 2017）。但し、公立病院でも患者の約半数は日帰り診療といわれているため、日帰りに特化しているか否かの差に過ぎない。

[6]　松山・前掲註4　6頁。

[7]　メディケアの基本的な説明については、以下のオーストラリア連邦対人援助省（Australian Government Department of Human Services）のサイトを参照。Australian

オーストラリアにおける医療の国民皆保険を実現した。これは、全国民からメディケア課税（Medicare levy）を徴収し、当該税収のみを財源とするものである。但し、処方薬費用給付保険は別建てであり、自己負担割合が高率（約45％程度）になる。

このメディケアは、公費補助のもと民間医療保険も取り込んだ仕組み[8]を採っており、国の拠出額372億オーストラリアドルのうち、メディケア課税による財源は65億オーストラリアドル（17.5％）であるとされ、国の医療財源の8割以上が一般税収によるものであるという。一般に、国民に納付義務のあるメディケア課税の課税所得に対する基礎税率は1.5％であり、高額所得者にはさらに1％の上乗せ課税がある。但し、民間医療保険に加入すると、この上乗せ課税は免除される。オーストラリアの全国民のうち、民間医療保険の加入者は43.5％であるとされ、国は、民間医療保険の加入の促進のため、民間医療保険料の30％相当額を民間医療保険会社に補助しているのだという。民間医療保険料は加入者の年齢、性別、既応症に関係なく同額であり、民間医療保険は生涯加入が原則であるため、解約して上乗せ課税1％を支払うということはできない。

実際の診療においては、患者が「公的患者」と「私的患者」に大別される[9]。「公的患者」とは、メディケアの受給資格があり、国と州政府間の医療協定に規定された「公的患者」として、公立病院で医療サービスを受けることを選択した者のことをいう。原則患者による費用負担はない。一部、民間病院で医療を受ける場合は、州政府と民間病院の契約に基づいて医療提供がなされる場合もある。一方、「私的患者」とは、公立病院と民間病院の両方で医療を受ける選択権を有する患者であり、担当医指名や個室利用も可能である。「私的患者」の入院費用のうち、医師サービスについては、メディケア診療報酬料率の75％がメディケアから医師に支払われる。「私的患者」は

Government Department of Human Services, *Medicare services*, 〈https://www.humanservices.gov.au/individuals/subjects/medicare-services〉(last visited 30 Oct. 2017).

8 松山・前掲註4 2-3頁。
9 松山・前掲註4 2-3頁。

その残額を自己負担しなければならないが、その財源として民間医療保険を利用することが一般的である。

　但し、刑事施設被収容者は、連邦法でメディケアカードの利用適格者として認められていないため、州が刑事施設被収容者に対する医療に責任を負う[10]。つまり、刑事施設被収容者が、一般の「公的患者」と同等の医療が受けられるだけの費用を州が負担していることとなる。州保健省は、後述する現行の矯正医療提供主体である JH&FMHN の予算に責任を有し、公立病院への支払いも行っている。

（3）　一般医（General Practitioner：GP）によるスクリーニング

　一般に、医療サービスを受ける際には、専門病院をいきなり訪れるのではなく、個人で開業、あるいは GP が集まって開業しているメディカルセンター（medical centre）で、診療可能な範囲での診療を受ける。その上で GP から、処方箋をもらって薬局で処方薬を購入するか、専門医（specialist）への紹介状（referral）を書いてもらう。専門医の診療は混み具合によって、診療まで時間がかかる場合（最大1か月程度先になる場合）もあるが、緊急の場合は GP によるコーディネートが行われる。なお、GP の専門性について、医師になる段階で、GP 養成のための専門コースが設けられている。

　かような GP は、刑事施設における医療提供においても、きわめて重要な役割を果たしている。前述の通り、刑事施設被収容者はメディケアの利用を認められていない。しかし、矯正医療のあり方については、歴史的に一般社会と同様の医療を提供すべきであることが認められ、刑事施設を管轄する州司法省ではなく、州保健省による医療提供がなされている。以下、その経緯と現状について述べる。

10　Levy, above n 1, 68. Levy によれば、メディケアから刑事施設被収容者が除外されている（＝連邦が刑事施設被収容者の医療に責任を有しない）のは、各州・準州の権限を認めるという、連邦設立当初からの考え方によるものであるとされる。

3　NSW における矯正医療

（1）　NSW の刑事施設被収容者の概要と医療的ニーズ

　オーストラリア・ニューサウスウェールズ州は、シドニー、キャンベラといった大都市を擁するオーストラリア第一の州であり、2017年現在、人口は約780万人（オーストラリア全体の約3分の1）、拘禁率（人口10万人あたり）は216.8人程度である[11]。

　NSW における刑事施設被収容者の状況[12]として、刑事施設における被収容者数は10,578人（2014年10月現在[13]）である。そのうち、93.2% が男性、23.6% がアボリジニーで、オーストラリア国内で出生した人が75% である。年齢構成については、25-34歳が34.4%、35-44歳が26.9% で、男女間に割合の大きな偏りはない。

　現在の拘禁期間については、未決拘禁者が約26%、既決の拘禁期間2年未満が28.2%、2年以上5年未満が16.5%、5年以上20年未満が23.7%、20年以上が4%、終身刑及び司法精神患者（Forensic Patient）[14]が1.6% である。さらに、

---

[11]　Australian Bureau of Statistics, *Australian Demographic Statistics*,〈http://www.abs.gov.au/〉(last visited 30 Oct. 2017).

[12]　Corrective Service NSW, *NSW Inmate Census 2014*, (Statistical Publication no. 42, NSW, 2014),〈http://www.correctiveservices.nsw.gov.au/〉(last visited 20 Oct., 2017).

[13]　なお、被収容者の属性に関する詳細が記載されていない、最新のデータ（2017年6月現在）によれば、NSW の刑事施設被収容者数は13,146人で、オーストラリア全体の被収容者全体の32% を占めている。近年のオーストラリアにおいては、1990年代以降積極的に活用されてきた多様な非拘禁的措置を厳格化し、社会内処遇中の遵守事項違反を厳しく取り締まった結果、刑事施設再収容により、被収容者数が全体的に増加する傾向にある。See at Australian Bureau of Statistics, *Australian Demographic Statistics*,〈http://www.abs.gov.au/〉(last visited Oct. 2017).

[14]　NSW の Mental Health（Criminal Procedure）Act 2007によって規定される類型に該当する者を指す。具体的には、①刑事裁判で精神疾患を理由に無罪となった者、②起訴あるいは未決拘禁されたが訴訟能力がないと認められた者、③精神科病院に強制入院、あるいは刑務所その他の場所に拘禁されていた、あるいは条件付釈放中の者で、特別の審判（医事審判）を経て一定期間の収容を言い渡された者、④未決拘禁中、あるいは有罪判決や拘禁判決を受けた後、刑事施設から精神病院へ移送されるに際して

被収容者のうち、現在の身柄拘禁以前に（成人になってからの）身柄拘禁経験がある人が75.8%とされていることから、オーストラリアにおいても、刑事司法に複数回関与している人への対応が問題となっていることがわかる。

被収容者の罪名については、最も多いのが故意の傷害（Act intended to cause injury）で19.2%、違法薬物（売買、所持、自己使用等の）犯罪（Illicit drug offences）が15.6%、性的暴行及び関連犯罪（Sexual assault and related offences）が10.4%となっている。なお、女子被収容者については、これらのうち違法薬物犯罪が約20%となり、最も多い。女子における薬物事犯の占める割合の高さは日本同様である。

健康状態と密接な関係性を有するとされる、教育水準と雇用の状況について、刑事施設被収容者のうち約5割は拘禁される30日前の時点で無職であった[15]。また、被収容者の6割は十分な読み書きや計算ができず、同じく6割が10年生（Year 10）[16]を終了していない[17]。

家庭状況についても、被収容者の17%は両親もしくは保護者が刑事施設に収容された経験を有している[18]。そのため、5人に1人は幼少期に児童養護施設に収容された経験を有する[19]。教育を受ける機会に乏しく、就職や継続的就業が困難で、かつ家族との関係性においても一定の困難があったことが推測される。

NSW州の刑事施設被収容者の属性と医療的ニーズの特徴として、まず、

一時的に収容される者である。

15 Australian Institute of Health and Welfare, *The health of Australia's prisoners 2015*, (NSW, 2015),〈https://www.aihw.gov.au/reports/prisoners/〉(last visited 20 Oct. 2017) 23.

16 オーストラリアの教育制度において、10年生は日本の高校1年生に該当するとされ、前期中等教育（義務教育）が終了する学年にあたり、これ以後、就職か教育を選択することとなる。

17 Elieen Baldry & Sophie Russell, *'The Booming Industry continued: Australian Prisons A 2017 update'* (17 January 2017),〈https://www.researchgate.net/publication/312453408〉(last visited 20 Oct. 2017) 4.

18 Australian Institute of Health and Welfare, above n 15, 31.

19 JUSTICE HEALTH Statewide Service NSW HEALTH, *2009 NSW Inmate Health Survey: Key Findings Report*（2010）15.

刑事施設被収容者のうち約46%は、IQ がボーダー（IQ70-79）もしくはそれ以下であり、若年者に限定した調査では、IQ70未満の割合が13.6%と一般社会における割合（3%）と比してきわめて高い[20]。また、現時点では刑事施設内で検査や処置が一般的に行われていないものの、胎児性アルコールスペクトラム症候群（Fetal Alcohol Spectrum Disorder: FASD）が疑われる例もきわめて高率であるという[21]。

アルコール消費量、違法薬物摂取の経験の有無についても、危険値を超えるアルコール消費量者が約8割であり、違法薬物接種の経験有が84%、喫煙者の割合が7～8割（一般社会は2割以下）である[22]。

何ら身体的医療ニーズがない被収容者は約17%で、被収容者の61%が2つもしくはそれ以上のニーズを有し、71%はこのままだと何らかの治療が必要となることを宣告されている。具体的な医療ニーズとして、多い方から、弱視（34.7%）、喘息（29.1%）、腰痛（26.5%）、高血圧症（15.8%）、関節炎（14.5%）等がある[23]。感染症について、一般社会のC型肝炎罹患率が0.5%であるにも関わらず、刑事施設内罹患率が女性で4割、男性で3割であるという[24]。

また、何ら精神的医療ニーズがない被収容者は全体の約50%で、17%は向精神薬を処方されている。具体的な診断名は、うつ病（35.4%）、不安症（24.6%）、薬物依存（21.3%）、アルコール依存（12.2%）、パーソナリティ障害（10.2%）、ADD/ADHD（10.1%）、躁うつ病（9.2%）、統合失調症（8.8%）等である[25]。

刑事司法に関与する以前に、医療との接触があったか否かについて、40%

---

20 NSW Health & NSW Justice, *2015 Young People in Custody Health Survey*,（2016）17.
21 Elieen Baldry, Ruth McCausland, Leanne Dowse & Elizabeth McEntyre, *A predictable and preventable path: Aboriginal people with mental and cognitive disabilities in the criminal justice system*（2015）156. 本報告書では、主に刑事司法手続に関与した先住民族の人の中に、FASD が疑われるにも関わらず、対応されていない人々が多数いることを指摘している。
22 JUSTICE HEALTH Statewide Service NSW HEALTH, above n 19, 97-98.
23 JUSTICE HEALTH Statewide Service NSW HEALTH, above n 19, 48.
24 Baldry, McCausland, Dowse & McEntyre, above n 21, 5.
25 JUSTICE HEALTH Statewide Service NSW HEALTH, above n 19, 135.

は施設収容前に社会内でGPにかかったことがないとのことである。そうい う人々の中で、入所後84%が刑務所内で医療を受け、うち91%が医療を受け ることに抵抗がなくなったと回答しているという。また、51%は入所前より も健康状態がよくなったと実感しているとされる[26]。

こうした被収容者の特徴からは、刑事司法に複数回関与している「リピー ター」の問題が存在すること、また、その背後に様々な社会的負因(social disadvantage)があることが判る。オーストラリア独自の先住民族の問題に加 え、教育や貧困や家族関係といった問題が、医療的ニーズにも影響している ことが種々の報告書の中で指摘されている。そのことが顕在化した結果とし て、刑事施設内における医療的ニーズは、一般社会におけるそれよりも非常 に高いものになっていることが認識されているのである。

(2) NSWにおける矯正医療の変遷

現在、NSWにおける矯正医療は、「矯正保健及び司法精神保健ネットワー ク(JH&FMHN)」が管轄している。JH&FMHNは、NSW保健省(NSW Ministry of Health)の予算によって、1997年にNSW州保健サービス法(the Health Services Act)の下で設立された。

設立当初は、矯正施設内での医療提供を行うことのみを目的としていた が、2004年に裁判所や司法精神医療制度の対象者もそのサービスの対象とさ れるようになり、刑事司法における医療サービス提供全体を担うことから、 2012年に、刑事司法医療に関与する専門家ネットワークを表す現在の名前と なった。現在は、NSWの司法精神医療制度におけるクライエントや地域司 法精神医療の対象となる人、あるいは矯正施設、裁判所、警察留置場に収容 されている人々に対して、医療ケアを提供することを目的としている。

そもそも、現在の形態に至るまでに、NSWにおける矯正医療はどのよう に提供されてきたのであろうか。入植時の1788年、植民地医療サービス (Colonial Medical Service)が軍によって設立され、当該部署が、有罪判決を受 けた者の医療サービスを1836年まで管轄していた。それ以後、監獄法

---

26 JUSTICE HEALTH Statewide Service NSW HEALTH, above n 19, 132-134.

(Prisons Act）により、刑務所長が直接被収容者の医療を管轄する時代が続いた。つまり NSW においても、かつては矯正医療を司法省が所管していたこととなる。

しかしその後、1968年に刑務所内の刑務所医療サービス（Prison Medical Service）という一部署が、同州公衆衛生省（Department of Public Health）へ移管された[27]。同州における大規模刑事施設であったロングベイ刑務所（Long Bay Prison）に、2名の看護師が公衆衛生省によって雇用されたのを皮切りに、徐々に各刑事施設で看護師が雇用されるようになる。このことは1966年3月に、公共サービス委員会（Public Service Board）が、公衆衛生省と司法省の共同調査[28]に基づき、刑務所内の医療サービスは公衆衛生省の出張所のような形で、（刑事施設を所管する）司法省から公衆衛生省へと完全にサービスの所管を移すことが望ましいとの観点から、その実現に向けた要求を行ったことに端を発するものであった。

さらに1978年には、「ナグル王立委員会（Nagle Royal Commission）」による「ナグル・リポート（Nagle Report）」が出され、刑務所内医療の司法省から公衆衛生省への完全な移管が提言されることとなる。「ナグル・リポート」は、1970年代に NSW 州内の刑務所で立て続けに発生した刑務所暴動事件を契機に、その背景となった問題性を明らかにすべく、J.F. ナグル判事を中心として設立された王立委員会によるものであった。ナグル判事は、アメリカやヨーロッパ等の矯正医療の状況を視察し、高度な専門性を有する専門家が、刑務所医療に独立して携わる必要性を提言した[29]。

「ナグル・リポート」はその提言において、「すべての受刑者が、適切な医療に関するアドバイス及び治療を受けられるようにすべきであること」、「保

---

[27] Department of Prisons New South Wales, *Annual Report 1967-1968*, 1968, 14.

[28] 主には、従来刑務所医療サービスにおいて雇用されていた医療スタッフの専門的技能等についての調査であった。前掲註27の年次報告書（Annual Report 1967-1968）には、その後も医療スタッフの要件のあり方について、公共サービス委員会と公衆衛生省、司法省が複数回の検討を継続的に行ったこと、いまだ改革中であった旨が記述されている。

[29] Parliament of New South Wales, *Report of the Royal Commission into New South Wales Prisons*, 1978.

健省が刑務所医療サービス部門のスタッフを提供し続けるべきであること」を明記している[30]。その背景には、1955年に決議された国連・被拘禁者処遇最低基準規則 (Standard Minimum Rules for the Treatment of Prisoners) が示した「自由刑の純化」という近代的な刑罰執行における原則の考え方が影響していたことが示唆され、1952年刑務所法 (Prisons Act 1952) において医療サービスを規定する16条の規定を引用しながら、当時のNSWの刑務所内における医療サービスが、刑事施設職員たる医療スタッフの判断により、(時には) いかようにもなされうる危険性を指摘した。

このような危険性があることを前提に、同報告書は「刑務所制度内部での医療サービス提供が不全なのであれば、それは外部から提供されるべきである。そのことに関する刑務所の管理職員の意見や裁量を得ることは不適切である。身柄を拘束されている人であっても適切な医療を受けられるべきであることは、理にも正義にも適っている」とする。また、そういった医療提供が出来ないことの理由として、政府がコストの問題を挙げるであろうことを指摘しつつ、それも理由にはならないとして、「(犯罪をした人の) 拘禁を維持するべきであるとするのであれば、社会は受刑者がその拘禁中に、本来であれば治療され療養するべき身体的・精神的な状態を、悪化させるようなことがないようにすべきである」とした[31]。

こうした「ナグル・リポート」による指摘は、即座に実務の全面的改革に繋がった訳ではなかったが、前述の刑務所医療サービスは、1990年代初頭に正式に保健省 (Ministry of Health) 管轄の矯正保健サービス (Corrections Health Service) とされ、本格的な矯正医療改革が行われ始めた。さらに、矯正保健サービスは1997年にはNSW州保健サービス法 (the Health Services Act) の下で「医療公営企業 (statutory health corporation)」[32]とされ、つまり独立した保健機関として運営されることとなったのである。

この矯正保健サービスが、2004年に司法保健機関 (Justice Health) となり、

---

30 Parliament of New South Wales, above n 29, 456.
31 Parliament of New South Wales, above n 29, 321-322.
32 2-1で述べた、オーストラリアにおける地域医療運営の形態で、この企業が政府、公営病院、民間病院、一般市民を繋ぐ役割を果たす。

刑事施設内のみならず、警察留置場や裁判所における医療も管轄するようになる[33]。その結果、2012年に現在の組織・名称である、刑事・司法精神医療ネットワーク（Justice Health & Forensic Mental Health Network：JH&FMHN）となった。なお、JH&FMHN は州議会と州保健省への定期報告義務を負っている。

（3）　JH&FMHN の概要

NSW において、刑事司法全体の医療を管轄するということがなぜJH&FMHN に求められたのかについて、刑事施設内における精神障害を有する人の多さ（特に軽微な犯罪行為を繰り返す人々の中に多数存在[34]）と、司法精神医療の適正性の担保がその理由として挙げられる。Susan Henderson は、2012年にこの機関が設立されたことで、「全ての司法精神医療サービスが、矯正施設内における医療制度と関わりつつ提供されるという特筆すべき形態となった」という。

このことは、刑事司法に精神障害を有する犯罪行為者が（一般社会よりも）多数存在するという現実を前に、医療のみならず、就労や居住支援も含め、逮捕段階から出所段階まで社会復帰に向けて、「統合された、包括的な支援の継続性（integrated and comprehensive continuum of care）を保持することが可能となった」ことを意味する[35]と指摘される。つまり、一般社会における精神医療の問題が最も顕著に表れ得る場面のひとつとして、刑事司法における精神医療のあり方に着目し、そこでの医療（及び福祉）がまさにスルーケアとして提供されることが目指されたものといえよう。

JH&FMHN は、NSW 内の都市部・郊外に90以上の拠点を有し、約30,000

33　現在、具体的には①成人刑事施設・裁判所・警察署内における医療提供、②少年被収容者全般への医療提供、③州内の司法精神医療提供、④地域における医療提供の4つの領域で活動を行っている。

34　軽微な犯罪を繰り返して有罪判決を受け、矯正施設に収容され、何らかの精神疾患を有している被収容者は、男性で被収容者人員全体の60％、女性で44％にのぼるとされる。

35　Susan Henderson, *Mental Illness and the Criminal Justice System*（Mental Health Co-ordinating Council）, 2003, 11-12.

人を対象にサービスを提供している。約1,400名のスタッフが、約60ヶ所の矯正施設・裁判所・警察留置場等の施設と、ロングベイ矯正複合施設（the Long Bay Correctional Complex）内に設立したロングベイ医療刑務所（The Long Bay Hospital。NSW 司法省との PPP（Public Private Partnership）による）と、司法精神医療病院（The Forensic Hospital。NSW 保健省との PPP による）という２つの入院施設に収容されている人々に対してサービスを行っている[36]。

各刑事施設には50以上の医療救急センター（Ambulatory centre）が置かれ、重大な外科的手術等の緊急ケア（Emergency Care）が必要な場合は、近隣の公立病院へ移送する。ROAMs（Remote Offsite & Afterhours Medical Service）[37]と呼ばれるホットラインセンターを通じて、他の医師のアドバイスを求めたり、移送先を探したりすることもできる。その他、裁判所を中心としたドラッグコートでのプログラム提供[38]等も JH&FMHN が実施している[39]。

（4）刑事施設内における JH&FMHN による医療サービスの提供

刑事施設内で医療サービスを受ける契機は、①収容開始時に全員に対して行われる、包括的な医療アセスメント、あるいは、②拘禁中の被収容者が、健康上の問題がある場合にいつでも施設内に設けられた医療センター（health centre）へ行き、サービス提供[40]の希望を伝えることである。なお、拘

---

[36] 州内に36の刑事施設、7つの留置施設、6つの少年施設、2つの中間施設がある。

[37] JH&FMHN が運営する24時間医療相談ホットラインセンターで、ここを通じて他の医師の医療的アドバイスを求めたり、移送先を探したりすることが可能。

[38] 全州地域及び裁判所リエゾンサービス（State-Wide Community & Court Liaison Services）は、シドニーCBD 内にある中央裁判所（Central Court）及びダウニングセンター（Downing Centre）に設置されている、JH&FMHN 所管の医療アセスメント及びコーディネートサービスである。主に、ダイバージョンプログラムへの適合性や、訴訟能力に関する調査・判定を行っている。

[39] Justice & Forensic Mental Health Network,〈http://www.justicehealth.nsw.gov.au/〉(last visited 30 Oct. 2017)．

[40] NSW で刑事施設被収容者向けに渡されている医療案内のパンフレットに記載されている、施設収容中に受けることが可能なサービスの内容は、以下の通りである。
■基礎的なヘルスケア（Primary Health Care）：看護（Nursing）、GP の診察、処方（Pharmacy）、視力測定（Optometry）、レントゲン検査（X-ray）、理学療法（Physiotherapy）、健康や薬物治療及び健康法に関する情報提供（Information about

禁中にサービスを受ける手続は、以下の通り、それぞれ提供を希望するサービスによってやや異なる。

a．健康上の問題を感じた場合
　被収容者自身あるいは（施設内の）友人等に健康上の問題がある場合、職員に対して、自分の名前を医療スタッフが確認するリストに挙げてくれるように依頼する。医療センターへ行ったら、まず通常は看護師に会う。看護師は被収容者と話しながら、被収容者が抱えている問題についてアセスメント及びトリアージを行う。

---

health care, medications and how to look after your health）
■精神保健サービス（Mental Health Services）：精神疾患治療（Psychiatry）、24時間受付可能な精神医療に関する無料個人相談ヘルプライン（A free confidential Mental Health helpline available 24hrs a day）
■公衆衛生及び性的健康に関するサービス（Public & Sexual Health Services）：血液媒介ウイルスやC型肝炎、B型肝炎とHIVを含む性感染症の、任意の（秘密での）伝染病検査と治療及び予防接種（Voluntary, confidential testing and treatment for blood borne viruses and sexually transmissible infections including hepatitis C, hepatitis B and HIV; and vaccination）、被収容者の性的暴行あるいは血液・体液への影響に関する申告の管理（Management of inmates and detainees reporting sexual assault or exposure to blood or body fluids）、被収容者の伝染病（例えばインフルエンザや胃腸炎）に関する管理（Management of inmates and detainees with communicable diseases (e.g. influenza or gastroenteritis）
■歯科サービス（Dental Services）：救急ケア（Emergency care）、定期歯科検診（Routine dental care）
■薬物及びアルコールサービス（Drug & Alcohol Services）：断薬／断酒の際のアセスメントと管理（Assessment and management of patients in withdrawal from drugs / alcohol）、釈放後のケア調整を含むオピオイド代替治療プログラムのアセスメントと継続的管理（Assessment and ongoing management of patients on Opioid Substitution Treatment (OST) programs including post release care arrangements）
■アボリジニー医療サービス（Aboriginal Health Services）：アボリジニーに対する慢性疾患ケアプログラム（The Aboriginal Chronic Care Program）、健康に関する教育プログラム（Health education programs）
■婦人科サービス（Women's Health Services）：生殖及び性科学医療に関する問題を含む女性に特有の医療問題（Health issues specific to females including reproductive and sexual health）

この看護師のアセスメントの結果、医師（GP）の診断が必要と判断されれば、看護師は医師による診療リストに名前を挙げる。医師が1～2週間に1～2回ずつしか来ないセンターもあるため、診療を待たされる場合がある。但し、急を要する場合は順番が繰り上げられる。

　さらに、専門医（specialist）の診断が必要であると医師（GP）が考えた場合、NSW保健待機リスト（NSW Health Waiting List）に対象となる被収容者の名前が記載される。但し、もし2～3か月待っても専門医の診療が受けられそうにない場合は、最も多くの医師がいるシドニーまで診療を受けに行かなければならない。

b．処方箋が欲しい場合

　各施設で決められた時間帯に医療センターへ出向き、被収容者のIDカードを示して薬をもらう。あるいは、服用方法に指導が必要な場合は、直接、看護師が各居室へ出向いて渡す。ここで処方される薬の種類について、一般社会で手に入るもののうち、施設内では一部処方できないものがある。

c．歯科診療を受けたい場合

　歯痛を感じたら、口腔保健ホットライン（Oral Health Hotline）にコンタクトを取り、症状を伝え、被収容者の収容されている施設内の医療センターに歯科医師が来る日のアポイントメントを取る。但し、より深刻な症状のある被収容者が他にいる場合は、そちらが優先される場合がある。しかし通常、その次の回には治療が受けられる。

d．C型肝炎罹患のおそれがある場合

　C型肝炎等、なんらかの感染病罹患のおそれがある場合、施設内の医療センターで看護師にその旨を申し出れば、公衆保健看護師（Public Health Nurse）による詳細なテストを受けられるように手配される。あるいは、C型肝炎ヘルプライン（Hep C Helpline）へ電話する。

e．メサドン／ブプレノルフィンプログラムに参加したい場合

　医療センターで看護師にその旨申し出ることで、プログラム参加が可能となる。

f．臨床心理士等に会いたい場合

　施設職員に、臨床心理士もしくは福祉職員に会いたい旨を申し出る。

その他、新しい靴が欲しい場合、ベッドが寝づらい場合、ダイエットしたい場合等にも、それぞれ職員に相談し、専門家に繋いでもらうことが可能とされている。

このような医療を受けるにあたっての手続において、刑事施設の保安職員（刑務官）がそのサービスを受けられるか否かの初期判断を行う等、なんらかの形で関与することはない。飽くまでJH&FMHNの職員がどの場合においても、初期段階から本人と接触するように手続が設けられているのである。

実際に、現地調査の際、刑事施設内に設けられた医療区画を数か所拝見したが、医療区画の設備はほぼ通常の医療機関と同等に整備されている。また、原則刑務官はこれらの区画の入口にある受付カウンターから出ることはなく、そこにいる刑務官もごく少数である。さらに、刑務官は薬剤室や診察室、レントゲン室等にはそもそも立ち入ることができない。そのため、まさに医療区画の雰囲気は、ほぼ一般の病院と変わらないものであった。

医療区画におけるスタッフは、医師と看護師に加え、カウンセリングに応じる臨床心理士や、高齢者への対応を行うリハビリテーション専門の職員等、多様な職員が配置されている。このような職員配置も一般の病院と同様である。

なお、刑事施設内の廊下には、鳥や植物が豊富に配置されているところもあり、建物も旧い伝統建築を活かしつつ、近年改築されたばかりだそうで、開放的な部分や色彩豊かな部分を作ろうとしていることが窺われた。しかし、被収容者が精神的に不安定にならないために「敢えて暗め」にされている区画もあり、昔ながらの刑務所の雰囲気がある場所も散見された。

ロングベイ矯正複合施設の敷地内（保安区画外）に開設されたカフェテリア形式のレストランでは、外部通勤を許可された被収容者が働いている。職員やゲスト（われわれも訪問時の昼食はここで戴いた）がここで食事を採っていて、とりわけ精神疾患を有する被収容者にとっては、いろいろな人とコミュニケーションを取ることができるこの仕事が、社会復帰に向けた良い効果を生むのだという。また、残念ながら担当者不在で施錠されていて見ることが出来なかったが、敷地内には刑務所アート（Prison Art）として、Aboriginal Artの制作を行っている工房もある。

JH&FMHNによる医療は、セキュリティレベルに関わらず、各刑事施設内における独立した医療区画において、（保安職員ではない）多様な専門職スタッフのもと行われている。さらに近年は、以下の通り、刑事施設一般の設備のあり方や医療的・福祉的に意義のある取り組みに対しても、JH&FMHNによるこうした医療的対応が一定の影響を及ぼしているものと思われる。

（5）　社会内におけるJH&FMHNによる医療サービスの提供
　刑事施設内における医療の提供にくわえ、JH&FMHNは社会内で多様なサービスを提供している。

（ⅰ）　全州地域及び裁判所リエゾンサービス（State-Wide Community & Court Liaison Services）[41]
　全州地域及び裁判所リエゾンサービスは、地方裁判所において、精神保健に関する問題や障がいを有する人のダイバージョンに際し、適切な地域内の通院・入院サービスにクライアントを委託する等の調整をして、各関係者に対するアドバイスを行うことで、治安判事・ソリシター・起訴担当警察官を補助するサービスを行っている。同様のサービスはNSW州内の22の裁判所に置かれている。筆者が訪問したシドニー中央裁判所では、医療スタッフ3名で対応しているとのことであった。
　本人と面談した上でのアセスメントにあたっては、裁判所の地下に設置されている面接室でクライエントと会って面談を行うか、遠方の場合は、テレビ会議システムを用いた面談を実施する。裁判所地下には留置室があり、そこは警察が管理を行っているが、面談時には警察は関与していない。
　本サービスにおけるアドバイスを、裁判官や弁護人、検察官といった立場の異なる司法関係者に提供することについて、その中立性等に問題は生じないのかにつき、飽くまでも本サービスによるアドバイスは、医学的観点から

41　当該サービスについての基本的紹介と評価を行ったものとして、以下の報告書がある。NSW Bureau of Crime Statistics and Research, *AN EVALUATION OF THE NSW COURT LIAISON SERVICES*, 2009.

見た生物学的判断と、実際の地域内でのサービスへの適合性を判断するものであり、現在、本人が嫌疑をかけられている犯罪行為と直接関連させて診るものではないこと、また、情報の入手と提供にあたっては、本人の同意書を必ず取っているとのことであった。

　また、裁判官に対して、このサービスによるアドバイスを使うことについてインタビューを行ったところ、問題解決に繋がるという点で、これをポジティブにとらえているということであった。そこで、このアドバイスがダイバージョンに繋がることについて、社会的に理解を得られているかどうかという点を訊いたところ、少なくとも直接的な批判を受けたことは無いということであった。また、医療につながることが、結果的には地域にとってもメリットになるはずであるとも説明された。

　本サービスの医療スタッフが、最終的なアセスメントレポートを提出するまでには、本人からの聴き取りのほかに、JH&FMHN保管の医療記録、一般医療機関が保管する医療記録、過去に当該クライエントを診たことのある医師がいればその医師との電話による相談、矯正局所有の拘禁歴、警察所有の本人情報、過去の犯罪歴などが参照されて、アセスメントが行われている。

　なお、NSW州の地方裁判所に送致される人の総数は年間約15,000人程度、そのうち、本サービスで2,000人程度のアセスメントを行い、うち8割程度には深刻な精神疾患が認められ、7割がこの時点で地域の入院・通院機関につながることにより、刑事手続から離脱させられる。離脱後は、精神保健法上の入院命令によって司法精神科病院に入院する場合と、条件付の手続打ち切りによって一般精神科医療に委託する場合とがありうる。また、裁判所によって本サービスのダイバージョンに関する提言が拒否され、通常の刑事裁判が行われる場合であっても、刑事施設の中で（ロングベイ矯正複合施設等）医療設備の整った施設へ送致されることとなるとのことであった。

(ii) 釈放時薬物・アルコールプランニングサービス（Drug & Alcohol Release Planning Services）―接続プログラム（Connections Program）[42]

釈放時薬物・アルコールプランニングサービスは、薬物・アルコール依存のある人に対して、刑事施設釈放後の医療サービスのための調整を実施するものである。本サービスの対象者のうち、23%がアボリジニー、63%は何らかの精神疾患を有している。

JH&FMHNは、従前も薬物やアルコール依存のある人々に対するサービスを提供していたが、2007年から、スルーケアモデルに基づく社会との接続プログラム（Connection Program）を開始した。本プログラムの特徴は、医療的なケアだけではなく、居住支援や教育、雇用、福祉等の様々な社会復帰支援プランを、施設収容中に組み立てて、多機関連携による支援を行うことである。従来は、医療のみに傾注していて、他のサービスとの組み合わせによる、本人への全人的支援ができていなかったのだという。

対象者は違法薬物の使用歴がある人のみで、最低1か月間をかけて行われる。医療的なケアは、JH&FMHNが中心となりつつ公立病院の協力を得て行うが、その他のサービスは民間団体や、福祉を管轄する州対人援助省の協力を得ている。本プログラムの参加者は、年間概ね1,000名程度で、8割は男性、40歳以下の比較的若い年齢層の人が多いが、これまでの刑事施設入所歴が長い人が多く、教育水準も低いとされる。

本プログラムを受けるか否かは本人の任意であり、本人以外に、保護観察官や医療関係者などが利用を申請することもできる。実際のサービスのプランニングにあたっては、本人の希望や意思を重視するのだという。原則的には、対象者が施設内にいるうちに、地域内の医療機関と電話による調整を行い、提供すべき内容を確定していく。本プログラムによって実際に提供されているサービスは、経済的支援が66%、精神的・身体的な問題に対応するサービスが75%、8割以上は薬物に関連するプログラムサービスである。

---

42 詳細はJH&FMHNによる以下の文書が詳しい。JH&FMHN, *Drug and Alcohol services within JH&FMHN*, 2015,〈http://www.justicehealth.nsw.gov.au/documents/drug-and-alcohol-services-within-jh-fmhn/view〉(last visited 30 Oct. 2017).

2007年以降これまでに、本プログラムの実施により釈放後の自殺率と疾病罹患率、再犯率を下げることが出来ているという。しかし、再犯率を現状からさらに5％低下させることが目標とされており、これはなかなか容易ではないとのことであった。

(iii) 司法保健サービス（Forensic Health Service）[43]

司法保健サービスは、少年施設における医療サービスの提供（Adolescent Health）、司法精神保健にかかる（社会内医療との調整を含めた）包括的サービスの提供（Forensic Mental Health）、（急性期から社会復帰時それぞれの段階に応じた）司法精神科病院の運営（Forensic Hospital）を含む。

ロングベイ矯正複合施設にあるロングベイ医療刑務所の隣には、刑事裁判で責任無能力と判断された人や、訴訟能力なしとされた人のうち、とりわけ民間病院ではなく、当該病院での入院治療を要する人の入院を受け入れる司法精神科病院がある。JH&FMHN所属の医師は、司法精神医療領域と矯正医療領域それぞれの病院を行き来して、双方で医療行為を行っている場合もある。その意味では、医師にとっては両者にあまり差異が無い状態で医療提供が行われているようである。

司法精神科病院の受付区画は、IDチェックを行う等、刑務所並みにセキュリティがしっかりしているよう見受けられた。一方で待合室には、精神疾患を有する人の家族のための自助グループ、法律扶助協会、NSW州オンブズマン協会等の案内パンフレットが豊富に設置されており、多様な社会資源と家族を含めた当事者をつなごうとする姿勢が表れているように思われた。

(6) JH&FMHNにおけるGPの役割とその背景

前述の通り、JH&FMHNによる医療提供において、「現時点で、誰にどのような医療を、どこで提供すべきであるのか」を判断するGPの果たす役割は非常に大きい。主にJH&FMHNでGPが担っている役割は、①予防的医療（Preventative medicine）、②鑑別不能な病状の観察（Undifferentiated illness）、

---

[43] JH&FMHN, *Forensic Health*, 〈http://www.justicehealth.nsw.gov.au/our-services/forensic-mental-health-youth-services〉(last visited 30 Oct. 2017).

③慢性疾患の管理（Chronic disease management）、④複雑かつ複数の共存症対応（Complex multi-comorbidity）、⑤有限な医療資源の適切な運用（Judicious use of finite medical resources）、⑥ヘルスケアチームのコーディネート（Coordination of the health care team）であるとされる。これらのうち、特に⑤と⑥は、刑事施設内において重要な役割であるとのことであった。

　一般に、地域医療における GP の理念とは、当該クライエントの一生涯にわたるケアと、全人的アプローチ、クライエントの仕事・家族・地域の文脈に即したケアを行うことであるとされる[44]。JH&FMHN の GP は、このような理念に基づくケアを刑事施設内においても行おうとするのである。GP がかような医療の実践を行うことは、クライエントの権利を擁護すると同時に、より安全かつ経済的に意味を有することであり、一般社会にとってもメリットとなる。このことが、州の刑罰執行法[45]等の各法で規定されているのである。つまり、JH&FMHN ではこの理念を体現するべく、GP によるコーディネートの下で（看護師を含めた）各専門家チームによる医療の提供を行っているといえよう。

（7）　医療情報へのアクセス

　NSW では、2002年個人記録及び個人情報に関する法律（Health Records and Information Privacy Act 2002：HRIP Act）により、治療を受けた者は一般に、統一記録センター（Joint Records Centre）において、所定の料金を支払って書類に記入すれば、自らの医療記録・医療情報にアクセスすることが可能である[46]。

　当該センターでは、メディコ・リーガル・コーディネーター（The Medico-Legal Coordinator）による説明を受けることもできる。治療記録のコピーを本人に手渡すことで、医療記録を検討するための合理的機会を提供することと

---

[44] The Royal Australian College of General Practitioners Ltd, *Becoming a GP in Australia*, 〈https://www.racgp.org.au/becomingagp/〉（last visited 30 Oct. 2017）.

[45] Crimes (Administration of Sentences) Act 1999, §236A.

[46] JH&FMHN, *Accessing Health Records under the HRIP Act*, 〈http://www.justicehealth.nsw.gov.au/about-us/accessing-health-records-under-the-hrip-act〉（last visited 30 Oct. 2017）.

されている。なお、医療を受けた本人でなくとも、当該医療機関での医療記録を記録請求者に対して開示するという、本人の明白な書面による同意があれば、開示が可能である。

　こうした HRIP Act の目的は、個人が自らの医療情報を入手できるよう、公正で責任ある医療情報の取り扱いを促進することにある。そのため、刑事施設における医療について、司法省の職員は JH&FMHN による医療提供の記録を閲覧することはできない。一部、被収容者本人等に健康上の危険（risk）が差し迫った際には、保健省は、司法省の職員に対して、医療情報を提供しなければならないとされるものの、これは実際にはきわめて例外的な措置であるとのことであった。

4　日本への示唆

（1）　JH&FMHN が保健省所管であることの意義―適切な医療を受ける権利の保障

　JH&FMHN は、刑事施設被収容者に対する「特殊な医療」としてではなく、一般社会における医療同様、個人に対する医療保障の一環として矯正医療を提供している。「ナグル・リポート」が、刑事施設被収容者に対する適切な医療の確保という観点において指摘していた通り、社会における公衆衛生に関する問題性が最も顕著に表れる場の一つとして、刑事司法に関与した人の健康問題が認識され、そういった人々に対する医療の提供は、結果的には社会にとっても利益となる。これは、単に現実的な利益の有無の問題ではなく、犯罪をした人の身柄の拘禁、すなわち、刑罰の執行を適正なものたらしめるために必要な、社会が受け入れるべき刑事施設のあり方であることを、「ナグル・リポート」は説いているのである。司法省が所管する刑罰の執行から、人間として必要かつ適切な医療の提供を分離し、医療を受ける被収容者の「人としての権利」の保障を保健省が所管することには、このような重要な意義があるといえよう。

　また、JH&FMHN による刑事司法における医療提供が大きな意味を持たざるを得なくなっている背景として、オーストラリアの一般社会における

「私的患者」と「公的患者」の格差の拡大が、社会内で医療に繋がれない人を増やすことに資してしまっていることも一因ではないかとの声も聴かれた。この格差の拡大には、近年のオーストラリア全体における医療費の増大と、保守党政権による医療制度改革の影響が窺われる。その格差の「隙間」からこぼれた人々を受け止めるためのひとつのセーフティーネットとしても、JH&FMHNの取組は資しているものといえる。

こうした理解は、担い手であるJH&FMHNの職員たちの、医療従事者としてのプロフェッショナル意識によく表れている。これまであまり医療との接触がなかった被収容者への対応であるからこそ、医療従事者として（受刑者であることを特別視せずに）普遍的に接することに重点を置こう、職員の「行動指針（Code of Conduct）」の徹底やハンドブックの恒常的な改訂が行われている。たとえば、職員が被収容者に詐病の可能性を感じる場合、まず、飽くまで患者は常に自身の症状に対して素直であるということを原則としつつ、（詐病ではなかった場合の）他のあり得る可能性をきちんと一通り検証する。それでもなお疑わしい場合であっても、必ず後に検証可能となるような痕跡を残しておくのだという。そうすることで、その時点で詐病か否かを見分けられなくとも、（結局詐病であったとしても、逆に急に症状が悪化したりしても）いかなる対応も可能となる。

現地調査時のヒアリングにおいても、JH&FMHNの職員は、この領域で働くことの意義を、「一般社会で医療にかかったことのない人（=これまで社会内で困難な人生を生きてきた人）に対して、治療を行うことができること」、「その人の人生を変えることに繋がること」であると述べていた。それは日々の業務の中で、「（刑事司法に関与した）クライエントからとても感謝されやすい」という点で実感できるのだという。

「犯罪をした人への医療」としてではなく、一人の人間として自身を捉える医療専門家による、適切な医療を受けられることで、クライエントが自らの権利が保障されていることを実感できること、それが感謝に繋がり、ひいては職員の充実感にも繋がり得るのではないだろうか。

(2) JH&FMHN による医療の意義――犯罪の背景としての医療ニーズへの効果的なアプローチ

　JH&FMHN による医療は、刑事司法における医療と一般医療機関の「ゲートキーパー」としての役割を担うと同時に、刑事司法を契機とした「寄り添い型」医療の担い手としての役割を負っている。つまり、刑事司法全体を舞台とする一貫した医療提供体制を有している点にその特徴がある。

　前記の通り、刑事司法制度に関与した人々の中に、一般社会に比して、様々な社会的負因を有する人々、複雑かつ重畳的な福祉的・医療的ニーズを有する人々が存在することは、既に数々の国際的・国内的調査の結果の中で明らかにされている。そのような社会と刑事司法間のニーズの偏在状況において、裁判所における JH&FMHN は、そもそも刑務所に入らずに医療を受けられるため（＝刑事手続からのダイバージョン）のアセスメントを行い、それを基に、社会内で医療に繋がれなかった人に対する継続的な医療提供の契機を提供している。これは、飽くまでも本人の同意に基づくものではあるが、地域における JH&FMHN と公立病院の連携により、刑事司法から離脱した後にも、継続した医療の提供を受けることが可能となっている。

　こうした医療提供の方法論が、一般社会においてはアプローチが困難な状態にある人々に対して、実効性のある医療提供や福祉的支援を行うことに繋がることは、薬物・アルコール依存のある人々への「接続プログラム」の新たな展開からも明らかな通り、徐々に犯罪行為の背景にあるものへの対応のあり方を変えつつあるように思われる。つまり、刑務所での「受刑者に対する医療」を適正に行うことのみでは、本人の社会生活における医療までを適正化することは難しい。しかし、本人が社会内で自ら医療を受けることに同意できるよう、刑事司法に関与したことを契機に、医療やサービスとの間に「信頼関係」を築くことが目指されているのである。この試みは、JH&FMHN による医療提供へのクライエントの満足度や信頼に鑑みれば、一定成功しているものといえよう。

　医師をはじめとする医療スタッフにとって、非常に難しいニーズを多数抱えているにも関わらず、なかなか医療を受けることに前向きになれないクライエントに相対することは、決して容易なことではないであろう。しかし、

JH&FMHNのスタッフから聴かれたことは、JH&FMHNにおける仕事について、「医師としてこれまでやってきた仕事よりも挑戦的で、プロとしての腕を磨くことができる」、「多様かつ複雑な症例に出会うことができる」、「チームで働くという機会を得ることができる」等、そのメリットを多々見出しているということであった。

今回の調査時、かつてJH&FMHNに勤務していた経験を有する外部医師に話を聴いたところによれば、実際、JH&FMHNでプロフェッショナルとしてチーム内で鍛えられて、その後独立していく医師（とりわけGPと精神科医）も多いとのことである。そもそもJH&FMHNに勤務している医師の属性や経験が様々であること、各専門職による構造化されたチーム医療体制を経験できることから、医師にとってのキャリアアップの場としても認識されているものと思われる。

同時に、現地調査の際にお会いしたJH&FMHNの医師・看護師のほとんどが（管理職に至るまで）ほぼ女性であったことも特徴的であった。近時、患者による暴力的行為等が問題とされることもある一般病院よりも、ある意味では刑事施設内での医療はむしろ安全であるとの認識や、（勤務中は常に忙しいものの）定時で勤務できることは、ワークライフバランスの観点からも医師にとってメリットであるようであった。

医師がJH&FMHNにおいて勤務することのかようなメリットは、医師養成課程との接続性を有することによって、医学部生にも伝達されているようである。絶対数として非常に多い訳ではないものの、医学部生が裁判所や刑事施設内へ研修に来ることも少なくなく、JH&FMHNに勤務するGPは、こうした医学生の研修時に、その指導役を行うこともその重要な役割のひとつであるとのことである。

クライエントが従前生きてきた過程や、刑事司法の一段階という特殊な環境、くわえて、クライエント本人の有するニーズの困難等、高度な対応を迫られる中で、適切な医療の提供がなされた結果、それが、クライエント自身にとっては、「医療」に対する心理的・物理的ハードルを取り除くことにつながり、JH&FMHNの医療スタッフにとっては、自らの専門職としてのステップアップにつながる。このような循環が生じていることは、実務的にも

意義のある実践として評価されるべきであろう。

むすびにかえて

　NSW においても、1968年に刑務所医療サービスの職員が公衆衛生省によって雇用されて以来、現在の JH&FMHN の形態に至るまでは約40年かかっている。その間、メディケアの導入もあり、一般社会における医療制度も大きく変容している。そのことによる格差の拡大が、却って JH&FMHN による活動の活性化を後押しした部分もあるであろう。
　現在の日本の一般社会における医療制度も、医師不足や医療過疎等、その「疲弊」が顕著に指摘されている。矯正医療そのものの変革については、刑事施設被収容者に対する適切な医療を受ける権利の保障として、厚労省への移管をはじめ、制度的改革が進められるべきである。一方で、それを実効性のあるものにしていくためには、GP の役割を含むプライマリーケアのあり方、医師養成のあり方等、一般社会における医療についても、一定の改革を進めて行く必要性があるように思われるのである。そのことが、一般市民に対する医療提供のあり方としても、結果的には有益な制度構築を追求することになるのではないだろうか。

[〈特集〉刑事施設医療の改革を考えるために]

ドイツの刑務所医療事情

金　尚均（龍谷大学法学部教授）

1　ドイツの保険制度

(1)　ドイツの医療制度は、大まかに分けると、「公的医療保険」と「民間医療保険」の2本立てのシステムから構成されている。2007年、「公的医療保険競争強化法（GKV-WSG）」の施行と2009年から実施されたその制度改革によって国民全員が加入する「国民皆保険体制」が実現することになった。それ以前は多数の無保険者が存在していたというのが実態であった。つまり、(1)公的医療保険への加入義務のない者に分類され、公的医療保険及び民間医療保険のいずれにも加入していない者や、(2)過去に公的又は民間のいずれかの医療保険に加入していたが、保険料を支払うことのできない等の理由で無保険になった者等、約20万人の無保険者が存在したといわれる。このような事情に照らして、2009年1月以降、全ての国民は公的医療保険もしくは民間医療保険に加入することを義務づけられたのである。この保険制度の改革を受けて、無保険者に対して、(1)過去に公的医療保険に加入していた者は公的医療保険に再加入すること、(2)過去に民間医療保険に加入していた者は民間医療保険に再加入すること、(3)公的医療保険にも民間医療保険にも加入経験のない無保険者は、2009年1月までにいずれかの医療保険に加入することが義務づけされた。

(2)　そもそもドイツの医療保険の大きな特徴は、宰相ビスマルクによる1883年の疾病保険法により低所得の労働者を対象として強制加入の公的医療

保険を創設したところにある。それ以降、1世紀以上を経てその範囲・内容が拡大されて現在に至っている。その典型が強制加入の被保険者を中心とした公的医療保険である[1]。公的医療保険への加入義務がある人とは、所得が一定の基準所得（2016年1月現在、年間56,250ユーロ）以下の被用者、公的年金の年金受給者、失業手当受給者、農業経営者及びその家族従事者、芸術家及び著述家、学生等である。これに対して、公的医療保険への加入義務がない人とは、所得が一定の基準所得を超える被用者、自営業者（（1）に含まれる芸術家等を除く）、官吏、裁判官、軍人、大学教授等の特別な法的関係に基づき公費による保障を受ける者、EUの医療保障制度によって保障される者等である。このうち、「公的医療保険への加入が認められる人」は、かつて公的医療保険の強制被保険者であった人で、過去5年間に24か月以上被保険者であった又は直近12か月以上連続して被保険者であった者等の一定の要件を満たす場合や、初めて就労する時の所得が加入限度額を超えているために加入義務がない者である[2]。官吏、自営業者は公的医療保険への加入義務がなく、また被用者でも限度額を超える高収入者に関しても公的医療保険への加入義務がない[3]。これらの国民の一割程度に当たる人々は、代替的な医療保険を提供する民間医療保険に加入する[4]。このように、ドイツの「国民皆保険体制」は、公的医療保険だけでなく、民間医療保険がその一部を代替する

1　公的医療保険は「疾病金庫」と呼ばれ、労使により自主的に管理運営される、公法上の法人であった（地区疾病金庫、企業疾病金庫、職員疾病金庫、農業疾病金庫、連邦鉱夫組合、海員疾病金庫、鉄道組合疾病金庫、労働者代替金庫）。2007年の公的医療保険競争強化法により種類別の疾病金庫の「意義はなくなり、疾病金庫の数も減少しつつある（土田武史「ドイツの医療保険における『連帯と自己責任』の変容」早稲田商学第428号（2011年）563頁）。

2　中村亮一「ドイツの医療保険制度（1）―被保険者による保険者選択権の自由化により、保険者の集約化が進む公的医療保険制度の現状―」（2016年）（http://www.nli-research.co.jp/report/detail/id＝52514?site＝nli）。

3　保険加入義務上限額年収56,250ユーロ（2016年）。この額を上回る収入のある人だけが民間健康保険に加入することができる。

4　公的医療保険を補完する付加保険（Zusatzversicherung）を提供する民間保険は、主要先進国いずこにおいても存在するが、このような公的医療保険と競合する代替的な医療保険を民間保険が担っている国は珍しいとされる（田中耕太郎「ドイツの民間医療保険」健保連海外医療保障98号（2013年）1頁。

形で構築されている。

　当然のことであるが、代替医療保険の方が保険サービスとしては充実している。医師の側から見ても、民間の代替保険の被保険者を診察した方がより利益を得ることができるため、代替医療保険の被保険者の方が早く医療サービスを受けることができるという現実の問題がある。

　公的医療保険による給付内容及び点数は、法律により統一的に定められている[5]。被保険者は給付の種類ごとに定められた一部負担金を支払う[6]。ただし年間の一部負担金学額は、生計のための収入の２％を上限としている。

　外来医科診療に関しては、保険医協会に診療報酬総額が支払われる。保険医協会は、傘下の各保険医に対して、各人が行った給付の報酬点数に１点単価を乗じた総額を支払う（１点単価は相対的なもので、診療報酬総額に対して、請求された外来診療の給付全体によって調整される）。入院療養に関しては、DRG（診断群）に基づき、入院から退院までを対象とした１件当たりの包括的な報酬基準を適用する。実際の在院日数や、行われた給付の種類・量によらず、DRG（診療郡）に基づいた定額の報酬が支払われる。薬剤に関しては、薬局での販売価格に基づいて、薬局に対して償還が行われる。同一の成分を有する薬剤など一部の薬剤に関しては、償還価格の上限額（定額）が定められている。

　外来医科診療は自由業の開業医である保険医により、現物給付として行われる。保険医による診療は「家庭医」と「専門医」に区分される。「家庭医」

5　給付内容には下記が含まれる。
　・外来医科診療（家庭医診療及び専門医診療）
　・入院療養
　・薬剤・療法手段
　・補助具の支給
　・外来歯科診療
　・歯科補綴
6　一般的に、医療費は、３ヵ月ごとの初診時に10ユーロ払うが、一度払えばその期間中は何度でも、さまざまな病院や診療科で、自己負担なしに通院治療を受けることができる。但し、歯科と救急病院（夜中や週末など急病で駆け込む場合）にかかる場合は別途10ユーロが四半期ごとに必要である。歯科治療は最低限のものは医療保険でカバーされるが、入れ歯や高価な詰め物などは自己負担になる。

とは「一般に」「小児科医」及び「家庭医診療を選択した内科医」である。被保険者は自由に保険医を選ぶことができ、最初から専門医の診療を受けることができる。入院療養は病院により提供される。病院は基本的に外来診療を行っていない。そのため病院への入院は開業医である保険医の指示に基いて行われる。また病院の経常的な経費は診療報酬により賄われるが、投資的な経費（建物と設備投資、整備）は各州が病院計画に基づき行う公費助成で行われる。

2　ドイツにおける刑務所医療の前提と現実

（1）　かつてドイツにおける行刑の根拠法はドイツ行刑法（Strafvollzugsgesetz）であった[7]。本法律に刑務所の被収容者のための医療的配慮について定められている。

ドイツ行刑法158条（医療的配慮）

「（1）医療的配慮は、専任の医師によって確保されなければならない。それは、特別の理由から、兼任又は契約により義務を負う医師に委ねることができる。

（2）病者の看護は、看護法による免許を有する者によって行われるべきである。第1切の意味における資格者を起用できない限り、監護に関するその他の養成教育を受けた経験のある一般行刑職員を当てることもできる。」

1977年1月1日以来、行刑の法的枠組みの管轄及びこれに関する連邦における行政諸規定はドイツ連邦法務省が担当していた。それによりドイツの行刑はかつて上記の国法であるドイツ行刑法によって定められていた。けれども2006年6月30日制定、同年9月1日に施行された連邦改革法（Föderalismusreformgesetz）により各州に行刑に関する立法権限が移譲されることになった[8]。それにより、2008年以降、各州は独自の行刑法の立法作業

7　ドイツ行刑法の概要について、クラウス・ラウベンタール（土井政和・堀雄訳）『ドイツ行刑法』（2006年）。

8　2006年8月28日制定された基本改正のための法律、いわゆる連邦改革法（Föderalismusreformgesetz vom 28. 8. 2006）。これに関して、ドイツ基本法第74条1

を進めることになった。

(2) そもそもドイツの行刑は被収容者の再社会化を目的とする再社会化思想によって支えられてきた。被収容者は行刑を通じて改善され、一般社会の自由な生活に戻る準備をするために刑罰は執行されると考えられてきた。とりわけ1970年代には積極的特別予防の思想が支配的であったといえる（行為者の改善）。これに消極的一般予防（公共の威嚇）がともに考慮されていた。このような思想が立法者の刑事政策的観念を形作ってきたといえるが、これに対して80年代以降、消極的特別予防の思想（行為者に対する社会の保全）と積極的一般予防の思想が勢いを増してきた。刑罰目的として社会の治安維持志向に重点が置かれるにともない社会復帰思想が後退するようになった。「公共の重大事」という名目のもとで行刑の議論が展開されるにいたった。これにより「改善に代わって隔絶」という変転が行われるのである。先に述べたように連邦改革法以前の行刑法は、「再社会化」が優先的行刑目的であった（ドイツ行刑法2条1項）。二次的に再犯の危険に対する公共の保護が規定されていた。連邦改革法以降、犯罪並び危険な犯罪者からの公共の保護を強調する考えが出てきた。

バイエルン行刑法では、自由刑の執行は再犯から公共を保護することに資するとなっている。そして、将来、社会的責任を持って犯罪を犯すことなく生活を送るようにする（バイエルン行刑法2条）。

バーデン＝ヴュルテンベルクでも同様である。行刑及び少年行刑は、受刑者が社会に組み入れられるようにするために、治安のため及び法的平穏に寄与するためにある。

連邦改革法制定以来、ドイツでは各州が行刑法を制定する傾向にある。各州法は、規定の配列についても様々であるものの、その基礎となるのは未だ

項1号［競合的立法分野］
「(1) 競合的立法は、次の分野に及ぶ。
 1．民法、刑法および刑の執行、裁判所構成、裁判手続、弁護士制度、公証人制度ならびに法律相談」
参照、中西優美子「ドイツ連邦制改革とEU法」専修法学論集100号173頁。

国法であるドイツ行刑法である。

（3）　刑務所内における受刑者に対する医療的配慮は、ドイツ行刑法55条-66条、同158条及び198条3項で規定されている。刑事施設は保護義務に基づき、保健上必要な配慮を行わなければならない。なお、受刑者の医療的配慮について、もともと行刑法190条以下で実現しようとしていた受刑者の健康保険への加入については、それに必要な連邦法（行刑法198条3項）が施行されていないため実現していないままである[9]。また、受刑期間中、社会福祉法16条1項4号に基づく社会保険上の請求権は停止される。このような事情から、被収容者の医療的配慮に伴う費用は刑務所、つまり最終的にそれぞれの州が担うことになっている。例えば、バーデン＝ヴュルテンベルク州（2015年予算）（2014年：17の刑務所。平均6,792人の被収容者）（州の人口：約10,735,000人）では、つぎのような予算となっている。刑務所における収入：約15億円、支出全体：約250億円（内訳について、人件費：約170億円、被収容者に対する生活費：約8億円、被収容者の医療費：約10億円、保安管理費用：約6億円、被収容者に対する支払：約18億円、投資：約8億円）。

　刑務所内での受刑者医療の原則として同等原則（Äquivalenzprinzip）をあげることができる[10]。これは、（拘束されていない）自由な社会の中で治療を受ける患者に妥当する公的医療保険の条件を前提にして施設医療を実施することを意味する。ドイツ社会法典における公的医療保険を基礎にして、行刑法3条1項において「刑の執行中の生活は、可能な限り、一般的生活関係と対等であるべきである。」と規定されている。これにより、本来、被収容者に提供される医療は、できる限り一般社会のそれと同等でなければならないはずである。ドイツ行刑法58条「被収容者は、病気を発見、治療、その悪化を阻

---

[9]　ノルウェー、スイスのジュネーヴ、フランス、オーストラリアのニューサウス＝ウェールズ州そしてウェールズなどでは刑務所の被収容者の医療が民間一般医療に移管している（Heino Stöver, Strukturelle Rahmenbedingungen der Gesundheitsversorgung Gefangener, 2012, S. 5.）。

[10]　Heino Stöver, Strukturelle Rahmenbedingungen der Gesundheitsversorgung Gefangener, 2012, S. 2.

止又は痛みを緩和するために、治療を求めることができる。病気の治療は、特に、つぎのことを含んでいる。
1．医師による治療
2．義歯を含む歯科医師による治療
3．医療器具、包帯又は補助治療器具の支給
4．リハビリテーションのための医学的及び補充的給付並び負荷試験及び作業療法。なお、これらは刑の執行の目的に反しない限りで行われる。」

　また、一般社会との同等原則に従って、35才から2年に一度、心臓、腎臓及び糖尿病の早期発見のための健康診断を受けることができる[11]。女性は20才からそして男性は45才からガンの早期検診を受けることができる。

　注意すべきこととして、被収容者は施設内で医療的配慮を受けることを求めることができるが、一般社会と異なり、医師を選択することができない。その理由として医療保険が適用されていないことと[12]、施設医師が被収容者の医療について責任管轄があること等があげられる。

（4）　なお、ドイツでは、刑事施設に収容される以前に国民健康保険に加入していた者や、日中外出可能で一般社会で外部で働いており国民健康保険などに加入している被収容者については医療費の自己負担の可能性を定めている。ニーダーザクセン州行刑法52条3項2号によれば、「刑の執行官庁は、被収容者をその他の給付に関する州の負担について、余分にかかった費用を徴収することによって被収容者に関与させることができる。このことはつぎのことに適用される。
2．社会保険法第5章、帝国保険規則、そしてこれらの法律によって発布された諸規則が被保険者の費用負担を認め、しかも刑の執行という特別な関係に反しない限りで、健康に関する配慮に関する給付について。これについては61条の医師による治療を含む。」

11　BETREUUNG IM STRAFVOLLZUG EIN HANDBUCH 2014, S. 113.
12　医療にかかる支払は、公的医療保険によってまかなわれるのではなく、基本的に刑務所である（Stöver, Strukturelle Rahmenbedingungen der Gesundheitsversorgung Gefangener, S. 2.）。

またバイエルン行刑法64条では、「被収容者が自由な労働に従事している関係にあることを理由に医療保険で被保険者となっている限りで、59条から61条に基づく給付の要求は停止する。」と規定している。これにより、例えば、開放処遇刑務所に収容されている受刑者で、就業しており、そして公的医療保険に加入している場合には、刑務所内での医療的配慮にかかる費用は刑務所が負担するのではなく、公的医療保険によって支払われることになる。

3　ドイツにおける刑務医

（1）　医師は、行刑中における被収容者の保健に関して管轄及び責任をもつ。刑事施設には、公務員である施設医[13]、契約医及び民間医（ごく例外、刑務医の判断に基づき、受刑者の個人負担で治療を受けることができる）がいる。外部医師の招聘は、公務員である専任医師が判断し、最終的に施設長が決定する。とりわけ歯科治療については契約医によってほぼ担われている。

治療上知り得た患者の情報について、一般的に、ドイツ刑法は刑203条で医師の守秘義務を定めている[14]。これにより医師が職務上知り得た患者の情報に関する守秘義務がある。これに対して、刑事施設では、医師は患者の医

---

[13]　専従の施設医師の給与についてであるが、ノルトライン＝ヴェストファーレン州のエッセン刑務所が出した医師の応募（2017年7月1日）によれば、──ノルトライン＝ヴェストファーレン州公務員給与規程によると──一番低い給与として、以下の通りである。

基本給：4974.36 €
既婚者手当：134.34 €
職種に応じた給付：90.83 €
税抜き給与：5199.53 €
所得税：-1374.66 €（Klasse I）
保険料：-75.30 €
税引き後給与：3749.27 €

[14]　ドイツ刑法203条1項「医師、歯科医、獣医、薬剤師……としてそのものに委ねられ又はその他の方法で知らされた、他の者の秘密、特に私的な生活領域に属する秘密……を権限なく漏示した者は、1年以下も自由刑又は罰金に処する。」

療情報について原則的に守秘義務はないとされる。しかし、歴史を振り返ると、ナチ時代において絶滅収容所での大量虐殺や、障害者などの安楽死という名の下での殺害に医師が積極的に関与した経験がドイツ社会にはある。この過酷な歴史に照らして、ドイツ社会では患者の情報に関する守秘義務は非常に重要といえる。それゆえ、刑務所の外よりも内の方が患者としての被収容者の医療情報について細心の注意を払わなければならないはずである。このことを踏まえて、特に重大な場合に、守秘義務を破る義務ではなく、医師には権限があるという理解が出てくる[15]。例えば、施設長に対して情報を開示する場合である。そこでドイツ行刑法182条項で、医師は、行刑官庁の任務遂行のため又は受刑者若しくは第三者の身体及び生命に対する著しい危険を防止するために必要とする限りで、施設長に対して、一般的な保険業務の範囲内で知り得た秘密を開示する権限を有するとされている。

また、例えば、ニーダーザクセン州の医師会職業規則9条2項「医師は、守秘義務に拘束されない又は高次の法益の保護のために開示することが必要な場合に限り、開示する権限がある。」と規定されているが、例えば法廷における証言がこれに該当する。なお、例外としては、伝染病保護法に規定されている病気に関する場合そして重大な犯罪を知った場合である。前者の場合、医師は保健省に報告する義務がある。刑事施設ではない。

医師と被収容者との関係について、ドイツ基本法1条及び2条に基づく自己情報の自己決定権により、治療的措置について医師の説明を求める権利及び記録書類の閲覧を求める権利(行刑法185条)がある。

(2) なお、ドイツには185の刑務所とその支所がある。大規模並び中規模の刑務所では公務員で専任の医師を探すのに苦心しているといわれている[16]。その証拠として、第80回ドイツ全国司法大臣会議(2009年6月24/25日ドレスデンで開催)では、医師不足に関する解決のための決議が出されたほどである。本決議では、刑務所における専従公務員の医師不足を解決するために、各州において医師に関する給与体系を構築し又は特別規則を作ることを

---

15 BETREUUNG IM STRAFVOLLZUG EIN HANDBUCH 2014, S. 123f.
16 BETREUUNG IM STRAFVOLLZUG EIN HANDBUCH 2014, S. 123.

許すとしている[17]。

　実際の行刑の現場では専任の医師不足を契約医で補っている。契約医は、本来の医師としての職業をしている者、退職した公務員医師又は一般医師などである。

（3）　以下のところでは、Klaus Trusch, Zur Epidemiologie der ärztlichen Versorgung im deutschen Justizvollzug, 2011. を主に引用することで、ドイツの刑務所医療について紹介する。

　本書は、2008-2011年にかけて、ドイツ14州を対象にドイツの刑務所医療に関するアンケート（バーデン=ヴュルテンブルク州、ザクセンアンハルト州が無回答だったため）を実施した結果について詳述している[18]。

　本アンケートは、57030人の被収容者（14州）（2010年ドイツ全土では70103人の被収容者）を対象としている。なお、ドイツ全16州では185の刑務所とその支所があるが、一般診療（Allgemeinmedizin）を担当する公務員の刑務所専従医師（140人）、契約医師（97人）が勤務している。それ以外に、（公務員又は非公務員の）歯科医など他の専門領域の医師や他の療法士などがいる。

　契約医は、非公務員の医師であるが、時間単位で契約している場合と、書面で予め勤務内容及び時間を定めている場合とがある。

　刑務所における医師の勤務時間そして一人当たりの受刑者に当てる診療時間のモデルを見ると、

例1　被収容者400人規模の場合：専従医師1人　週40時間労働　年間500人の入所時検診[19]。専従医師の不在時は契約医師によって代替

40×43（年間週）×60（分＝1時間）＝年間労働時間−年間入所時検診×15（1人あたりの検診時間）

(40×43×60)−(500×15)＝95700分

17　80. Konferenz der Justizministerinnen und Justizminister am 24. und 25. Juni 2009 in Dresden.

18　Klaus Trusch, Zur Epidemiologie der ärztlichen Versorgung im deutschen Justizvollzug, 2011, S. 27.

19　感染病保護法36条1項6号に基づき、被収容者は入所時に検診を受ける義務がある。

95700分÷43÷400（受刑者）＝5.56分（１週あたり、被収容者１人に当てる診察時間）

例２　被収容者800人規模の場合：２人の専従医師、年間1000人の入所時検診。各自、週40時間労働（合計80時間）。
(80×43×60)−(1000×15)＝191400分
191400÷52÷800＝4.6分（１週あたり、被収容者１人にあてる診察時間）

例３　900人規模の場合：1.5人の専従医師（週40時間の医師と20時間の医師）、契約医師（週12時間）。１人の専従医師は週６時間８床ある入院部屋で勤務。年間500人の入所時検診。[(40＋20−6＋12)×43×60]−(500×15)＝162780分
162780÷43÷850＝4.45分（１週あたり、被収容者１人にあてる診察時間）
実際のところ、平均して4.6分（被収容者１人当たり）の診療時間（38）（ラインラント＝プファルツ州3.8分からザクセン州6.5分）[20]

　57030人の受刑者のうち79％が公務員の専従医師による診断を受けているとされる。全ての被収容者が公務員の専従医師の診断などを受けているわけではない。ドイツ行刑法158条には「医療的配慮は、専任の医師によって確保されなければならない。それは、特別の理由から、兼任又は契約により義務を負う医師に委ねることができる。」と規定しているが、そうなっていない現実がわかる。ニーダザクセン州行刑法では、このような現実を反映してなのか、同法180条１項「医療的配慮は、原則的に、専任の施設で勤務する医師によって確保されなければならない。」と定められているように、法律で例外を認めている。
　専従の医師と契約医師を区別してみると、専従の施設医は、１週間中、被収容者１人当たり平均5.3分とされる（ラインラント＝プファルツ州3.8分からザクセン州6.5分）。これには入所時検診を含まない。これに対して、週40時間労働で、入所時検診抜きで、453人の被収容者を診察する可能性がある。
　契約医師の場合、時間給、包括的支払、民間医師の支払規則に基づく請求

20　Klaus Trusch, S. 36f.

という様々な給与形態がある。包括的支払、民間医師の支払規則に基づく請求による契約医師の場合、被収容者1人当たり：1.9分、時間給契約医師の場合：3.5分となっている。

　医師の年齢は、年齢を記した専従医師90人のうち15人が60才又はそれ以上（17％）。
平均年齢は51.7才となっている。年齢を記した57人の契約医師のうち、24人（42％）が60才以上、10人（18％）が70才以上。平均年齢56.5才となっている。
　専門分野を確かめることのできた医師110名のうち、一般医療（50％）、内科（22％）、基礎治療医（12％）、外科（11％）、他の専門分野（9％）となっている。

4　刑務所医療における諸問題

　ドイツにおける刑事施設医療の問題の一つとして感染のおそれのある病気とその治療がある。感染病の罹患者はドイツの一般社会に比べて極めて高いとされている。おおよそ21％の被収容者がＣ型肝炎に罹患しており、約1％がHIVに感染していると言われる[21]。また薬物依存にある被収容者は、ドイツの受刑者全体中、約30-40％とされている[22]。
　結核について、ロバート・コッホ研究所の調査によると、2008年入所時検診：108832件、刑務所内での結核件数：53人、刑務所内での発症件数：49件、ドイツにおける発症件数：5.5件、刑務所とドイツ全体との関係：8.9倍となっている。結核感染のそれは一般社会と比較して極めて高いとされる[23]。例えば、ベルリン州（2007年-2010年）の刑務所では、4年間で結核件数：62件、そのうち感染能力のあるもの：60％、性別：94％が男性、平均患者年齢：40才、出生：63％がドイツ以外という結果が出ている。

21　Josef Eckert/Caren Weilandt, Infektionskrankheiten unter Gefangenen in Deutschland: Kenntnisse, Einstellungen und Risikoverhalten, 2008.
22　Heino Stöver, Gesundheit und Gesundheitsförderung im Strafvollzug, in; BAG-S Informationsdienst Straffälligenhilfe 21. Jg. Heft 1/2013, S. 7.
23　Epidemiologisches Bulletin, 17. März 2014 Nr. 11/12, S. 94.

ベルリン州の刑務所を対象にした調査によると、2007年-2010年において54件の結核陽性の事例が報告されている（顕微鏡検査による陽性12件（22,2%）、培養検査のみによる場合22件（40,7%）、細菌証明なしの場合20件（37,0%）、レントゲン検査受診件数30531件、100000人毎の発見の割合177件）[24]。これらの調査から明らかなのは、被収容者の結核者並び感染率の高さと言える。

感染症である結核については、入所時における検診結果が施設職員に認知されていない場合があるとされる。とりわけ、収容時に結核に関した場合に問題が顕在化する。この場合、感染経路を明らかにするために労力を費やすことになる。

治療については原則的に入院治療である。施設からの病院への移送並び滞在に関して、刑の執行を貫徹させるために職員の同伴等多くの人員を要するとされる[25]。

HIVについて、ドイツでは2010年段階で、54000人がHIV感染者であり、40000人が高活性の抗レトロウイルス療法（抗HIV薬による強力な併用療法）を受けている。刑務所では、501人中219人が治療を受けている。これによって発生する治療費用は、年間1事例毎で15000ユーロであり、年間、全体で330万ユーロの費用が発生する。

HIV罹患者に関する秘酒容赦と一般社会の比率[26]

	HIV罹患者の割合（施設）	住民の罹患者	-23%	人口（100万人単位）	住民の罹患者割合	被収容者と一般との比率
Bayern	0,5	9400	7238	12,51	0,058	8,64
Berlin	1,2	11000	8470	3,443	0,246	4.88
Brandenb	0,3	610	69,7	2,512	0,019	16,04
Bremen	1,6	1200	924	0,662	0,140	11,46
Hamburg	1,5	6000	4620	1,774	0,260	5,76

24　Bös L: 2011. Die Tuberkulosesituation im Berliner Justizvollzug 2007 – 2010. Masterarbeit, Berlin.
25　Epidemiologisches Bulletin, 17. März 2014 Nr. 11/12, S. 92.
26　Klaus Trusch, S.51.

Hessen	1,4	7000	5390	6,062	0,089	15,75
Meck-Vor.	0,5	420	323,4	1,651	0,020	25,53
Nieders.	2,1	4700	3619	7,929	0,046	46,01
Nordrh W.	1,0	14000	10780	17,873	0,060	16,58
Rheinl.Pf.	0,4	2400	1848	4,013	0,046	8,69
Saarland	1,0	750	577,5	1,023	0,056	17,71
Sachsen	0,3	1200	924	4,169	0,022	13,54
Schlesw.	1,1	1800	1386	2,832	0,049	22.48
Thüring	0,1	370	284,9	2,25	0,013	7,90
BRD	0,8（548）	60850	46854,5	68,703	0,068	11,73

　Ｃ型肝炎については、被収容者全体51047人の中、Ｃ型肝炎感染者5571人（11％）。その中で治療を受けているのは104人。治療費は、一人当たり年間、20000ユーロから40000ユーロ程度となっている。

5　ヘッセン州における刑事施設の医療事情

（1）　2015年２月にヘッセン州ギーセン刑務所において刑務所医療について視察した。これによりドイツにおける刑務所医療の一端を示すことにする。

　ヘッセン州全体では16の刑務所（３支所）、5439収容房（１又は２人部屋）、全体で、4501人が収容されている（2014年12月31日）。

　職員は、最上級管理職37人、最上級医療職26.5人、最上級心理職51人、上級教育職38.5人、上級刑務官82人、上級社会作業職177.5人、中級刑務官241人、一般刑務官1887.5人、准看護師117人、作業職178人、他の職22.5人、合計2858.5人。

　医療施設として、３つの刑務所と女子刑務所に入院病棟がある。なお、カッセル第１刑務所に中央病院があり、63床が用意されている。

　ギーセン刑務所は２年以下の自由刑の施設（閉鎖および開放施設）である。

　職員は、所長１人、一般刑務官69人、社会作業員３人、心理職員１人、医

師0.5人、准看護師1人、最上級・上級・中級刑務官12人、教誨師2人、薬物依存治療員1人、
外国人指導員1人、名誉職員5人、社会復帰マネージメント2人となっている。

　施設は、閉鎖処遇　独居　73房、2人房　58房

　開放処遇　独居　74房

全部で205房、263人収容可能　（※72の独居房は未決勾留のために使用）。

　施設予算は、13億円程度。

（2）　刑務所内の医療についてヘッセンでは州が払う。厳密には法務省が支払う。ただし、保険に加入している者は保険で支払う（※年受給者が入所した際、保険でまかなわれたことがあった）。

　医師の勤務事情について、医師は1人で週2回勤務、1回で8時間、他の2日は別の施設で勤務する（許可を得ることができれば、他の病院で働くことができる。副職可能）。

　1日あたり10人から15人の被収容者を診断する。なお、簡単な症状については、准看護師（Krankenpflegedienst）が判断して薬を与える。判断が必要な場合には医師の診断（※准看護師。刑務官として武装化されている）。診察時には、准看護師がつきそう。

　医師の黙秘義務については問題が多い。守秘義務があるが、施設長に対しては報告しなければいけない。もし守秘義務を貫徹したい場合には、自分で外部医師に対して支払うことができれば可能である。

（3）　医師の診察を受けるには、大体、あらかじめ刑務官に申告し、それに基づいて診察リストが作成される。これに基づいて診察を受ける。歯科医は週に一回（公務員）。一人の公務員の医師が複数の刑務所を巡回する。いずれも診療を待つことはあまりない。

　週末で医者が不在の場合には、救急車などで対応する（その費用は法務省が支払う）。医師が不在の時には、医師リストの中から医師に連絡して施設に来てもらうこともある。診察代の請求に基づいてこれを施設・法務省が支払

う。ギーセン刑務所では大学病院を含め3つの病院との協力関係がある。

　受刑者が外部の病院で治療を受ける場合、原則2人（例外3人）の刑務官をつける。
宿泊の場合、刑務官1人をつける（※施設外の治療を受けさせるのか否かは、施設長が最終決定）。
薬物・アルコール離脱が必要な場合にはButzbach刑務所に収容される。

（4）　高額医療について。義歯の場合、外部で働いてる被収容者は、50パーセントまで自前で支払う（40万の場合20万円）。そうでない場合には健康に必要な治療について州が支払う。主な病気としては肝炎がある。インターフェロン治療も行う（施設の費用でまかなえないので、施設長が法務省に申請する）。全額を州が支払う。
民営化刑務所と国営刑務所で医療保障に違いはないとされる。

（5）　医師の募集について、2-3年前で医師不足に悩んだ。しかし昇級の期間を早めることや500ユーロの給与の上乗せなどの施策を講じた。ここでも医師探しの問題はあるようである。ギーセン刑務所でも外国人医師を雇用したことがある。
給与→月当たり一番安い5000ユーロ（民間補助医師：4000ユーロ、正医師：8000ユーロ）。

　東欧出身の医師の場合、医師制度の違い、患者との対応、看護師との対応が国によって異なることが問題とされている。

　Krankpflegedienst（1人）は日本でいう准看護師。薬剤師の仕事も行う。

　医師については、旧東ドイツ地域並び町から離れている施設について医師を捜すのが困難な場合がある。

6　まとめ

　ドイツでは刑事施設における専任の医師が不足しており、この点で日本と同じ深刻な問題を抱えている。また、自由な雇用関係を結べない被収容者

は、一般的に健康保険の対象ではない。ドイツでは、被収容者の医療に係る健康保険に関する行刑法上の改正（ドイツ行政法65条2項）が予定されていたにもかかわらず、当該規定は施行されなかった。それは、次の規定である。

ドイツ行刑法198条3項「次の規定は、特別の連邦法により、その間におこなわれた法改正に整合させて、施行される：65条2項2切―病院滞留の際における健康保険給付―」

このように法改正によって被収容者の医療について健康保険の適用が予定されていたにもかかわらず、財政上の問題から施行されていないのが現状である。しかし、その財政上の理由の中身は明らかではない。これに対して、バイエルン州のみであるが、刑務所における受刑者の医療費について、一定程度の割合、社会法典第5編（（公的健康保険法）（Fünftes Buch Sozialgesetzbuch-Gesetzlich Krankenversicherung SGB V））で支払われるようになった。このような保険適用に関する動向から見て、ドイツにおいて被収容者の医療に関して保険適用をする方向が示されていていたし、その方向性はバイエルン州の改革から見て現在も失われていないように思われる。

ドイツ行刑法198条3項にあるように、被収容者の医療について健康保険の適用が望ましいものと考えられていることは間違いない。それは、被収容者の医療は、保安目的ではなく、医療的又は保健的見地から配慮されなければならないという思想を起源とする。このことは医療の同等原則からも明らかであり、これらを踏まえるならば、刑事施設における被収容者の医療については、外部の人々と変わりないものを提供し、これを担保するものとしての健康保険の適用を認めていくべきなのでなかろうか。

[〈特集〉刑事施設医療の改革を考えるために]

福祉につなぐための刑事施設医療のあり方

前　田　忠　弘（甲南大学法学部教授）
魁　生　由　美　子（愛媛大学教育学部准教授）

1　はじめに

　平成28年版犯罪白書によれば、2015年における65歳以上の高齢者の刑法犯検挙人員は4万7632人で、年齢層別では最も多く、2008年以降の高止まり状態を継続しているが、同一年齢層10万人当たりの刑法犯検挙人員である人口比は142.5で、他の年齢層と比較して最も低い。刑法犯の起訴猶予率は、65歳以上が60.6％で他の年齢層よりも高くなっているが、高齢者の入所受刑者人員は2313人、入所受刑者総数に占める高齢者の比率は10.7％で上昇傾向にある。また、入所受刑者人員に占める再入者の人員の比率（再入者率）は高齢者が69.6％で、全体の再入者率59.4％よりも高い。さらに、高齢者の仮釈放率は40.1％で、全体の仮釈放率57.7％よりも低い。
　このような刑事司法制度の各段階に表出する高齢犯罪者について、安田恵美は、「孤立、経済的困窮、コミュニケーション能力の低さ等様々な『生きづらさ』を抱えた、vulnerableな存在である」とし、「検察官や裁判官は、高齢犯罪者の『社会的排除状態』を『再犯の危険性を高める要素』として重視し、それらの事情がより深刻な者に対して、より厳しい対応を選択することが多い」と指摘する[1]。また、葛野尋之は、「刑事司法の深奥に取り込まれ、とくに実刑を受けることになると、それにともない一般社会における福祉的・医療的支援がますます遠のいていくことから、そのような負の影響を

1　安田恵美『高齢犯罪者の権利保障と社会復帰』（法律文化社、2017年）162頁。

回避しつつ、必要な支援へとつなげるために、早い段階で刑事手続から離脱させることが主要な課題となる」とする[2]。

そこで本稿は、認知症などに起因して、介護を必要とする高齢受刑者に焦点を当て、福祉につなぐための刑事施設医療のあり方につき、刑事司法・刑事政策学的視点【2,3, =前田】および社会学・社会福祉学的視点【4,5, =魁生】から検討する。

2 介護を必要とする高齢受刑者の生活

(1) 高齢受刑者への法的配慮

刑事施設医療の原則について、刑事収容施設法（刑事収容施設及び被収容者等の処遇に関する法律）56条は「刑事施設においては、被収容者の心身の状況を把握することに努め、被収容者の健康及び刑事施設内の衛生を保持するため、社会一般の保健衛生及び医療の水準に照らし適切な保健衛生上及び医療上の措置を講ずるものとする」と規定する。矯正医療の水準について、行刑改革会議は「国は、基本的に、一般社会の医療水準と同程度の医療を提供する義務を負い、そのために必要な医師、看護師その他の医療スタッフを各施設に配置し、適切な医療機器を整備し、被収容者が医師による診療を望んだ場合には、合理的な時間内にこれを提供する責任を負うと考えるべきである」とし、56条もこのような趣旨を明確にするために規定されている[3]。そして、高齢受刑者に対する養護的措置につき、刑事収容施設法65条1項は「刑事施設の長は、老人、妊産婦、身体虚弱者その他の養護を必要とする被収容者について、その養護を必要とする事情に応じ、傷病者のための措置に準じた措置を執るものとする」と規定する。

「老人」とは高齢者虐待防止法等の「高齢者」の定義に従えば65歳以上の者と考えられるが、「これは、あくまでも目安であり、本条の対象となるか否かは実質的に養護のための措置の対象となるか否かによるものであり、年齢に関わりなく、『老衰が顕著に認められる者』」が該当するとされている[4]。

2　葛野尋之「高齢者と刑事手続」法学セミナー754号（2017年）20頁。
3　林眞琴・北村篤・名取俊也『逐条解説　刑事収容施設法』（有斐閣、2010年）219頁。

また、「傷病者のための措置」とは刑事収容施設法62条1項が規定しており、具体的には、①診察、②栄養補給、③病室への収容、④安静、⑤特別の衣類、寝具、日用品等の使用、⑥身体の状態に応じた食事の支給などが含まれる[5]。これらの措置に加えて、実際には、主に同房の受刑者による食事、入浴、排せつ等の介護が行われている。

（2）　高齢受刑者の医療と福祉

　医師の診療を受けた被収容者のうち医療上の必要により病室またはこれに代わる室に収容されて治療を受けた、高齢既決拘禁者の「休養患者」の人員は20年間で約3.7倍、2015年には2233人に増加し、休養患者総数に占める高齢者の比率は1996年の5.3％から2015年の20.5％に上昇した[6]。また、高齢既決拘禁者の死亡者の人員は1996年の27人から135人へと5倍に増加し、死亡受刑者総数に占める高齢者の比率は28.7％から57.2％に上昇した[7]。

　また、法務総合研究所が、高齢者および精神障がいを有する受刑者を対象に実施した特別調査[8]によれば、高齢受刑者293人の出所時の処遇指標は、「精神上の疾病又は障害を有するため医療を主として行う刑事施設に収容する必要があると認められる者（M）は3人、身体上の疾病又は障害を有するため医療を主として行う刑事施設等に収容する必要があると認められる者（P）は7人、精神医療のために医療を主として行う刑事施設に収容する必要はないが、精神医療上の配慮を要する者（m）は39人（高齢受刑者の13.3％）、身体医療のために医療を主として行う刑事施設に収容する必要はないが、身体医療上の配慮を要する者（p）は209人（同71.3％）、入浴、排せつ、歩行等日常生活における基本動作に支障があり、居室の指定、作業の指定その他の

4　林他・前掲注3）266頁。
5　林他・前掲注3）267頁。
6　法務総合研究所「高齢者及び精神障害のある者の犯罪と処遇に関する研究」法務総合研究所研究部報告56号（2017年）31頁。
7　法務総合研究所・前掲注6）32頁。
8　高齢受刑者または精神障がいを有する受刑者の実態と社会復帰支援策の一つである特別調整の実情を把握することを目的とし、刑務所62庁、少年刑務所7庁、拘置所8庁および刑務支所8庁に調査票を送付して実施した。

処遇上の配慮を要する者（s）は56人（同19.1％）」[9]であり、高齢受刑者の7割以上が身体医療上の配慮を必要としていた。

　刑事施設における医療は傷病の治療にとどまらず、受刑者の社会復帰に必要な健康を増進するという観点が必要である。とりわけ、再入所者で7割を占める高齢受刑者の医療的・福祉的ニーズに応えることは喫緊の課題となっている。刑事施設においては、2014年度から福祉専門官（社会福祉士または精神保健福祉士の資格を有する常勤職員）を配置し、2016年度には全国34庁で各1名が配置されている。

　高齢または障がいを有する受刑者に対し、2015年度において4庁の刑事施設、61名（うち高齢者28名）に、「社会復帰支援指導プログラム」が試行されている。「その内容は、生活能力（金銭管理や会話スキル、対人関係スキル等）の習得、動作能力や体力、健康管理の維持・向上といった、日常生活を送る上で必要となる基本的な内容に関する指導のほか、更生保護や社会福祉に対する理解を深めさせるための指導、再犯防止や出所後の生活設計に関する指導など多岐にわたっている」[10]。また、高齢受刑者の出所後の社会生活に必要となる体力等の維持・回復を図るため、2013年度から、健康運動指導士による身体機能や生活能力を維持・向上させるための改善指導が14庁で実施され、2016年度には28庁に拡大されている[11]。

　といっても、実際には、医師、臨床心理士、精神保健福祉士、介護福祉士など高齢受刑者の医療的・福祉的ニーズに応える人的資源の不足、保安の重視と医療・福祉的ニーズの軽視により、なお現状が十分でないことを指摘する見解は少なくない。

　2017年12月15日に閣議決定された「再犯防止推進計画」[12]は、「政府においては、矯正施設出所者等に対する支援（出口支援）の一つとして、受刑者等のうち、適当な帰住先が確保されていない高齢者又は障害のある者等が、矯

9　法務総合研究所・前掲注6）169頁。
10　法務総合研究所・前掲注6）130頁。
11　法務総合研究所・前掲注6）130頁。
12　2016年に制定された「再犯防止推進法」7条1項は、政府は「再犯防止推進計画」を定めなければばらないと規定している。

正施設出所後に、社会福祉施設への入所等の福祉サービスを円滑に利用できるようにするため、地域生活定着支援センターの設置や、矯正施設及び更生保護施設への社会福祉士等の配置を進め、矯正施設や保護観察所、更生保護施設、地域生活定着支援センターその他の福祉関係機関が連携して必要な調整を行う取組（特別調整）を実施してきた」（第3.1(1)）との現状認識に立って、法務省は「福祉サービスのニーズを早期に把握して福祉サービスの利用に向けた支援等を実施することにより円滑な福祉サービスを利用できるようにするため……矯正施設における社会福祉士等の活用や、保護観察所における福祉サービス利用に向けた調査・調整機能の強化を図る」（第3.1(2)①ア）とし、「歩行や食事等の日常的な動作全般にわたって介助やリハビリを必要とする受刑者等が増加していることを踏まえ、高齢者又は障害のある者等である受刑者等の円滑な社会復帰のため、体力の維持・向上のための健康運動指導や福祉サービスに関する知識及び社会適応能力等の習得を図るための指導について、福祉関係機関等の協力を得ながら、その指導内容や実施体制等の充実を図る」（第3.1(2)①イ）とし、法務省および厚生労働省は、「高齢者又は障害のある者等であって自立した生活を営む上での困難を有する者等に必要な保健医療・福祉サービスが提供されるようにするため、矯正施設、保護観察所及び地域の保健医療・福祉関係機関等との連携が重要であることを踏まえ、矯正施設、保護観察所及び地域生活定着支援センターなどの関係機関との連携機能の充実強化を図る」（第3.1(2)①ウ）とした。

（3）　認知症受刑者の福祉的支援

　高齢受刑者には多数の認知症傾向のある者が含まれている。認知症とは、日本神経学会の定義によれば、一度正常に達した認知機能が後天的な脳の障害によって持続的に低下し、日常生活や社会生活に支障をきたすようになった状態をいう。法務省矯正局が行った「認知症傾向のある受刑者の概数調査」によれば、2014年末の時点で60歳以上の受刑者から無作為に抽出した451人のうち、調査可能であった429人に改訂長谷川式簡易知能評価スケール（HDS-R）を実施し、その結果は、60歳以上の59人（13.8％）、65歳以上では51人（16.7％）に認知症傾向が認められた。この割合で計算すると、2015年6月

時点における60歳以上の受刑者9710人のうちおよそ1300人、65歳以上の受刑者6280人のうちおよそ1100人が認知症傾向のある受刑者と推定される[13]。そして、認知症の受刑者は、原則的に医療刑務所には送致されないので、ほとんどが一般刑務所に収容されている[14]。

認知症のケアの基本は、「『いつでも、どこでも、その人らしく』暮らせるように支援し、本人の言動を本人の立場で考えてみること」[15]であるとされている。とすれば、とりわけ認知症の高齢受刑者にとっては、わが国の行刑の基本である「担当制」に固執することなく、人間らしい処遇を実現する体制を整備し、釈放後の生活再建のための援助を促進することが刑務所に求められている。たとえば、個別的な配慮や対応が必要な受刑者の処遇は、運動、入浴または面会を除いて、昼夜、居室において行うことも可能である（刑事収容施設法76条1項）。

また、引受人のない受刑者の帰住を支援する「特別調整」は受刑者本人の同意が条件となるが、特別調整を拒否する受刑者や同意を取ることが困難な受刑者への対応が課題として挙げられている。「刑務所出所者における認知症者の実態についての検討委員会（以下、検討委員会）」は、まず第1に、受刑者本人の同意を獲得するため、つぎの4点を課題として指摘する[16]。

①刑務官への周知

実際に日々、高齢受刑者等の福祉的支援を要する特別調整候補者を処遇する刑務官は、支援の必要性や内容について基礎的な知識を修得する必要があり、「社会復帰支援指導を一層効果的に行うことができるよう、特に高齢または障がいを有する受刑者を処遇する刑務官に対する認知症等の特性や福祉サービスに関する基礎的な研修の実施が必要である」。

②受刑者への周知

本人が福祉的支援を拒否すると返答したとしても、支援の内容の理解自体

---

13 法務省矯正局「認知症傾向のある受刑者の概数調査（報告）」（2016年）4頁。
14 浜井浩一「刑事司法と認知症」季刊刑事弁護91号（2017年）178頁。
15 日本神経学会『認知症疾病治療ガイドライン2010』75頁。
16 南高愛隣会「刑務所出所者における認知症者の実態調査と課題の検討」報告書（2016年）7‐9頁。

ができていない可能性や誤解している可能性がある。受刑者には教育水準や説明を理解する能力が低い人も多く、各人の能力に応じた丁寧で分かりやすい説明が必要である。

③刑事施設外処遇の活用

　福祉的支援が必要な高齢受刑者等には、出所前に福祉事業所の見学や体験利用の機会を設け、利用するかもしれない福祉的支援をしっかり理解し、また、受入れ側も刑務所内ではなく実際の場でのアセスメントを行い、それは、受け入れ側に安心感を与え、ひいては受入れ促進につながる。

④法的な諸問題への気づき

　弁護士の職域拡大が求められる中、認知症があるが故に法的な問題を抱えた人たちの円滑な社会復帰のために刑務所の中に法的支援の体制整備が必要である。

　第2に、「検討委員会」は、円滑な福祉への移行とその後の定着のため、①行政が「ハブの役割」を担える体制の整備、②受入先につなぐための「一時的な帰住先」の拡充、③出所後の福祉的支援を実施する責任の明確化、④出所後の高齢者の権利を擁護する担い手の確保を課題として指摘した[17]。

　第3に、「検討委員会」は、受け入れやすさを確保するため、①一般社会において大勢の認知症者が入所を待っている状況で、出所者の受入れを進めていくためには、認知症者を受入れた福祉施設に対しては加算をつける仕組みが必要であること、②受入れ福祉施設が安心感を持つことが受入れ促進につながるため、刑事施設外処遇の活用、医療情報等の提供、成年後見制度の利用など、安心感をうむ方策と体制整備が重要であることを提言した[18]。

3　福祉につなぐ刑事施設医療のあり方
——刑事司法・刑事政策的アプローチ——

(1)　刑事手続における「高齢」の配慮

　医療的・福祉的支援を必要とする高齢犯罪者を、刑事施設への収容にとも

17　南高愛隣会・前掲注16) 9-11頁。
18　南高愛隣会・前掲注16) 11-12頁。

なう負の影響を回避しつつ、必要な支援へとつなぐためには、早い段階で刑事手続から離脱させることが主要な課題となる[19]。

とりわけ認知症を有する高齢犯罪者の場合には、その訴訟能力が問題となるが、裁判所の判断は定まっていない。

佐賀地方裁判所は、妻を多数回にわたって切りつけ、約2週間の加療を要する傷害を負わせた犯行時96歳の被告人に対して、「被告人には、現在、単独で、刑事裁判の被告人としての重要な利害を弁別し、その判断に従って相当の防御をすることができる能力が欠如していることは明らかであり、また、コミュニケーションの困難さや、理解力、記憶力、情報処理能力の著名な低下といった諸点（特に弁護人による助言や説明について直後の公判においても記憶を維持できないというのは致命的である。）に照らすと、弁護人の援助や裁判所の後見的な役割をもってしても、これを補うことは困難というべきである……今後、判決の宣告という刑事被告人にとって最も重大な利害関係にある手続きが残されており、このまま公判手続を進めることは、被告人の防御に著しい不利益を与えるものであることはいうまでもない」とし、刑事訴訟法314条1項の心神喪失の状態にあって訴訟能力を欠き、公判手続を停止すべき場合であると認められるとした[20]。

一方、東京簡易裁判所は、窃盗罪で懲役1年の服役を終え、出所後、要介護認定1の判定を受けて、介護保険サービスによる訪問介護を受けていた被告人の訴訟能力につき、「被告人は、当公判廷において、自分が起訴状記載の罪について裁判を受けているという立場にあること、さらには、黙秘権を始めとする基本的な権利や、検察官、弁護人の役割についての基本的な部分について理解し、訴訟関係人からの質問には、概ね質問に沿った応答をしており、十分意思を伝達することができていると認められる。従って、被告人は、被告人としての重要な利害を弁別し、それに従って相当な防御をする能力、すなわち訴訟能力を有するものと認められる」としたが、量刑については、出所後7か月の再犯で被告人の責任は軽くはないとしつつ、「本件の被害額は450円と軽微な事件であり、被害品も被害者に還付されていること、

19　葛野・前掲注2）20頁。
20　佐賀地決平21.10.16 LEX/DB 文献番号25460224。

被告人は逮捕後約10か月弱の拘束を受け、その認知症も進行しつつあることが伺え、被告人のような認知症患者は、刑務所内で矯正教育を受けさせることよりも、認知症による能力の低下を適切に判断し、更に高血圧等の内科的疾患にも配慮しつつ、安定した地域生活を送れるように福祉支援を得ながら、再犯の防止を図ることが適当であると考えられる」として罰金刑を言い渡した[21]。

これとは反対に、「高齢」であることは、量刑ではなく刑の執行停止によって配慮されるべきとした判例もある。高知地方裁判所は、折り合いの悪かった同居中の次男の妻を殺害した92歳の被告人に対して、「高齢であり、比較的健康体ではあるものの、刑務所内における処遇に多少の不安が残ること、家族に年老いた妻（89歳）がおり、被告人の１日も早い社会復帰を待ち望んでいるであろうことなど、被告人に有利な事情も認めることができる。しかしながら、高齢のために処遇上の不安が生じた場合は、むしろ刑の執行停止（刑事訴訟法482条２号）の方法により対応するのが筋であり、また、被害者の落ち度や家庭の事情、その他被告人に有利な右の諸事情を十分考慮しても、本件犯行の態様及び結果、殊に人の命が何物にも代え難いことなどをかんがみると、本件を執行猶予に付すべき事案と見ることはできないものというべく、結局のところ、被告人を実刑に処するのもやむを得ない」とした[22]

（２） 早期釈放制度

拘禁にともなう疾病や障がいの進行を回避し、適切な医療的・福祉的支援を確保するためには、早期釈放制度の積極的な活用が必要である。

高齢受刑者に適用可能な早期釈放制度としては、刑の執行停止（刑事訴訟法482条）と仮釈放（刑法28条）がある。しかしながら、高齢受刑者に対するこれらの制度の適用は消極的で、その背景には、早期釈放に対する「安全」の視点からの強い抵抗があるとされている[23]。

刑事訴訟法482条は、「刑の執行によって、著しく健康を害するとき、又は

21　東京簡判平26. 9. 4 LEX/DB 文献番号25505278。
22　高知地判平5. 10. 13 LEX/DB 文献番号28025104。
23　安田・前掲注１）190頁。

生命を保つことのできない虞があるとき（1号）」、「年齢70年以上であるとき（2号）」、「刑の執行によって回復することのできない不利益を生ずる虞があるとき（5号）」に刑の執行を停止することができると規定する。1号、2号は、受刑者の心身の状態が刑の執行に適さない場合を規定したもので、執行停止によって刑事施設から釈放されるが、入院等の措置は必要ではない。執行停止の請求権が受刑者等に認められるかについては、「執行事務規程29条が『刑の言渡しを受けた者又はその関係人』からの上申を受けて停止の適否について審査することを想定していることからすれば、厳密な意味での請求権とまではいえなくても、受刑者やその関係人には執行停止の申立権があると解するべきである」[24]とされている。

　さきにみた東京簡易裁判所平成26年9月4日判決のように、長期間の未決拘禁が行われ、その間に病状が進行したような場合を考えると、受刑者のみならず、否、無罪推定の法的地位にある未決勾留者だからこそ、積極的な釈放が認められるべきである。

　刑事訴訟法90条は、「裁判所は、適当と認めるときは、職権で保釈を許すことができる」と規定し、権利保釈を補完している。「犯罪の性質・態様、被告人の性格・行状・健康状態、家族関係などを考慮して、適宜裁量保釈を認める場合は当然ありえる」とされている[25]

　また、刑事訴訟法95条は、「裁判所は、適当と認めるときは、決定で、勾留されている被告人を親族、保護団体その他の者に委託し、又は被告人の住居を制限して、勾留の執行を停止することができる」と規定する。勾留の執行を一時的に停止して、拘禁を解く制度で、保釈とは異なり保証金を必要としない。実務上は、被告人が病気になった場合も認められた事案がある[26]。

　そして、刑法28条は、仮釈放の要件として、有期刑については刑期の3分の1、無期刑については10年を経過したことと、改悛の情があることの2点を規定する。仮釈放許可の基準につき、「犯罪をした者及び非行のある少年

---

[24] 後藤昭・白取祐司編『新・コンメンタール刑事訴訟法』（日本評論社　2010年）1097頁。
[25] 後藤・白取編・前掲注24）202頁。
[26] 後藤・白取編・前掲注24）208頁。

に対する社会内における処遇に関する規則」28条は、「懲役又は禁錮の刑の執行のため刑事施設又は少年院に収容されている者について、悔悟の情及び改善更生の意欲があり、再び犯罪をするおそれがなく、かつ、保護観察に付することが改善更生のために相当であると認めるときにするものとする。ただし、社会の感情がこれを是認すると認められないときは、この限りではない」と規定する。仮釈放を許可する機関は地方更生保護委員会で、仮釈放の審理は、原則として被収容者本人と面接し、仮釈放の適否、時期、特別遵守事項等について行われる。

　高齢者の仮釈放率は出所受刑者全体の仮釈放率と比べて低く、これは、引受人がいないなど、釈放後の帰住先を確保できない高齢受刑者が多くいることなどによると考えられる。仮釈放は、受刑者の社会復帰の促進にとって重要な意義を有し、とりわけ刑務所内における医療的・福祉的支援の現状を直視すれば、高齢受刑者を早期に釈放し、社会内の専門機関につなぐことが緊要である。

(3) 被疑者・被告人への福祉的支援（入口支援）

　刑事訴訟法248条は「犯人の性格、年齢及び環境、犯罪の軽重及び情状並びに犯罪後の状況により訴追を必要としないときは、公訴を提起しないことができる」とし、検察官による起訴猶予処分を規定する。これには、法益侵害がきわめて軽微で、処罰の必要性が存しない場合に、裁判の負担を緩和し、短期自由刑の弊害を緩和するという利点がある。

　起訴猶予処分を活用して、高齢者や障がい者を刑事手続から離脱させ、福祉的支援へとつなぐ取組みが積極的に行われている。2013年から試行された「更生緊急保護事前調整モデル」は、検察庁と保護観察所が連携し、起訴猶予による更生緊急保護が見込まれる勾留中の被疑者について、検察庁の依頼を受けた保護観察所が釈放後の住居の確保や福祉的支援に向けた調整を行い、それを踏まえて検察庁が起訴・不起訴を決定する取組みであり、このほか、社会福祉士が被疑者・被告人への福祉的支援に関する助言・調整を検察官に行う「社会復帰支援室」（東京地方検察庁）、被害者支援と加害者の再犯防止を目的とする「刑事政策支援室」（仙台地方検察庁）など多くの検察庁にお

ける実践例が報告されている。

　このように、医療的・福祉的支援を必要としている高齢者の実刑を回避し、刑事手続から早期に離脱させて、必要な支援につなぐ「入口支援」に大きな関心が集まっている。しかしながら、それは、刑事司法の原則や刑事手続の基本構造との関連において、深刻な問題をはらんでいるとし、葛野尋之はつぎのように指摘する[27]。すなわち、①裁判所の有罪認定前の再犯防止措置を正当化するためには被疑者の真摯な同意が必要である。②有罪認定に先立ち再犯防止のための積極的処遇を行うことは、無罪推定の法理に抵触する。③積極的な再犯防止措置を起訴猶予の「条件」として実質的に強制することは、適正手続上、重大な疑義がある。④捜査手続が肥大化し、起訴が厳選されることになれば、公判中心主義が後退する結果となる。⑤再犯防止のための積極的処遇の決定を検察官に委ねることは、検察官の「準司法官」的性格を承認することであり、現行刑事訴訟法における捜査・訴追機関たる当事者としての検察官の基本的地位・役割と整合しない。そして、葛野は、医療的・福祉的支援を必要とする高齢者を刑事手続から早期に離脱させる手段として、起訴猶予に強く依存すべきではなく、立法論としては、刑の宣告猶予を制度化すべきであるとした。

　検察庁の入口支援が、福祉的支援を受けることを「強制」したり、刑事処分との取引材料にするような取組みであるとすれば、それは、「福祉が刑事司法に取り込まれた」との誹りを免れない。それを回避するためには、起訴猶予処分と関連する福祉的支援が、憲法の生存権を実質的・具体的に保障する、一般社会福祉業務として位置づけられることに加えて、高齢や障がいなどのために自らを防御する力が弱い人の適正手続を実質的・具体的に保障することが焦眉の課題となっている[28]。

(4) 今後の課題
①オーストラリアにおける新しい刑事司法のアプローチ

27　葛野・前掲注2) 23頁。
28　拙稿「刑事司法・刑事政策における福祉的支援」浅田和茂先生古稀祝賀論文集（2016年　成文堂）667頁。

オーストラリア各州においては、アボリジニーとトレス海峡諸島の人々に加えて、青少年、ホームレス、精神障がい、認知機能障がいおよび聴覚障がいを有する人々など、社会的に特別な支援を必要としている人々が、人口に比して不均衡に多く拘禁されていた。この状況を背景に、ビクトリア州においては、「効果」、「根拠」、「人権」をキーワードに地域社会の安全を目指す「スマート・ジャスティス（Smart Justice）」が台頭し、南オーストラリア州においては、「治療法学（Therapeutic Jurisprudence）」に根ざして、2020年に向けて司法制度ビジョンが提案されている。さらに、2017年、西オーストラリア州においては、従来の厳罰的アプローチ（Tough on Crime）を批判した「Social Reinvestment WA」が登場した。これら諸州の新しい刑事司法政策を構成するアプローチが、「Justice Reinvestment」で、それは、社会的支援と経済的発展に投資することによって、犯罪と再拘禁の循環を断つことを目的とし、拘禁のリスクとコストを削減し、地域社会への再統合（reintegration）を可能とすることが期待されている[29]。

オーストラリアでは、拘禁や再犯につながる背景として、人種や民族、障がい等による差別や不利益があることを確認し、伝統的な刑事司法や犯罪者処遇の枠組みを超えて、健康・医療、労働、教育、住宅政策を担当する機関を含む政府全体での対応、政府以外の組織との連携・協働を、調査研究・政策立案・政策実施・評価改善の各段階において求めている。一方で、拘禁を回避し、再犯を防止する方策として活用されているダイバージョン（diversion）については、捜査機関の裁量の拡大や適正手続の形骸化を危惧し、関係職員の研修の必要性が課題として挙げられている。

②わが国における高齢受刑者の医療的・福祉的支援と「再犯防止推進計画」

2016年に犯罪対策閣僚会議が決定した「薬物依存者・高齢犯罪者等の再犯防止緊急対策」は、立ち直りに医療的・福祉的支援を必要とする高齢者・障がい者等が、警察、検察、矯正、保護といった刑事司法の各段階において、適切な時期に必要な支援を受けられるようにするとし、具体的な取組みとし

---

[29] Mark Brown and Diana Johns, Imprisonment and detention, in Criminal Justice: A Guide to Criminology（Darren Palmer et al.eds.2017), p504.

ては、矯正施設に収容されている高齢者・障がい者等のうち、とくに自立が困難な者については、引き続き、特別調整を着実に実施するとし、また、高齢化等に対応した刑務所等の処遇について、「健康上の問題を抱える高齢受刑者等に適切に対応できるよう、地域の医療機関との連携強化や、矯正施設で勤務する医師の確保を含む医療体制の充実を図る」ことを明らかにした。

2017年の「再犯防止推進計画」は、オーストラリアでも課題とされた関係職員の研修につき、「法務省は、刑事司法の各段階において、犯罪をした者等の福祉的支援の必要性を的確に把握することができるよう、刑事司法関係機関の職員に対して、高齢者及び障害のある者等の特性等について必要な研修を実施する」（第3.1(2)①オ）としている。

また、保健医療・福祉サービスの利用に向けた手続の円滑化について、「法務省は、住民票が削除されるなどした受刑者等が、矯正施設出所後速やかに保健医療・福祉サービスを利用することができるよう、総務省の協力を得て矯正施設・保護観察所の職員に対して住民票に関する手続等の周知徹底を図るなどし、矯正施設在所中から必要な支援を実施する」（第3.1（2）②ウ）とした。さらに、刑事司法関係機関と保健医療・福祉関係機関との連携のあり方については、2年以内を目途に結論を出し、その結論に基づき施策を実施する（第3.1(2)③イ）としている。

最後に、「福祉につなぐ刑事施設医療」という視点からは、「明石市の更生支援の取組み」に注目する必要がある。「つなぐ（関係機関等によるネットワークの構築）」の一環として、高齢受刑者の再犯防止等を目的に、・社会福祉法人による介護指導、・明石市から介護・認知症予防等教材の提供、・社会福祉協議会による介護・認知症予防の研修、・市内医療機関による介護認定のための診察と意見書作成などが、神戸刑務所における地域連携モデル事業として実施されている。このような取組みは、医療・福祉関係者が罪を犯した高齢者に接し、理解する機会となり、それは地域社会で受入れる人々を安心させ、また、地域社会に帰住することになった高齢者を、「元・犯罪者」としてではなく、一般社会福祉業務の対象者として受入れることを推進するように思われる。

（前田忠弘）

4 介護を必要とする高齢退所者の地域生活

　高齢受刑者の施設内処遇が社会問題化して久しい。多くの読者を獲得した元衆議院議員の山本譲司による『獄窓記』[30]、『累犯障害者』[31]、そして証券取引法違反により服役した堀江貴文による『刑務所なう。』[32]等では、彼らが刑務所内で障害や高齢により身辺自立に問題を抱える受刑者に対するさまざまな「介護」を行ったことが記されている。当然のことながら、刑務所は本来更生と社会復帰のための施設であるので、年齢、疾病・障害の有無に関係なく、受刑者は必ず退所する。2006（平成18）年1月7日未明、退所のわずか8日後、帰住先のない高齢退所者（当時74歳）がJR下関駅に放火し全焼した事件は、退所後に自力で生活ができないため累犯する高齢者の問題と、本人による生活保護の申請に対して適切な相談を行わず、福祉的対応を怠った自治体の問題を改めてクローズアップした。

(1) 日本社会の超高齢化

　日本は65歳以上の高齢者の人口比率が世界でもっとも高い超高齢社会である。『平成29年版高齢社会白書』によると、2016（平成28）年10月1日時点の高齢化率は27.3%である。およそ10年後には30%台になり、将来的には40%近くに達すると推計されている。

　このように、今後さらなる超高齢化が進む日本は、縮小社会でもある。2008（平成20）年に1億2,808万人とピークに達した人口は、その後減少が続いている。明治以降の急激な人口増加を経て、「今後は一転して人口減少社会へ突入し、我が国の人口は急勾配の下り坂を降りていくことが見込まれている」[33]。15歳から64歳の人口は2000年代に入って以降、2015年から2016年に

---

[30] 山本譲司『獄窓記』（ポプラ社、2003年）（新潮文庫、2008年）
[31] 山本譲司『累犯障害者』（新潮社、2006年）（新潮文庫、2009年）
[32] 堀江貴文『刑務所なう。』（文藝春秋、2012年）、『刑務所なう。完全版』（文春文庫、2014年）
[33] 厚生労働省『厚生労働白書（平成28年版）人工高齢化を乗り越える社会モデルを考

微々増がみられるものの、減少が続いている。周知のように少子化の進行は止まらない。

　高齢者の介護ニーズは増大するが、世帯人員の少ない核家族が介護を全面的に引き受けることは不可能である。介護を社会化する制度として、2000（平成12）年に介護保険がスタートした。予算面で大局をみておくと、社会保障給付費全体では2014（平成26）年度は112兆1,020億円となり過去最高の水準であった。国民所得に占める割合は、30.76％（前年比0.07ポイント減）である。社会保障給付費のうち、高齢者関係給付費が占める割合は67.9％となっている。政府は急速に膨張する社会保障費に歯止めをかけるべく、介護報酬の切り下げ（2015（平成27）年）を行う一方、ケアの効率化を狙った処遇改善加算の拡充、看取りの充実や重度者・認知症高齢者の積極的な受け入れを評価する日常生活継続支援加算を行った。介護現場の実態をみると、制度の要である介護人材の離職率が高く、慢性的なマンパワー不足が続いている。「平成28年度介護労働実態調査」（公益財団法人　介護労働安定センター）によると、2015（平成27）年10月1日から2016（平成28）年9月30日の1年間で離職率の状況は16.7％となっており、介護サービスに従事する従業員の過不足状況を見ると、不足感（「大いに不足」＋「不足」＋「やや不足」）は62.6％であった。

　これを改善すべく、3年に一度行われる介護報酬の見直しに先立って、平成27年度から介護職員の報酬は1万円程度引き上げられた。それでも平均基本給は179,680円、そこに手当や一時金を加えると289,780円、非常勤の時給平均は1,110円である[34]。現時点でも「介護難民」の問題が指摘されている都市部のみならず、地方においても介護現場で働くマンパワーは常に不足し、介護職員を引き抜きあうような状態もまれではない。心身を酷使し、特に腰痛等のリスクを負う介護労働に対する報酬の低さについては、報酬引き上げ後も現場から怨嗟の声が多数上がっている。

　今後の約15年は65歳から74歳の前期高齢者の人口が減少期に入り、75歳以上の後期高齢者が増加すると見込まれている。2012（平成24）年時点の認知症患者数は462万人であり、65歳以上の高齢者の7人に1人（有病率15.0％）であ

える」

34　厚生労働省「平成28年度介護従事者処遇状況等調査結果の概要」

ったが、2025（平成37）年には約700万人、5人に1人になると見込まれており、介護ニーズはさらに増大すると予想される。また、待機者の問題も一向に改善されない。特別養護老人ホームへの入居希望者のうち入居できなかった待機者は、2016（平成28）年4月時点で約36万6千人であった。前回調査2013（平成25）年10月時点より16万人近く減少したが、これは比較的軽度な「要介護2以下」の高齢者の入居を原則認めないとした入居要件の厳格化の結果である[35]。入居を希望する時点で、自宅介護が困難になっていると推察され、少しでも早く「空き」施設を確保するために複数件入居希望を出しているケースが多いことを含みこんでも、約53万4人定員の特別養護老人ホーム（＝介護老人福祉施設）[36]に対して約36万6千人の待機者がいる状況では緊急度が高くないかぎり必要なタイミングで入所できるケースは少ないであろう。

施設における虐待の問題も深刻である。養介護施設従事者等による高齢者虐待の相談・通報件数と虐待判断件数は過去十年激増しており、虐待判断件数をみると2006（平成18）年の54件が2015（平成27）年には408件となっている[37]。以上のように、「塀の外」の高齢者介護をめぐる状況も大変厳しいということをまずは押さえておきたい。

（2）　受刑者の高齢者率の増加
――1割以上が高齢者、高齢者入所者の7割近くが再入所――

全国の受刑者数は2006（平成18）年8万1,255人から2015（平成27）年末の5万8,497人へと、一貫して減少している。その一方で、高齢受刑者は増加している。高齢者の刑法犯検挙人員の罪名は、窃盗の割合が最も高く、男性は65～69歳の者の約5割、70歳以上の者の約7割を占める。高齢受刑者男性の2割が傷害・暴行、65～69歳では1割強が覚せい剤取締法違反である。女性高齢者は約9割が窃盗、そのほとんどが万引きである。

---

[35] 朝日新聞　2017年3月27日
[36] 厚生労働省「平成28年介護サービス施設・事業所調査の概況」
[37] 厚生労働省「平成27年度　高齢者虐待の防止、高齢者の養護者に対する支援等に関する法律に基づく対応状況等に関する調査結果」

高齢者の入所受刑者人員の推移をみると、総数及び女性共に最近20年間で大幅に増加している。入所受刑者総数の高齢者率も上昇傾向にあり、2015（平成27）年に刑務所に入った人のうち65歳以上の高齢者の割合は10.7％で、20年前の2.2％からほぼ一貫して増え続けている。さきほどみたとおり、2012年時点で日本全国の65歳以上の認知症有病率は15.0％であった。法務省矯正局「認知症傾向のある受刑者の概数調査」（平成28年1月）によると、60歳以上の受刑者のうち、認知症傾向のある受刑者は約14％で全国に約1,300人、65歳以上では約17％で全国に約1,100人いると推計されている。高齢受刑者のうち「医療刑務所等に収容する必要はないが、身体医療上の配慮を要する者が約7割、日常生活における基本動作に支障があり、処遇上の配慮を要する者が約2割を占めている」こともわかっている[38]。高齢者の再入所率が非常に高い点にも留意が必要であり、平成27年は73.0％であった。うち女性は、近年50％前後で推移している。

　「老人がメイン」であったという「黒羽刑務所第16工場」でお世話係である「用務者」を務めたという本間は、この16工場に適応できない高齢受刑者が集められる「養護工場」があったと述懐している。「そこは一応工場と呼んではいるものの、作業といえば紐を結んだり解いたりする程度で生産作業はなく、もはやお互いの会話もないので一日中シーンとしていると聞いたことがある。彼らとは何度か入浴の際にすれ違ったことがあったが、もはや他人に興味を示すものはまったくなく、不自由な体を引きずるように歩いていくさまは本当に痛々しかった。」[39]。これがしばしばメディアでも報道される「刑務所の福祉施設化」の一端であろう。

　犯罪対策閣僚会議は2015（平成27）年に「刑務所出所者等に対する福祉・医療的支援の充実・強化等について」という申合せを示している。そこでは、平成21年4月に開始した特別調整等、そして平成24年3月に全都道府県に設置された地域生活定着支援センターを効果的に活用するために「関係機関における情報共有」と「地域社会に対する理解促進」、とくに「地方公共

---

[38] 法務総合研究所・前掲注6）193頁。
[39] 本間龍『名もなき受刑者たちへ──「黒羽刑務所　第16工場」体験記』（宝島社、2010年）148-149頁。

団体や福祉施設等」に対する「特別調整の制度の理解を促進する働き掛け」が重要であると指摘されている。平成25年度においては、特別調整が終結した人員は637名であり、特別調整の結果，福祉施設等につながった人員は419名である。このように「一定の成果を挙げていると考えられるが」、法務省矯正局が実施した特別調査の結果によると、平成25年において、600名程度の者が福祉的支援を要するものの特別調整の対象者に選定されず、また、刑事施設が実施する福祉的支援の対象ともならずに適当な帰住先が確保されないまま釈放されていると考えられる。

法務省は2017年度以降、高齢受刑者に対する改善指導等の充実強化のために健康運動指導士の招へい、介護・介助に必要な備品の整備、介護専門スタッフの配置を進めることにしている。また、社会復帰支援体制の充実強化のために、社会福祉士の拡充、社会復帰支援調整旅費を確保する方向である。「介護専門スタッフは非常勤で、全国70の刑務所施設のうち、65歳以上の高齢受刑者が2割以上を占める32施設に1人ずつ配置する予定だ。介護人材が不足していることもあり、介護福祉士の資格がなくても、資格取得に必要な一定の研修を修了していれば勤務を認めることにした。政府は、17年度予算の概算要求に人件費として約6000万円を盛り込む」[40]。

無期懲役等、刑期の長い受刑者を収容する徳島刑務所では、受刑者の4分の1が65歳以上である。2016年12月に高齢者専用棟「機能促進センター」を新設した。受刑者は2017年9月22日時点で594人である。「体調に応じて食事や着替えに介助が必要となる受刑者は、現在3人程度いるという」。非常勤の介護士1人を配置し、「毎日3時間、刑務官だけではできなかった専門性を生かし、高齢受刑者の生活の介助をしている」。機能促進センターでは43人の高齢受刑者が生活し、負担の軽い刑務作業に従事する。毎日3回、徳島文理大教授が体操指導を行い、運動機能低下や認知症の予防を行っている[41]。刑務所内において介護ニーズが切迫し、後追いする形で対応が急がれ、高齢者対応の専門職が刑務所内に配置され始めた。刑務所内の介護への専門職の介入はまさに始まったばかりである。

40　読売新聞　2016年8月30日
41　毎日新聞（地方版）　2017年9月24日

(3) 「歯茎で噛めます」——「キザミ食」をめぐるニーズの無化——

　加齢の過程には、多かれ少なかれ社会福祉の領域でいう ADL (Activities of Daily Living) の低下がともなう。ADL は、一般的には「日常生活動作」と訳され、食事、更衣、移動、排泄・入浴等、日常生活を営む上で不可欠な基本的行動である。いうまでもなく毎日繰り返される活動であるが、疾病、事故等をきっかけに急激に損なわれる場合と、加齢にともない漸進的に減退していく場合がある。いずれの場合も、状態が許すならば可能な限り早期にリハビリテーションを始めることが重要であるとされる。リハビリテーションは「医学的、社会的、教育的、職業的手段を組み合わせ、かつ相互に調整して、訓練あるいは再訓練することによって、障害者の機能的能力を可能な最高レベルに達せしめること」(1968年世界保健機構) と定義されている。

　高齢者の ADL は、家族や近隣コミュニティの人間関係を維持しながら可能な限り自立生活を営み、地域の市民として暮らしていくことでより効果的に維持される。必要に応じてさまざまな福祉サービスを利用し、自宅で暮らし続けることを地域ぐるみで追求する形が高齢者福祉の描くひとつの理想である。地域の日常生活は、日常茶飯事のルーティンに加えて、臨機応変、当意即妙の応答が必要となるできごとが予断なく飛び込んでくる、「ふつう」の社会的な生活である。

　刑務所は、アメリカの社会学者ゴフマンがいうアサイラムの典型である。アサイラムとは「多数の類似の境遇にある個々人が、一緒に、相当期間にわたって包括社会から隔離されて、閉鎖的で形式的に管理された日常生活を送る居住と仕事の場所」[42]である。アサイラムで個人は生活を徹底管理され、外部との面接や通信を制限され、それまで社会で担ってきた社会的役割をいったんはく奪される。名前に番号が割り振られ、社会的役割を外面で担保する着衣は官給品等におきかえられる。受刑者同士の会話等の制限、刑務所内での画一的な行進や点呼の慣習等々、海外の刑事施設と比較すると、日本の刑務所はアイデンティティを確定するための手立てを徹底して消毒する点

42　Erving Goffman, Asylums: Essays on the Social Situation of Mental Patients and Other Inmates, (Doubleday, 1961) xiii. =アーヴィング・ゴッフマン (石黒毅訳)『アサイラム 非収容施設者の日常世界』(誠信書房、1984年) v．

で、アサイラムの極限形態であるともいえる。刑務官に対する反論は「抗弁」であり懲罰の対象である。一般社会で切磋琢磨しながら身に着けたコミュニケーション能力は鈍るであろうし、指示通りに行動することに安楽を見出す、つまり自己が無力化することもあるだろう。そのような受刑生活において主体的に考え、相互行為の中で他者との関係を把握しながら社会的個人として自律を試される場面は一般社会に比べて相当少ないであろう。アサイラムでは多かれ少なかれ自己は無力化する。

　ただし受刑者の最大の関心事である「食」をめぐって、ある種の対抗が見られる。一般の介護現場では、咀嚼と嚥下がむずかしい場合、素材選び、調理方法、ゼリー等による誤嚥防止等、さまざまな工夫が凝らされている。通常の食事を文字通り刻む「キザミ食」はもっとも簡便な対応である。筆者は2015年度以降、長野刑務所、高松刑務所、松山刑務所、島根あさひ社会復帰促進センター、尾道刑務支所の各所を参観する機会を得た。高齢受刑者への対応を必要とする刑務所では「キザミ食」の提供が可能であった。ただし、ほとんどの場合、受刑者自身がそれを拒否し、通常の食事に固執するという話を複数回聞いた。「歯茎で噛める」と主張するのだというエピソードも、複数回聞いた。

　ここには刑務所内の医療と「介護」をめぐるいくつかの課題が明示されている。まず歯科医療の問題である。診察を希望してどれくらいの期間で受診できるか、治療をどの程度まで行うか、つまり患部を削り詰め物を詰める治療、抜歯の後入れ歯の作成が行われるかである。健康保険適用外である刑務所の場合、詰め物までは行い、入れ歯は自費で対応可能であるが、ほとんどは抜歯までしか行われないという。次に、一般の介護であれば、可能な限り個別のニーズについて福祉的に対応していくことが求められ、仮に歯がない場合ならば舌で潰せる柔らかさの食事が適切であろう。刑務所ではそのような個別対応ができない。主食と主菜、副菜、汁物等を同時にミキサーにかけたものが「キザミ食」であるので、それが耐えられずに通常の食事を希望するという衝撃的な話も聞いた。

　以上に関連して、食事の時間に関する刑務所独特の慣習にふれておきたい。雑居房での食事のやり取りは「不正授受」であり、発見されれば調査・

懲役の対象となる。これは食事の横取り（＝いじめ）を防止するためでもあり、食事時間中はとくに刑務官による監視が厳しい。そうすると、受刑者ははたいてい会話や休憩の時間を確保するため5分以内で食事を終わらせる。噛める人間でもそれほど噛まずに食事しているはずであるが、歯がない場合、それほどのスピードで食べて健康は害されないだろうか。生体の能力を超えるかのような食事の慣習は受刑者独自の文化であるといえるが、この文化こそ刑務所生活への順応、生活様式の刑務所化の核心でもある。

5　福祉につなぐ刑事施設医療のあり方
―― 刑務所から地域生活につなぐ仕組み・人・地域 ――

（1）　尾道刑務支所の取り組み

ここでは1985（昭和60）年4月から広島矯正管区内の高齢受刑者集禁を開始した尾道刑務支所の直近の様子を紹介したい。2017年9月12日に訪問し、施設概要の説明を受けたのち見学と質疑応答を行った。

収容する受刑者は、「A：犯罪傾向の進んでいない刑期10年未満の懲役受刑者」、「I：禁錮受刑者」、「S：高齢等のため養護処遇等の無配慮が必要な受刑者」である。S指標の受刑者数が10年で2倍となり、平成28年末時点で252人中88人、約35パーセントを占める。6つの実習室のうち2室で高齢者が作業を行う。受刑者の最高齢は89歳である。参観者に配布される「施設のしおり」には、「高齢受刑者への配慮」、「バリアフリーの床や手すりの設置等、建物・設備に配慮がなされているほか、身体機能の低下防止等のために、さまざまな処遇上の配慮がなされています」と記されている。屋上の運動スペースは天日が当たる構造となっており、歩行距離を測る数メートル単位の目印を引いて「やる気」を引き出しながら30分以上運動できるよう工夫されている。また、高齢受刑者には毎朝「認知症予防体操」を実施している。所内には高齢受刑者用の手押し車を備え、寒冷時は湯たんぽ、電気毛布、セラミックヒーター、マスクの貸与により体温を管理、夏期にはスポーツ飲料を提供して熱中症を予防している。ビーズ、下駄の鼻緒、所内で出る洗濯物のクリーニング等、比較的簡易な作業を用意している。これらが困難

な場合、作業時間を8時間から6時間に短縮し、風車や布草鞋、ひも作業、ゴムパッド仕分け等の作業を行い、細かい目配りが必要な受刑者を作業場の前列に座らせる。食事についてはキザミ食、カロリー配慮等対応する。「認知症が疑われるケースは非常に多い」が、介護保険対象外であるので、要介護認定は行われない。介護保険法の第六十三条は「刑事施設、労役場その他これらに準ずる施設に拘禁された者については、その期間に係る介護給付等は、行わない」としている。要排泄介助（おしめ使用）は数名で、「介護」が必要になった場合は広島刑務所に移送する。

医療体制は、専任医師（常勤）1名、看護師1名、准看護師2名（有資格の刑務官）、精神科医1名、歯科医師1名（受診は約1か月待ち）となっている。後述するが、出所後の地域生活につなげていく社会福祉士の役割に大きな期待が寄せられている。尾道刑務支所にも、非常勤の社会福祉士が1名配置され、出所後の居場所づくりを受刑中から始めようとしている。ここでいう居場所には、とくに仕事もなく、帰住先もなく、病院につながらない、満期で対処する高齢者が生活保護の手続きを経て入所する老人施設も含まれている。生活保護の準備については広島管区管内、管外とも対応しなければならない。入所時の分類を行う時点で特別調整の有無を決定、満期半年〜1年前から出所後に向けたケース会議を開催する。会議は広島の保護観察所を会場にして、刑務所からは刑務官1名、社会福祉士1名も参加する。

（2）「平成27年度刑務所出所者における認知症者の実態調査と課題の検討事業」および「平成28年度刑務所出所者における認知症者の追跡調査と福祉的支援等の課題解決に向けた司法と福祉の試行事業」から

繰り返しになるが、「福祉的支援を要するものの特別調整の対象者に選定されず、また、刑事施設が実施する福祉的支援の対象ともならずに適当な帰住先が確保されないまま釈放されている」。この点に関して社会福祉法人南高愛隣会が厚生労働省に申請し、採択された「平成27年度刑務所出所者における認知症者の実態調査と課題の検討事業」は「刑務所出所者における認知症者の実態についての検討委員会」を設置した。同委員会は「特別調整の対

象者になる（福祉サービスを利用する）ことを拒否する受刑者や、同意をとることがむずかしい受刑者への対応が課題である」と提起している。積極的な更生支援を行う自治体関係者、社会福祉事業者、支援セクター、有識者から組織され、助言者には法務省・検察関係者、厚生労働省関係者の名前を連ねた。同委員会は「平成28年度刑務所出所者における認知症者の追跡調査と福祉的支援等の課題解決に向けた司法と福祉の試行事業」における「刑務所出所者における認知症者についての検討委員会」として引き継がれ、調査、行政サイドからのレクチャーを踏まえた意見交換を中心とした委員会、各地の刑務所視察等を行った。

　現場を熟知する委員による議論から特に医療と福祉に関連する意見をあげておきたい。「シェルターを作っても中間的組織サポートが必要。……養護老人ホームは存在意義が中途半端であいまい。行政がどのようなスタンスをとるのかはっきりさせることが大事。新たにそういう人たちにかかわる施設を作る必要があると思う」、「出所者で自立している方を受け入れる施設はあるが、介護が必要な方等を受け入れる医療的な受け皿はない。社会的孤立を防ぎ、地域との結びつきを強くする必要がある。緊急的な一時滞在場所、期限を決めないで入れる一時的な場所が必要で、そうでないとまた戻ってくる。養護老人ホームを含めて既存の枠組みに頼っても難しい」、「本人が望むかどうかという点については、合理的配慮が必要。福祉はいらないという人には説明が必要」、「高齢者の犯罪は窃盗が多い。そのような人をサービスにつなげるのは大変。ロッカーにカギはないし、そういう人を受け入れるのは難しいといわれる。包括（引用者注　地域包括支援センター）は今まで高齢者だけで動いてきたので、高齢で窃盗の課題を抱えた人をどういうところに受け入れてもらえるのかわかれば問題を解決していけると思う」、「出所者かどうかということと関係なく、他者との関係をうまく結べない人たち、大きな施設で対応できない人たちを手厚く支援する小規模な施設に送ってくる」、「認知症の人ほど認知症ではないという。そういう人をどうやってつなげていくか。福祉などいやだという人たちが福祉サービスを知る機会になればいい」、「刑務官は人にかかわらない文化があり孤立している。行政や福祉が刑務所に入っていく方がいい。入っていく仕組みをどう作るかが重要」、「刑務所の

社会福祉士の話では、定着（引用者注　地域生活定着支援センター）や行政とうまくいっていないように聞く。受入先では対象者は中と外では顔が違うと言う。刑務所の社会福祉士が刑務所から出て行って移行先まで行ってコーディネートする形がいい。社会福祉士を増やし、本人を一番よく知るスタッフが外まで行って支援できる形にする」[43]。

　続いて、「刑務所出所者における認知症者の実態についての検討委員会」が行ったアンケート「刑務所出所者の受入れにあたっての課題点等について」の設問「今後刑務所出所者（高齢者・認知症者）の高齢者施設への受け入れを増やしていくために必要だと思う課題について」に対する回答から現場の声をあげておきたい。「刑務所の中で認知症の診断（アルコール依存・精神疾患・知的障害等も同様）ができる仕組みが必要」、「受刑中に状態が悪化が（原文ママ）進んでいく認知症や脳梗塞後遺症の人に本人同意に基づく面談は限界があり、福祉サービスの調整をする特別調整ではなく医療サービスへつなげるシステムを作っておくべき」、「介護保険関係制度や医療制度・障害の制度など全ての制度を利用できるような調整」、「個別の状況に対応できる支援体制」、「養護老人ホームで受け入れ促進のための新たな仕組みづくり」、「施設側のスタッフの理解や協力体制」、「施設職員の理解を深めるための研修の実施」、「受入れ加算（施設側）」、「受入れ法人側の職員不足」等々、課題は山積している[44]。

（3）　今後の課題

　ここまで見てきたとおり、高齢受刑者の地域生活への移行については「出口支援」を行う刑務所側、受け入れる地域側、それらをつなぐ刑務所内外の専門職それぞれが試行錯誤を繰り返しながら取り組みを進めている。「元受刑者を受け入れた経験がないとか、職員や施設にそうした体制が整備されていないとか、ほかの利用者の拒否感・恐怖感やパニックに対応できないとか、元受刑者を受け入れた後の物品の紛失やほかの利用者とのトラブルの可能性を指摘して、入所を断るケースも少なくない」[45]という指摘にあるよう

---

[43]　南高愛隣会・前掲注16）17-20頁。
[44]　南高愛隣会・前掲注16）60頁。

に、地域の受け皿である施設と職員の拒絶感は根強い。

　先に見た、「刑務所出所者における認知症者の実態についての検討委員会」および「刑務所出所者における認知症者についての検討委員会」の委員を務めた阪神共同福祉会理事長の中村大蔵は、「そもそも自由が認められない厳重な管理下にある刑務所内で、管理を極力排除することを旨とする福祉的営為が成り立つのか、ただでさえ医務官の慢性的不足の中で、刑務官に福祉的任務を要求できるのかなど、難問を抱えてのスタートである」と述べている[46]。1988年、兵庫県尼崎市に特別養護老人ホーム園田苑を開設して以来、長く苑長を務めた中村による、福祉は「管理を極力排除することを旨とする」営為であるという指摘は重要である。というのも、福祉ということばがスティグマ化されて「福祉の世話にはならない」等高齢受刑者から嫌悪される場合があることを想起してもわかるとおり、現在でも誤解や誤用が意外なほどに多く、専門家も例外ではないからである。

　2016（平成28）年12月末において常勤矯正医官の定員が328名のところ263名、欠員65名となっており、近年とくに充足率が低下している。全国156施設のうち、約15％にあたる23施設に常勤医師がいないという状況である[47]。このような状況で矯正医官は大変貴重な存在であるが、矯正医官経験者によるいくつかの著作では「懲役刑を受けた人を刑務所は絶対に見棄てない」、「刑務所は拒否できない施設であるといわれている。刑務所が福祉施設化していると言ったが、ひょっとするとこの意味で、およそ福祉なるものの原点はむしろ刑務所にあるのかもしれない」[48]、「刑務所内での治療は、一般社会と同等の医療水準が求められている（これは現実的ではないのだが、理不尽ながらそうなっている）」[49]等、人権や福祉の建前を無効化するような記述がみられ

45　新村繁文「高齢受刑者のソーシャル・インクルージョン」法学セミナー754号（2017年）17頁。

46　中村大蔵「園田苑だより（No.1031）」（2016年8月30日）（http://daizoublog.exblog.jp/23443940/　2017年12月20日閲覧）

47　毎日新聞　2017年2月9日

48　波多野和夫『刑務所の医療と福祉―塀の中の医務室で考えたこと―』（ナカニシヤ出版、2015年）253頁。

49　日向正光『塀の中の患者様―刑務所医師が見た驚きの獄中生活―』（祥伝社、2013

る。

　高齢受刑者の施設内処遇、退所後の地域生活定着を促す取り組み、そして専門職による両者の連携をめぐる近年の取り組みは、だれもが排除されず、すべての個人が「市民」のアイデンティティを獲得できる環境づくりのもっとも困難な試みの一つである。いいかえるならば、アサイラムからもっとも遠く、しかも手厚い支援の手があるところに高齢受刑者の生活の場を設けることを理想とする挑戦である。刑事司法の立場から土井正和は「福祉が再犯防止の方策を持たないため、犯罪をした障害者等を受け入れられないのであれば、福祉が再犯防止策を備えて対象者を引き受けるべきなのであろうか。そうではなく、福祉は対象者の生活の質を向上させることで、本人の自立的生活を支援するのが本務である。その結果として再犯に陥らずにすむことは、福祉による反射的効果と考えるべきであろう」[50]と述べている。指摘するまでもなく、社会福祉の基本理念であるノーマライゼーションはナチスの強制収容所に相似する知的障害者の巨大収容施設への反省から出発した。しかし、ふつうの生活を追求する中で、崇高な理念で始まったグループホームが小さな監獄へと変質してしまったり、「高齢者のためといいながらタケノコの皮を一枚ずつ剥ぐように」[51]パターナリスティックにスポイルしてしまう、そのような危険性も現場の職員や研究者に共有されて久しい。

　地域への定着を模索しているさなかの高齢退所者を囲む座談会での現場からの発言は現実的かつ示唆的である。「やはり出所後にすぐに本当の『居場所と出番』を提供することはできないということです。『住むところ』は提供できても、本当の意味でそこが『居場所』になるのには時間がかかります。役割ややりたいことができて初めて居場所になるのだと思います。お仕事も入ってすぐは『やらされている』と感じていると思いますが、2年、3年たって自分の役割ができてくると居場所になります」[52]。

　　年）164頁。
50　土井正和「刑事司法と福祉の連携をめぐる今日的課題」『犯罪社会学研究』(39)
　　(2014年) 77-78頁。
51　中村大蔵氏聞き取り（2017年10月11日、於：特別養護老人ホーム園田苑)
52　高齢出所者・山田真紀子・藤田直樹・濵田幸子・河野慎吾・石野英司・安田恵美

補導委託により少年を園田苑で受け入れている「篤志家」でもある中村は、「委員会の討議の中で『入れ墨をした犯罪高齢者を、認知症だからといって老人福祉施設がすんなりと受け入れるか？』などと質問されると内心ドキッとする。私は基本的には受け入れる姿勢を持ち、『場数（ばかず）を踏んでいく中で、時が解決する』と発言した」と述べている[53]。ソーシャル・インクルージョンの理念に基づく政策の持続的発展のもと、実務に長けた行政と専門職、研究者、地域の市民が経験と知恵を出しあい、試行錯誤を重ねていくことで、高齢退所者を含めて誰も排除しない福祉社会は実現可能である。

（魁生由美子）

「座談会　高齢出所者の社会参加と社会復帰―高齢出所者とその支援者を迎えて」法学セミナー754号（2017年）43頁。
[53] 中村「園田苑だより（No.1039）」（2016年11月16日）（http://daizoublog.exblog.jp/m2016-11-01/　2017年12月20日閲覧）

[〈特集〉刑事施設医療の改革を考えるために]

刑務所の公衆衛生
——被収容者の健康課題把握と戦略形成——

松 田 亮 三（立命館大学産業社会学部教授）

1　はじめに

　本稿は、刑務所における被収容者の健康課題に関わる取り組みのあり方を、公衆衛生の観点から検討する。今日国際的に用いられている公衆衛生の定義として、「社会の組織的努力により、疾病を予防し、生存の延長を行い、健康を促進する学術と技法」という英国のドナルド・アチェソン卿によるものがある[1]。本稿ではこの概念によりつつ、日本の刑務所における実施体制を検討する。

　公衆衛生の戦略的目標は人々の健康状態の向上であり、さらには健康についての衡平の実現、あるいは健康格差の縮小である[2]。ある集団が特段の健康上の課題を有するならば、健康状態の維持・向上さらには健康状態の衡平という観点からも、公衆衛生上の特別の課題として検討を行うことが重要と

1　D. Acheson. 1988. "Public health in England: The report of the Committee of Inquiry into the Future Development of the Public Health Function". Cm289. London, HMSO　アチェソン卿は英国の元医務長官（Chief Medical Officer）であり、医師資格をもつ疫学者であった。1980年代末に、政府の委嘱を受けて英国の公衆衛生機能の検討を行った。

2　健康増進法による「国民の健康の増進の総合的な推進を図るための基本的な方針」において、平成25年度から平成34年度までの「21世紀における第2次国民健康づくり運動（健康日本21（第2次））」が示されており、そこでは「国民の健康の増進の推進に関する基本的な方向」として、「健康寿命の延伸と健康格差の縮小」があげられている（厚生労働省告示第430号、平成24年7月10日）。なお、先進諸国における健康の衡平に関わる政策の展開について、松田亮三編『健康と医療の公平に挑む』勁草書房、2009年、を参照。

なる。

　公衆衛生は社会の人々全体を視野にいれるものであり、被収容者は社会の部分集団として当然その対象の中に含まれる。刑事施設収容者の数は世界では1000万人を超えるとされているが[3,4]、このような人数の規模からも、そして被収容者が精神・身体上の健康課題を多く有しているという理由からも、刑務所は公衆衛生施策をすすめるべき重要な場所となっている[5]。

　日本では、国の公衆衛生に対する一般的な義務は憲法25条に規定されているが、その実施は、地域保健法（旧保健所法）、労働安全衛生法、学校保健法など個別法によって規定されており、法ごとに所管している省庁が定められている。刑事施設の被収容者については、地域保健法の処遇は直ちには明らかでない。一方、被収容者は行動の自由を制限され自治体のサービスを通常に利用できる状態でなく、各種の規制のもとで生活を行っている状況に鑑み、「被収容者の心身の状況を把握することに努め、被収容者の健康及び刑事施設内の衛生を保持するため、社会一般の保健衛生及び医療の水準に照らし適切な保健衛生上及び医療上の措置を講ずる」（刑事収容施設法 第56条）ことが定められている。これをふまえるならば、一般社会の水準と同程度の公衆衛生施策を刑務所においても行っていくことが要請されているといえる。

　この施策には、被収容者の個別的な健康・疾病に関する課題に対応することだけでなく、彼・彼女らの生活状況等の環境面の配慮等も含まれる。なお公衆衛生施策には、おおむね感染症などに対する健康の保護、慢性疾患の予防や身心の良好な状態を向上させる健康増進、保健医療サービスの組織化とその質の向上、が含まれている[6]。

3　R., Walmsley. 2016. "World prison population list, 11th edition". Institute for Criminal Policy Research（http://prisonstudies.org/sites/default/files/resources/downloads/world_prison_population_list_11th_edition_0.pdf, 2017年12月19日閲覧）.

4　法務省『平成29年度犯罪白書』によれば、近年の日本の刑務所の年末収容人員は約6万人である。

5　Fazel, S., and J. Baillargeon. 2011. "The health of prisoners." *Lancet* 377 (9769): 956-65.

6　この整理は、英国の公衆衛生専門職団体 Faculty of Public Health によるものである。Griffiths, S., T. Jewell, and P. Donnelly. 2005. "Public health in practice: the three domains of public health." *Public Health* 119 (10): 907-13.

公衆衛生モデルを被収容者の健康に対して適用して検討した米国の成書では、法・公共政策が矯正対象となる人々に与える影響ととともに、HIVなどの感染症、1次・2次・3次予防、今後の展望と地域との連携、という主題が扱われている[7]。ここで、1次予防とは疾病・外傷等の発生を予防することであり、2次予防とそれらを早期に発見し対応することで健康上の問題を少なくすることである。そして、3次予防とは適切に治療・リハビリテーションを行い、健康課題の解消を図り、合併症の発生を防ぐことである。このように健康増進・疾病予防においても、戦略的な取り組みが進められるようになったのが、近年の公衆衛生施策の特徴といえる。

本稿では、被収容者の健康を公衆衛生上の課題として取り組む際に、特に戦略的に公衆衛生施策を進める上で、どのような論点やアプローチが考慮されるべきか、という点を中心に検討する。世界保健機関の文書、英語圏のいくつかの国の文書ならびに関連する報告書、先行研究の本・学術誌などを参考にしつつ検討する。

公衆衛生の具体的活動は多様であり、上水道の整備などの都市環境に関わる部分から、感染症対策、健康づくりの活動など幅広い活動を含む。被収容者を対象とした公衆衛生の取組も上記に述べたように広範なものがあり、感染症、精神保健など各論的事項を小論で扱うのは不可能であり、以下では、健康権の観点からみた被収容者の健康の位置づけ、被収容者の健康状態およびそれに関する各種の課題の体系的把握、そして、それをふまえた戦略的・系統的・継続的な健康対策の刑務所での推進、に限定して課題を検討したい。

2 被収容者の健康権と刑務所における公衆衛生

刑務所における公衆衛生の取り組みは、被収容者の健康についての権利論的な位置づけを明確にした上で、進めることが重要と思われる。

ここでは、まず、被収容者の健康について健康権の観点からの位置づけを

---

[7] Greifinger, R. (Ed.). 2007. *Public Health Behind Bars: From Prisons to Communities.* New York, NY: Springer New York.

明らかにし、その上で世界保健機関（WHO）、とりわけ欧州地域委員会の諸文書をもとに、健康権の実現という観点から刑務所における公衆衛生への取り組みを検討する。

(1) 被収容者の健康権

被収容者の健康に関わる人権保障上の位置づけとして重要なのは、国際人権規約に示されている健康権概念である。すなわち、社会権規約（経済的、社会的及び文化的権利に関する国際規約）第12条において、「すべての者が到達可能な最高水準の身体及び精神の健康を享受する権利」[8]（健康権）が述べられており、この権利を実現するための義務を締約国は有している。

この義務を具体的に措定する議論が、この20年間進展してきており、ここでは、この議論を被収容者の状況に即しつつ、特に、国連経済社会理事会（ECOSOC）経済的、社会的及び文化的権利委員会（CESCR）が健康権に関して2000年に提出した「一般的意見第14」を中心にみておく[9]。

この意見では、健康権 (the right to health) は、「健康である権利 (a right to be healthy)」として解されるべきでないとした上で、身体の自由などの諸自由 (freedoms) と健康保護の制度など給付を受ける権利 (entitlements) との両方からなるとしている。健康が生物学的特性だけでなく、生活上のさまざまなことによって決まる以上、それらを含めた諸施設、資材、サービスを利用できるものにすることが、健康権の内実にあるとする。別の言い方をすれば、医療だけでなく、安全な水、衛生、食餌、住居などへのアクセスといった健康を

---

8 経済的、社会的及び文化的権利に関する国際規約第12条（訳文は外務省による http://www.mofa.go.jp/mofaj/gaiko/kiyaku/2b_004.html、2017年9月3日閲覧）。

9 Committee on Economic, Social and Cultural Rights, United Nations (2000) General Comment 14: The right to the enjoyment of the highest attainable standard of health. (Article 12 of the International Covenant on Economic, Social, and Cultural Rights). 22nd Period of Sessions, 2000, U. N. Doc. E/C.12/2000/4.「一般的意見14」については、棟居（椎野）徳子「「健康権 (the right to health)」の国際社会における現代的意義―国際人権規約委員会の「一般的意見第14」を参考に」『社会環境研究』10号（2005年）61-76頁、棟居（椎野）徳子「国際人権法における健康権の履行―その現状と課題―」『社会環境研究』11号（2006年）101-110頁、が詳しい。

規定する諸事項を含むものと理解している。その上で、少なくとも以下にあげる4つの相互に関連する不可欠な要素が健康権を構成するとしている[10]。

　(a)　公衆衛生・医療の施設、資材やサービスが量的な意味で十分に、住民に利用できる状態になっていること（量的供給の充足性）

　(b)　施設、資材やサービスが、住民にとって手の届くものであること（住民から見た利用可能性）。これには、無差別的であること、物理的に手の届くところに所在すること、経済的に負担可能であること、関連する情報が利用できること、という事項が関わっている。

　(c)　資源、資材やサービスの提供にあたって、医療倫理と利用する人々の文化を尊重していること（受容性）。

　(d)　施設、資材やサービスが科学的・医学的に適切な質で供給されることとされること（質的妥当性）。

　ここでは省略するが、これらをふまえて国家がとるべき行動を、社会権規約の記載に照らして一般意見は検討している。その上で、人権保障に関わる尊重、保護、充足という国家の一般的な義務を健康権に関しても認めた上で検討している。以下、その要点を述べる。

　まず、尊重義務として、被収容者等が、予防・治療・緩和医療サービスへの平等なアクセスが失われるあるいは妨げることがないようにしなければならない、としている。この尊重義務からいえば、刑務所等への収容が行われている際も、必要な医療サービスが一般の人々と同じように利用できるようにしなければならない。

　次に、保護義務として、他の主体が健康の被害をもたらさないようにする義務を国家は持っているとしている。これには、医療機関の民営化や委託が行われる際に、健康状態の悪化がもたらされないようにすることや専門職の質の確保、情報アクセスが含まれる。保護義務からすれば、刑務所医療の運営方法の変更があり、何らかの委託が行われる際に、健康状態の悪化がもたらされないようにする義務がある。

10　原文では、それぞれ availability, accessibility, acceptability, quality であり、前掲棟居論文（2005）では、「利用可能性」、「アクセス可能性」、「受容可能性」、「質」との訳語が当てられている。

最後に、充足義務として、健康権保障に向けて、適切な法制・運営組織・予算等の措置をとっていく義務があるとしている。これには、個人や地域社会の取り組みを支える環境の整備や、サービスの供給、人々の健康の創出・維持・回復が含まれる。この充足義務からすれば、刑務所における医療の確保にむけて、適切な措置をとるとともに、被収容者の健康保持への取り組みを支え、またそれを促す取り組みが求められることとなる。

なお、「一般的意見第14」では、健康権に関わる国家の中核的義務の一つとして、「特に脆弱なあるいは周縁化された人々に対して、無差別的に、保健医療施設・資材・サービスへのアクセス権を保障すること」をあげていることも、刑務所の保健・医療に関わる重要な点である（para. 43）。

以上述べた健康権は、刑務所における保健・医療、そして公衆衛生の実施を考える上での基本的理念をなすものといえる。これをふまえて、刑務所における公衆衛生の実施をすすめる点で重要なのが、2015年に国際連合が定めた被拘禁者処遇最低基準規則（ネルソン・マンデラ・ルールズ）である[11]。そこでは、住居、衣食、運動などの生活状態に関する基準とともに、地域社会と同等の医療サービスへのアクセスの確保と法的地位により差別されることなく必要な医療を無料で利用できるようにすることが明確に示されている（規則24）。さらに、公衆衛生の実施上重要と思われる二つの規則がある。すなわち、収容時において保健医療上の必要を点検するとともに、自殺などのリスクや感染症罹患、活動能力を把握し適切な対応を行うこと（規則30）、そして、衣食住等の状態について、医師ないし実施可能な公衆衛生機関が専門的な観点から定期的に査察を行い施設長に助言を行い、施設長はそれに速やかに対応しなければならないこと（規則35）、である。

---

[11] United National Office on Drugs and Crime. 2015. *United Nations Standard Minimum Rules for the Treatment of Prisoners (the Nelson Mandela Rules), adopted on 17 December 2015.* なお、NPO法人監獄人権センターが日本語に翻訳したものが公開されている（http://www.cpr.jca.apc.org/sites/all/themes/cpr_dummy/images/archive/ Nelson_Mandela_Rules_Japanese.pdf、2017年12月19日閲覧）。

(2) 刑務所での公衆衛生に関するガイドライン

　欧州では、各国の取り組みを参考にし、専門家の協力のもとに、世界保健機関欧州地域委員会が、健康権の理念や拘禁者の人権保護の観点をふまえつつ、具体的な活動に関する知識を集積し、刑務所の公衆衛生[12]についてのガイドライン作成などを行ってきた[13]。このガイドラインなどで述べられている知識は、公衆衛生的観点から刑務所での取り組みを考える際に、重要な知見を提供するものであり、以下その概要を述べておく。

　世界保健機関欧州地域委員会は1990年代半ばから「刑務所における健康事業（Health in Prison Programme, HIPP）」を実施するなど、刑務所における公衆衛生についての取り組みをすすめていた[14]。2003年に、この事業に参加した専門家とロシア連邦と共同で開催した会議において、「公衆衛生の部分としての刑務所医療」について宣言を定めた（モスクワ宣言）[15]。

12　以下で「刑務所の公衆衛生」といっているのは、"prison health"のことである。この用語は、アチェソンのいう「公衆衛生」の概念を刑務所において適用したものである。

13　こうした取り組みは、刑事施設改革の取り組みと関連しながら進められてきており、それは欧州評議会が定める欧州刑事施設規則（European Prison Rules）の改訂（2006年）にも示されている。そこでは衛生、栄養、衣類、運動・休息など健康と関連の深い事項について順守すべき基準が定められるとともに、「刑務当局はその委ねられた被拘禁者すべての健康を保護しなければならない」（第39項）として、被収容者の健康に関わる刑務当局の義務が明記されている。Recommendation Rec (2006) 2 of the Committee of Ministers to member states on the European Prison Rules. Council of Europe. 2006. *European Prison Rules*: Council of Europe Publishing、収載。この項目の訳は、吉田敏雄「欧州刑事施設規則（2・完）：2006年1月11日の欧州会議閣僚委員会勧告2号」『北海学園大学学園論集』136巻：117-137、2008年による。なお、欧州評議会と世界保健機関欧州地域委員会の加入国には若干の違いがあるものの、ほぼ重なりあっている。

14　Gatherer, Alex, et al. 2005. "The World Health Organization European Health in Prisons Project After 10 Years: Persistent Barriers and Achievements." *American Journal of Public Health* 95 (10): 1696-700.

15　"Declaration on Prison Health as Part of Public Health, Adopted in Moscow on 24 October 2003 at the International Meeting on Prison Health and Public Health, which was Jointly Organized by the World Health Organization and the Russian Federation." (http://www.euro.who.int/en/health-topics/health-determinants/prisons-and-health/publications/pre-2005/moscow-declaration-on-prison-health-as-part-of-public-health, 2017年8月28日閲覧）。

モスクワ宣言は、「刑務所の健康については、どのような国でもその公衆衛生機構に統合された一部であらねばならない。この結合においては、刑務所保健と公衆衛生とが、刑務所内における健康について等しく責任を負うことが必要である」とした。その理由として、収監者には社会の周縁に追いやられている多様な人々が集まっていること、疾病リスクの高い収監者が適切な治療とフォローアップを受けずに市民社会に戻ることは、収監者とともに社会にとっても疾病リスクを高めること、多くの場合に監獄での生活状態は非健康的であること、をあげた[16]。

　2007年に、世界保健機関欧州地域事務局は、専門家による刑務所公衆衛生についての技術指導書を公表し[17]、2009年10月には65か国と国際機関とからの参加を得た会議をマドリッドで開催した。同会議では、「公衆衛生の不可欠な一部としての、刑務所における健康保護—マドリッド勧告」が採択された[18]。そこでは、刑務所における健康保護は、地域社会において行われている保健医療事業・サービスから隔離されるべきではないことを受け入れ、過度の混雑の解消、感染症に対するカウンセリング・検診・治療、薬物使用者への治療手段、ハーム・リダクション方策、母子感染の予防、地域保健医療との連携、精神保健の支援、それらに関するスタッフの研修、を喫緊の課題として取り組んで行くことが呼び掛けられた。さらに、同地域事務局は、2014年にも、人権と倫理、感染性疾患、非感染性疾患、口腔保健、リスク要因、脆弱な集団、刑務所保健のマネジメント、を包括した大部のガイドラインを出版している[19]。

16　同上。
17　Møller, L., et al. (Eds.). 2007. *Health in Prisons: A WHO Guide to the Essentials in Prison Health*. Copenhagen: World Health Organization, Regional Office for Europe.
18　Hayton, P., et al. 2010. "Health protection in prisons: the Madrid Recommendation." *Public Health* 124 (11): 635-6。原文は、The Madrid Recommendation: health protection in prisons as an essential part of public health (http://www.euro.who.int/en/health-topics/health-determinants/prisons-and-health/publications/2010/the-madrid-recommendation-health-protection-in-prisons-as-an-essential-part-of-public-health, 2016年12月13日閲覧)。
19　Enggist, Stefan, et al. (Eds.). 2014. *Prisons and Health*. Copenhagen: World Health Organization Regional Office for Europe.

ただ、このような技術指導書が出されたとはいえ、被入所者の処遇に関しては多くの問題が残っており、2013年には、世界保健機関は国連薬物・犯罪事務所（UNDOC）とともに、刑務所の公衆衛生についての政策提言を改めて行っている[20]。この提言では、刑務所の被収容者の健康課題は公衆衛生の課題の一部であることが再度強調されており、各国政府が全体として刑務所保健の問題に取り組んでいくこと、健康を所管する政府組織が主導していくべきであり、またそのための体制を構築する必要などを指摘している。また、同年策定された欧州健康政策の枠組みでは、薬物依存対策や感染症対策等での新たな連携先の一つとして刑務所が言及されており[21]、一般的な公衆衛生の取り組みと刑務所における公衆衛生との接続はいまだ実践的には多くの課題を残していることがうかがえる。なお、世界保健機関欧州地域事務所などが主導し、この課題についての取り組みの交流を促進するため世界刑務所保健医療研究・関与ネットワーク（Worldwide Prison Health Research & Engagement Network、WEPHREN）が、形成されている[22]。

3 被収容者の健康状態・健康課題の把握

（1） 被収容者に対する現行の健康診断

刑務所の被収容者を一つの集団と考え公衆衛生施策を地域社会と同等に実施しようとするならば、まず問題となるのが、健康状態の把握である。刑事収容施設法においては、被収容者に対して「収容の開始後速やかに、及び毎

20　United Nations Office on Drugs and Crime, and World Health Organization Regional Office for Health. 2013. "Good governance for prison health in the 21st century: a policy brief on the organization of prison health." Copenhagen: World Health Organization Regional Office for Europe.

21　World Health Organization Regional Office for Europe. 2013. *Health 2020. A European Policy Framework and Strategy for the 21st Century.* Copenhagen: World Health Organization Regional Office for Europe.

22　Easley, Cheryl E. 2011. "Together we can make a difference: The case for transnational action for improved health in prisons." *Public Health* 125（10）: 675-79 および同ネットワークのウエブ（https://wephren.tghn.org/）を参照。

年1回以上定期的に、法務省令で定めるところにより、健康診断」が行われることとなっており（第61条1項）、同時に被収容者はこれを受けなければならないとされている（第61条2項）。

さらに、健康診断の内容については、刑事収容施設法施行規則により明示的に定められている（表）。健康診断の項目の省略については、「被収容者の保健衛生及び医療に関する訓令（平成18年5月23日矯医訓第3293号法務大臣訓令）」により、「被収容者の年齢、健康状態」、過去の健康診断又は診療の結果を考慮して、医師が判断するとされている。

表　被収容者の健康診断項目（刑事収容施設法施行規則第29条）

1	既往歴、生活歴及び家族の病歴の調査
2	自覚症状及び他覚症状の検査
3	身長及び体重の測定並びに視力及び聴力の検査
4	血圧の測定
5	尿中の糖及び蛋白の有無の検査
6	胸部エックス線検査
7	血色素量及び赤血球数の検査
8	血清グルタミックオキサロアセチックトランスアミナーゼ（GOT）、血清グルタミックピルビックトランスアミナーゼ（GPT）及びガンマ-グルタミルトランスペプチダーゼ（γ-GTP）の検査
9	血清総コレステロール、高比重リポ蛋白コレステロール（HDLコレステロール）及び血清トリグリセライドの量の検査
10	血糖検査
11	心電図検査

注：これらの項目のうち、「2　自覚症状及び他覚症状の検査」、3のうち「体重測定」、「血圧の測定」以外について、医師が法務大臣が定める基準に従い必要でないと認めるときは、省略することができる。

なお、この規則においては定められていないが、各種のがん検診が実施されている[23]。

（2）体系的な健康課題の把握

このような健康診断は、一般人口を対象として実施されている健康診査と

---

[23] 法務省矯正局矯正医療管理官編『研修教材 矯正医療』矯正協会、2015年。なお、C型肝炎など別途特段の対策がとられているものもある。

おおむね呼応するものであるが、公衆衛生施策との関わりにおいて、どのような課題があるであろうか。

　まず、今日的な公衆衛生施策を進める上で、被収容者の一般的な健康状態だけでなく、身心の不健康につながる各種のリスクを含めてより体系的に把握し、取り組みをすすめるという課題が指摘できる。

　刑務所における被収容者の健康状態は、主に二つの方法によって把握されている[24]。一つは、法務省矯正定期報告「病態報告」であり、毎年10月1日時点の疾病罹患患者数を調査するものであり、同時点での休養及び非休養患者数の2つの視点から患者数が把握される。もう一つは、「矯正統計年報」であり、そこでは各年における疾病分類別の休養患者数（年齢別）が報告されている。

　望月らの検討にあるように[25]、これら統計によって刑務所における疾病動向はおおよそ把握されている。しかし、将来的な健康状態の悪化に向けた予防的対策の推進や健康増進という観点からすると、健康に関する各種のリスクの把握が十分な体制とはいえない。「健康日本21」にあるように、近年の公衆衛生施策においては、疾病の発生だけでなく、喫煙など健康に関連するリスクを把握し、積極的に介入を行うことが進められるようになっている。これは、具体的リスクが認められている場合は疾病の発生予防であり、より幅広くは健康増進（ヘルス・プロモーション）と言われる活動である[26]。このよ

24　望月靖・加藤昌義・北村薫子「刑事施設における最近10年間の疾病動向及び今後の課題について」『矯正医学』58（2）：27-35、2010年、ならびに、望月靖「矯正医療の現状と課題について」『刑政』123巻1号：24-32、2012年、による。

25　前注参照。

26　こうした考え方と刑事収容施設における実施上の困難さについては、Ramaswamy, Megha, and Nicholas Freudenberg. 2007. "Health promotion in jails and prisons: an alternative paradigm for correctional health services." Pp. 229-48 in *Public Health Behind Bars: From Prisons to Communities*, edited by Robert B. Greifinger. New York: Springer、Woodall, James, and Jane South. 2012. "Health promoting prisons: dilemmas and challenges." Pp. 170-85 in *Health Promotion Settings: Principles and Practice*, edited by Angela Scriven and Margaret Hodgins. London: Sage、Hayton, Paul. 2007. "Protecting and promoting health in prisons: a setting approach." Pp. 15-20 in *Health in Prisons: A WHO Guide to the Essentials in Prison Health*, edited by L. Møller, et al. Copenhagen:

うな取り組みをすすめる上で、被収容者がもっている健康リスクを把握することが重要となる。後述するオーストラリアの調査のように、喫煙、違法薬物の利用、自傷経験、危険性のある飲酒、予防サービスの利用状況など、出所後も見据えた予防対策を行っていくための情報把握を——当事者の同意を尊重しつつ——強めていくことが重要と思われる。

こうした情報をふまえつつ、刑務所という場面に応じた予防・健康増進・医療供給編成を行うことが、戦略的な公衆衛生施策の展開には不可欠である。

なお、特に健康増進に関しては、「刑務所全体での取り組み（a whole-prison approach）」という考え方も提唱されており、以下簡単に紹介しておきたい。健康増進では、健康に関わる各種の物理的・心理的・文化的要因を考慮して、環境・集団・個人・政策など全体的な取り組みを重視するとともに、学校・職場・地域などという場面ごとに適切な取り組みを重視する。後者は、「場面に応じた取り組み（setting approach）」と呼ばれるものであるが、この考えを刑務所に適用した健康づくりの議論が1990年代半ばから世界保健機関などの会合で議論され[27]、その後「刑務所全体での取り組み」という概念の提唱につながった[28]。この考え方を進める上で、以下の、3つの考え方が重要とされている[29]。

第1に、それぞれの刑務所が、健康支援的で、適正な質を備えている（decency）こと。つまり、一般的に刑務所制度が被収容者の良好な状態（well

---

　　World Health Organization, Regional Office for Europe、を参照。
27　この経過は、Woodall, James. 2016. "A critical examination of the health promoting prison two decades on." *Critical Public Health* 26（5）: 615-21、および Woodall and South、2012、を参照。
28　英国保健省は、2002年に刑務所におけるこのような取り組みを提唱し、行刑局規則3200号として示されていた。保健省の提唱は、UK Department of Health. 2002. "Health promoting prisons: a shared approach." London: Department of Health を、規則は HM Prison Service for England and Wales. 2003. Prison Service Order 3200-Health Promotion を参照。
29　前掲、UK DoH、2002、ならびに Baybutt, Michelle, et al. 2014. "Promoting health in prisons: a settings approach." Pp. 180-84 in *Prisons and Health*, edited by Stefan Enggist, et al. Copenhagen: World Health Organization Regional Office for Europe.

-being)をもたらすような方向のものであることである。
　第2に、被収容者と刑務所スタッフの健康を促進するような具体的諸施策をすすめることであり、例えば、運動の継続や喫煙・薬物からの離脱支援などがあげられる[30]。
　第3に、疾病予防、健康教育など、健康増進の取り組みを刑務所で展開していくことであり、そのためのカウンセリングなどを行っていくことである。
　さらに、近年の公衆衛生対策においては、ある個人がどのような経験をしているかが、その人の後の健康状態に影響するというライフコース疫学の考え方がいっそう重視されるようになっている[31]。そのような観点からすれば、収容期間のみならず釈放後における健康の保持を見越した対応が求められる。
　以上のような点を考えると、日本においても、被収容者の健康に関する情報をより総合的に把握し取り組みをすすめる体制をとることが重要と思われる。この内健康情報把握のあり方を考える上で、以下で、オーストラリアなどの例を紹介しておきたい。

(ⅰ)　オーストラリアの例
　オーストラリアでは、収監者の健康状態は、全国被収容者健康データ集約 (National Prisoner Health Data Collection, NPHDC) により把握され、統計的に整理されて報告されている[32]。この際用いられるのが、全国被収容者健康・医療

---

[30] 刑務所スタッフの健康も重要な公衆衛生の課題であり、刑務所の運営上重要な課題である。Fraser, Andrew. Ibid."Staff health and well-being in prisons: leadership and training." Pp. 185-89、を参照。

[31] 例えば、斉藤雅茂「社会的排除・剥奪とライフコース」近藤克則編『ケアと健康　地域・社会・病い』ミネルヴァ書房：207-219、2016年、藤原武男「健康格差と保健政策　ライフコースアプローチによる胎児期・幼少期からの成人疾病の予防」『保健医療科学』56巻2号：90-98、2007年、を参照。

[32] 第3回と第4回の報告書が、Australian Institute of Health and Welfare (AIHW). 2013. "The Health of Australia's Prisoners 2012." Canberra: AIHW., AIHW. 2015. "The Health of Australia's Prisoners 2015." Canberra: AIHW、である。

指標（National Prisoner Health Indicators）である。2012年報告の場合、110の指標が用いられており、これは一般住民の健康・医療の評価に用いられる全国健康・医療業績評価枠組み（National Health Performance Framework）と内容的に対応している。

　NPHDCは、一年の特定の時期のデータが集約される。2012年調査の場合、ウエスタン・オーストリアを除く（実務的に提供ができないため）全国74の公・私の刑務所ならびに他の刑事収容施設からのデータが集約されている。調査期間中に、刑務所医療施設を利用した被収容者、入所受刑者、出所予定者（ただし、単なる解熱鎮痛剤の投与や絆創膏による手当は除かれる）、ならびに医薬品の処方を受けた被収容者が調査対象となり、同意のもとでデータ収集が行われる。診療については2週間（ただし、ニュー・サウス・ウェールズ州のように1日のみでデータを収集している地域もある）、処方については1日のデータが集約される。デポ─剤の場合は、処方された日が調査日と異なる場合でも、対象日に効果が期待されている場合には、調査に組み入れられている。調査の同意が得られなかった場合には、人口学的なデータのみが収集される。また、集計にあたり、表中の一欄の数が少なくなりすぎる場合は、個人情報保護の観点から、その欄の数字は「3未満」などの表現で示されるなどの配慮が行われる。

　このように一定の条件にあてはまる被収容者がすべて対象となっているため、2015年の場合の調査対象者数は1,011入所受刑者、437出所受刑者、診療所を受診した9,500人以上の被収容者、処方薬を用いた9,400人以上の受刑者となっている[33]。2015年の報告書で用いられた指標は、社会経済要因、精神保健、自傷、感染性疾患、慢性疾患、活動性と体重の変化、女性の健康、障害に関する状況、喫煙、違法薬物乱用と注射針共有、危険性のある飲酒、外傷・暴行・保護されない性行為、一般的な医療サービスの利用状況、刑務所における診療の利用状況、投薬、矯正事業への参加状況、刑務所で利用した医療サービスの内容、釈放手続きにおける適切な対応、死亡、といった区分が設けられている。

---

[33]　前掲．AIHW、2015、による。以下の記述も同様。

これらの項目は、収容中だけでなく、拘禁前の状態の把握も含めて行われている。2015年の第4回報告から例をとれば、過去12か月に違法薬物の使用を行ったと述べた入所受刑者の割合（70%）、過去に自傷を行ったことがある入所受刑者の割合（23%）、入所受刑者の喫煙率（74%）、喫煙しておりそれをやめたいと思っている入所受刑者の割合（50%）、という具合である。利用が推奨される予防サービスとして、例えば女性入所受刑者のうち56％が過去2年以内に子宮がん検診を利用しており、これは地域社会での利用率とほぼ同じであること、出所受刑者の24％が刑務所で子宮がん検診を利用し他と述べたことが報告されている。

また、被収容者の健康に関わって、2004年から数年おきに全国入所受刑者血液媒介ウイルス・リスク行動調査（National Prison Entrants' Blood borne virus and Risk Behaviour Survey）」も行われている[34]。2013年に実施された調査では、ヒト免疫不全ウイルス（HIV）、B型肝炎ウイルス、C型肝炎ウイルス、各種の性感染症に関する血液・尿検査、簡単な質問紙調査が行われた。1,235人の新規入所受刑者に調査依頼がなされ、793人（64％）が協力した[35]。これにより、調査に協力した入所受刑者の31％にC型肝炎ウイルスの感染が認められるなど、感染の状況が明らかになっている[36]。

（ⅱ）イングランドと米国の例

2004年より刑務所医療の所管が本格的にNHSに移管されている英国イングランドでも同様な試みが行われている。イングランドでは、刑務所の保健

---

[34] Butler, Tony, et al. 2015. "National Prison Entrants' Blood Borne Virus and Risk Behaviour Survey Report: 2004, 2007, 2010 AND 2013." Sydney: The Kirby Institute for Infection and Immunity in Society (UNSW Australia). 以下の記述も同報告書による。調査協力者において治療などを要する状態が同定された場合には、必要な助言・教育・治療が行われる。

[35] ただし、ニュー・サウス・ウェールズ州では、3人に1人の新規入所受刑者に対して、調査協力の申し入れがなされた。

[36] オーストラリアのC型肝炎ウイルス対策戦略では、刑事収容施設における取り組みを重点としている。前掲、Butler et al. 2015。

[37] この指標は、NHSイングランド、全国犯罪者管理局（NOMS）、イングランド公衆衛生庁により作成されたものである。2018年からは健康・法務情報システム（Health

医療に関して2014年より健康・法務指標（Health and Justice Indicators of Performance, HJIPs）が作成され[37]、他の指標などと合わせた状況の把握・分析・報告が、イングランド公衆衛生庁（Public Health England）によって、ほぼ毎年行われている。

2016-17年報告では[38]、刑務所全体での取り組み（先に述べた a whole-prison approach）を進める方向を確認した上で、感染症、薬物乱用、高齢被収容者、精神の健康、を重点として、その実態の概要と取り組みの方向性を示している。例えば、精神保健上の問題として、自殺が多いことを指摘し、全国的な精神保健の枠組みをふまえた取り組みを強化しつつ、刑務所という場面に応じた取り組みをすすめるとしている。オーストラリアに比べると、被収容者の健康状態についての情報は限られているものの、毎年被収容者の健康状態の状況が整理されて提示されているという点では、参考になろう[39]。

米国では複雑な刑事施設の状況ではあるが、被収容者に対する全国的な調査の一部として保健医療上の問題が検討されている。最近では、2011年から2012年にかけて行われた全国被収容者調査（National Inmate Survey）により、およそ州・連邦刑務所および拘置所に収容されている人々の40％がなんらかの長期にわたる医療上の対応が必要な状態であること、結核・BないしC型肝炎・他の性感染症の既往があると答えたものが刑務所で21％、拘置所で14％であったこと、慢性疾患の中では高血圧が多かったこと、刑務所収容者の66％、拘置所収容者の40％が処方薬を服用していたこと、医療に満足ある

---

　　and Justice Information Service）と呼ばれるITCにより集約されることになっている。なお、2014年以前は、刑務所保健医療実績・質指標（Prison health performance and quality indicator）が用いられていた。
38　Public Health England. 2017. "Health and Justice Annual Review 2016/17." London: Public Health England.
39　ただし、英国会計監査院（NAO）は健康・法務指標に関わり、信頼できるデータがなく対策を講じる必要があることを指摘している。National Audit Office. 2017. "Mental health in prisons（HC 42 Session 2017-2019, 29 June 2017）." London: National Audit Office.
40　Maruschak, Laura M., et al. 2015（revised Oct 4, 2016）. "Medical Problems of State and Federal Prisoners and Jail Inmates, 2011-12." Washington, DC: US Department of Justice, Bureau of Justice Statistics. 全国被収容者調査は被収容者を対象とした標本調

いはやや満足と答えた収容者の割合は、刑務所で56％、拘置所で51％であったこと、などが明らかになっている[40]。

ただし、この調査の前となると、2002年の拘置所被収容者調査と2004年の州・連邦刑務所収容者調査が保健医療に関わって用いられている。これら調査のデータを用いて、長期的に医療的対応を必要とする被収容者の割合は、連邦刑務所で38.5％、州刑務所で42.8％、拘置所で38.7％であったこと[41]、性・年齢・教育・職業などを調整しても被収容者では高血圧症・喘息などの慢性疾患を患う者の割合が地域社会に比べて高かったことが示されている[42]。

このような健康状態の把握は、被収容者の健康に関する諸施策を戦略的にすすめる上で重要な基盤をなすものである。被収容者の構成や収容期間の分布などにより、適当な健康状態の把握方法は変わってくると考えられるが、地域社会と同様にさまざまな健康リスクや潜在的な課題を含めて取り組むためには、より幅広く被収容者の健康状態を把握することが、日本の刑事収容施設においても望まれる。

4　刑務所における健康――戦略的推進の検討――

刑務所における公衆衛生を進める日本でのもう一つの課題は、地域社会において健康増進、健康的な環境づくり、各種の検診、カウンセリング、教育・医療サービスの提供などを含めた総合的な公衆衛生の取り組みが進められているのと同様に、刑務所においてもこれらを総合的に進めるための枠組みないし戦略を形成していくことである。

　査であり、司法統計局の記述（https://www.bjs.gov/index.cfm?ty=dcdetail&iid=278）によれば、タッチスクリーンのあるノートPCを活用し、識字上の問題を極力回避し、被収容者が答えやすくして行われた。

41　Wilper, Andrew P., et al. 2009. "The health and health care of US prisoners: results of a nationwide survey." *American Journal of Public Health* 99（4）: 666-72.

42　Binswanger, I. A., et al. 2009. "Prevalence of chronic medical conditions among jail and prison inmates in the USA compared with the general population." *J Epidemiol Community Health* 63（11）: 912-9.

あるいは筆者の不勉強のためかもしれないが、矯正医学関係者の各種の取り組みや後述する矯正医療改革の取り組みが進められているところではあるが、被収容者の健康に関わる諸要因を見通した取り組みの全体を検討する状況は定かではない。このような状況の中で、被収容者の健康に関わる課題についての共通理解を深め、取り組みをすすめるために、取り組みの枠組みや戦略を明らかにしていくことが望ましい。

このような取り組みを進めるためには、公衆衛生施策に詳しいスタッフが必要となるとともに、地域社会において推進されている施策をふまえ刑事収容施設の特殊性とそこでの健康に関する諸状況に合った取り組みをいかに進めるかについて、独自に検討する必要がある。

（1） 現行法令における公衆衛生戦略

現行法においては公衆衛生戦略に関わり、健康増進法、地域保健法で、それぞれ国・自治体の責務が記載されている。

まず、健康増進法では、「国及び地方公共団体は、教育活動及び広報活動を通じた健康の増進に関する正しい知識の普及、健康の増進に関する情報の収集、整理、分析及び提供並びに研究の推進並びに健康の増進に係る人材の養成及び資質の向上を図るとともに、健康増進事業実施者その他の関係者に対し、必要な技術的援助を与えることに努めなければならない」（第3条）という、一般的な義務を規定している。この規定による活動から刑務所を除外する理由が特段なければ、これにより各種の健康増進事業を推進することは可能と思われる。

また、健康増進法では、「国、都道府県、市町村（特別区を含む。以下同じ。）、健康増進事業実施者、医療機関その他の関係者は、国民の健康の増進の総合的な推進を図るため、相互に連携を図りながら協力するよう努めなければならない」（第5条）ともしており、一般的に協力関係を結ぶことを要請していることにも留意が必要である。

健康増進法において国は「国民の健康の増進の総合的な推進を図るための基本的な方針」を定めることとなっており（第7条）、その内容は国民の健康の増進の推進に関する基本的な方向や目標といった国全体の施策の方向性と

ともに、都道府県・市町村による健康増進計画、健康増進事業者に関する事項など、施策実施に関わる内容が含まれている。前者について、健康増進についての戦略─「健康日本21」が定められている。さらに、「その他国民の健康の増進の推進に関する重要事項」(第7条7項)も基本方針として定めるとされており、刑務所における健康増進を、このような重要事項として定め、対策を進める余地が残されている。

地域保健法は、地域保健に関する基本的事項を定めている。ここで「地域保健対策」とは、「地域住民の健康の保持及び増進を目的として国及び地方公共団体が講ずる施策」(第2条)であり、「関係法律に基づく施策の集合体」である。具体的には、母子保健、感染症対策、精神保健などの対人保健と、医療監視、上下水管理、食品衛生などの対物保健との両方が含まれる[43]。このような具体的領域に関わる計画が市町村ならびに都道府県で作成されている。たとえば、母子保健領域については、次世代育成支援対策推進法によって策定が可能な行動計画に「母性並びに乳児及び幼児の健康の確保及び増進」(第8条)についての内容を含めることができる。

一方で、地域保健法により国は地域保健対策の推進に関する基本的な指針を定めることとされており、そこには「社会福祉等の関連施策との連携に関する基本的事項」が含まれている(第4条1項、同5項)。刑事収容施設の被収容者が地域住民といえるかどうかは直ちに明らかではないとしても、刑務所の被収容者の多くが地域に戻っていくことを考えると、刑務所における保健対策と地域保健との連携について、地域保健の側から国が明らかにしていくことは健康格差の縮小を図る上でもおそらく重要であろう。

刑事収容施設法では先にも述べたが、「被収容者の健康及び刑事施設内の衛生を保持するため、社会一般の保健衛生及び医療の水準に照らし適切な保健衛生上及び医療上の措置を講ずる」とされており(第56条)、この措置の主体は刑事施設として明らかである。この措置については清潔の確保や診療など具体的に定められているが、不健康のリスクや釈放後の状況を展望した取り組みは具体的に示されている分けではない点には注意を要する。

---

43 椎葉茂樹編集協力『衛生行政大要 改訂第24版』日本公衆衛生協会:21-22。

なお、刑事施設の長が「受刑者の処遇を行うに当たり必要があると認める」ときは、関係行政機関その他の者に協力を求めることが可能であり（第90条）、これを活用して保健活動の推進を図ることも一考に値しよう。

　以上概観したような現行法の枠組みでは、刑務所被収容者の健康に関わる包括的な対策の形成を誰がどのように行うかは明確とはいえないが、他方でそうした対策の形成や実施を刑事施設や地域保健行政ができない制度になっているとも言い切れない面がある。それゆえ、ある分野では連携した取り組みも推進されている。例えば、薬物乱用対策のように、社会的な意義とともに、薬物依存者の治療という意義もある対策について、法務省と厚生労働省が連携してすすめることとされている[44]。ただし、これは被収容者の健康課題の一部であって、諸課題を見渡した戦略ではない。

　このようなことを考えると、日本においても、刑務所における公衆衛生を体系的に進めるための法的枠組みを見直し、明確で実施可能な体制を形成していくことが重要と思われる。そのような体制は、日本の刑事収容施設、地域保健、医療供給編成の実態をふまえつつ検討される必要がある。以下では、参考としてスコットランドの例を述べておきたい。

（2）スコットランドの例

　欧州における健康政策上の刑務所への関心が高まるのと呼応して、スコットランド刑務庁は、刑務所における健康増進の方向性を示す政策文書『健康を促す刑務所』を2002年に公表している[45]。同文書では、被収容者、上級管理者、刑務所スタッフ、家族や地域社会が協力して取り組むことが、健康を促す刑務所の形成につながるとしつつ、「スコットランド刑務サービスにおける健康増進に向けた枠組み」を策定している。

　この枠組みは、エンパワメント、衡平、連携、持続可能性という4つの原理にもとづき、疾病予防と健康増進のサービスを刑務所が提供する方向性を示したものであった。また、そこでは識字の向上、雇用可能性の向上、ケア

---

[44] 薬物乱用対策推進会議「第四次薬物乱用防止五か年戦略」、2013年。

[45] Scotish Prison Service. 2002. "The health promoting prison: framework for promoting health in the Scottish Prison Service." Edinburgh: Health Education Board for Scotland.

による健康の維持、リスク行動の修正援助などが含まれていた。そして、特に重点としては、栄養と食事、活動的な生活、タバコ使用、こころの健康と良好さ、があげられた。しかしながら、エンパワメントのように拘禁という状況と直ちには結びつけにくい原理をいかに実際上の取り組みとしていくかについては課題が残されることとなった[46]。

刑務所医療の所管がNHSに変更となる直前に出された2010年の医務長官報告では、健康リスク行動、健康格差、感染症などとともに刑務所医療についての一章を設け、受刑者の死亡率が地域居住者と比べて男性で2倍以上、女性で5倍以上あることを指摘し、対策の必要を述べている[47]。対策に関わる視点を、当時の医務長官ハリー・バーンズ（Harry Burns）氏は以下のようにまとめている。

> 「刑務所がなすべきこととは、安全な拘禁、良好な秩序、人間的なケア、収容期間後の再統合の機会、を創り出していくことである。その目的は、希望と挑戦のある環境を設け、罪を犯した者の個別の諸資産を活かしていけるようにすることである。刑務所のこの責務に不可分のものとして、良好な保健医療サービスがある。逆に…（中略）…被収容者の高い死亡率が明確に示しているように、健康格差対策を行う上で刑務所は重要な場面である。刑務所の保健医療サービスが寄与しうることの一つは、自由の欠如がもたらす危害—収容者への危害、他の被収容者への影響、そしてなかでも被収容者が離れ、戻っていくことに普通はなっている子ども・家族・地域社会に対する危害—を減らすことである。」[48]

刑務所における保健医療サービスがNHSに移管された後の、2012年に公表された新たな刑務所での健康への取り組みに関する構想文書「被収容者のための、よりよい生活、より健康な生活」では、被収容者の健康とウエル・

---

[46] 前掲、Woodall, James. 2016. "A critical examination of the health promoting prison two decades on." *Critical Public Health* 26（5）: 615-21、参照。

[47] Chief Medical Officer（for Scotland）. 2010. "Annual Report of the Chief Medical Officer." edited by The Scottish Government. Edinburgh: The Scottish Government.

[48] 前掲、CMO、2010、p. 20。

ビーイングを地域社会の中で考えることが強調され、雇用、住居、教育、研修、社会への参加と公共サービスの役割を検討することが重要とされた[49]。健康状態の改善が再犯や規律違反の削減につながることも強調され、その観点からも「刑務所全体での取り組み」の推進が述べられている。

　まず、大目標として、被収容者と家族・地域社会のための、よりよい生活、より健康な生活が定められ、犯罪状況の改善、健康の改善、健康格差の縮小、という目標が定められた。そして、この取り組みをすすめる際に、薬物乱用などの各論的課題だけを議論するのでは縦割りの弊害を生み出すとして、この構想文書では、被収容者の関与、健康促進的な刑務所運営方針と所内環境、地域社会・公共サービスとの連携、事業実施状況とその成果の計量的把握、という4つの軸を定めたのが特徴である。

　さらに、この構想には、健康増進の基準、研修、地域資源への紹介、刑務所運営方針の影響評価、個別の計画、評価、という実施上の重要事項、さらには刑事収容施設の役割と特徴、についても位置付け、希望をもって事業をすすめる、といった基礎理念も盛り込まれた。そして、タバコ利用の減少、薬物乱用の減少、血液由来ウイルス感染の減少、親としてのふるまいの改善、などの具体的項目についての進め方が記載されている。

　この構想の特徴は、健康以外の価値を幅広く取り込んでいるところである。その成果については今後検討を必要とするが、2016年にスコットランド王室認定看護師会が行った所管変更5年目での評価によれば、多くのスタッフが健康づくりはうまくいっている分野として認めている[50]。

　この構想は、単なる疾病予防だけでなく、参加を価値的に位置づけるとともに、健康以外の価値を重視したものとなっている。つまり、社会における刑務所のあり方と健康課題を見据え、被収容者の地域社会への復帰を見通し

49　Brutus, L., et al. 2012. "Better health, better lives for prisoners: a framework for improving the health of Scotland's prisoners." Glasgow: Scottish Prison Service, the Scottish Health Promotion Managers and the Scottish Public Health Network.

50　Royal College of Nursing Scotland, 2016, "Five years on: Royal College of Nursing Scotland review of the transfer of prison health care from the Scottish Prison Service to NHS Scotland". Edinburgh: Royal College of Nursing Scotland.

た希望ある取り組みとして健康増進を提案したところが、特徴である。日本においては、このような提案を誰がどう行うかが、明らかではないものの、省庁間の連絡、関係者の参加のもとで、構想を作成していくことは、刑務所における健康課題への戦略的取り組みをすすめる上で有意義と思われる。

5　むすび

　本稿では健康権の実現に向けた活動として公衆衛生をとらえ、健康の維持・回復・促進、健康格差の縮小という公衆衛生の目標を念頭において、刑務所における被収容者の健康に関わる施策の課題を考えてきた。最後に、本稿の主張を改めて整理しておきたい。

　第1に、被収容者の健康権実現という観点から、刑務所の保健・医療、公衆衛生を点検して取り組みをすすめていく必要がある。その基礎的作業として、被収容者の健康実態、不健康をもたらすリスクに関する実態を総合的に把握するために、体系だった情報の集約・分析・報告の仕組みを、当事者の同意を尊重する仕組みとともに構築することが望まれる。

　第2に、このような取り組みにあたっては、地域社会と同水準のサービス提供と施策の取り組みを行うことが求められる。この際、疾病に対する治療の提供だけでなく、身心の疾患予防に関わる各種のサービス、さらには健康増進といった、今日的な公衆衛生サービスの基準を見込んだ取り組みが求められる。

　第3に、これまでの調査が示唆するように、被収容者の健康状態が地域住民一般と比べて悪い、すなわち、健康格差が認められる場合には、健康格差を縮小するために、被収容者の実態に合わせたきめ細かな施策を実施するなどの、重点的な取り組みを組織し、そのための資源を調達することを考えなければならない。

　第4に、上記の分析の上にたって、公衆衛生施策を展開すべき場面として刑務所をとらえ、知識・技能の習得やリスク行動の修正といった個人志向のサービスだけでなく、処遇の環境―スタッフのリーダーシップや技能さらには健康―といった点を含めた総合的な戦略を構想し、推進していくべきであ

る。

　第５に、上記の取り組みのために、どのようなスタッフをどのように配置するか、予算をどのように当てるかなどの問題、つまり実施上の権限と責務のあり方の整理が問題となるが、これについては厚生労働省と法務省が協働し、先行する欧州の経験もふまえつつ、効果的・効率的な体制のあり方を検討していくことが重要であろう。

　最後に、実際に被収容者の健康対策をすすめる上で、何がどのように効果があるかを点検し、よりよい取り組みのあり方を検討するための研究を推進することが必要である。被収容者は、地域社会とは異なる特徴をもつ人口集団であり、健康情報の集約にしても、健康支援的な取り組みにしても、どのような方策がよいのか、被収容者の実態と合わせつつ検討していく必要がある。情報基盤を広げつつ、取り組みのあり方について丁寧な検討をすすめていくことが重要であろう。

[〈特集〉刑事施設医療の改革を考えるために]

刑事施設における医療情報へのアクセスと被収容者の権利

岡 田 悦 典（南山大学法学部教授）

1 はじめに

　矯正医療の問題は、昨今、緊急の課題である。担い手不足などその在り方が問われ、2013年に「矯正医療の在り方に関する有識者検討会」が開催された。そして新たな体制整備も検討され、その報告書が法務大臣に提出された[1]。このような情勢の中にあって、筆者は、あくまでも雑感であるが、現在の日本の矯正医療においては一般的に以下に述べるような事柄を根本的課題と感じている。

　第一に、医療へのアクセスの不十分さの起因となる最大の問題としての、十分な常勤医師数の不足である。現にその数は減少しているため、その改善策として、「矯正医官の兼業及び勤務時間の特例等に関する法律」が整備された[2]。しかしまだ道半ばといった感がある。有能な医師を引き寄せるために、矯正医官になることのモチベーションの向上、専門家としてのキャリア形成における魅力（施設整備など）の向上など、多面的にこの問題は検討されるべきである。第二に、具体的な診察に至るまでのアクセスの不十分さである。現状では、被収容者が希望すれば、直ちに医師による診断を受けること

---

[1] 検討会については、http://www.moj.go.jp/shingi1/shingi06900003.html を参照のこと（参照日2017年10月10日）。この検討会によって「矯正施設の医療の在り方に関する報告書」が明らかにされた。
[2] この法律の解説については、久我健志「矯正医官の兼業及び勤務時間の特例等に関する法律の概要」刑政126号22頁以下（2015年）参照。

ができるというわけでは必ずしもない。そこに至るまでには看護師、准看護師（刑務官）による確認と医師への報告という手続が少なからず介在する。したがって緊急時に時間がかかるという課題があるとともに、結局は医師の診察に至るまで時間がかかりすぎるという声も聞く。もちろん、刑務所の中の医療は無料であるから些細なことでも診断を希望しがちである、その一つ一つに対応することはできないといった懸念も、医療を提供する側から表明されることが予想されよう。しかし、双方が疑心暗鬼に至る事態があるとすれば、それ自体が大いなる課題と言える[3]。

　本稿はこの矯正医療の抱える課題を共有する。しかしどちらかというと、これまでは職業環境の整備という視点からの議論が傾向として強かったと思われる。そこで、国際水準として議論されている患者の権利としての要点を指摘しつつ、わが国の一般的な制度の在り方に課題があるのか、あるとすればそれは何かを、被収容者の権利としての医療情報へのアクセスという視点を中心に、明らかにしたいと考える。また、重要課題として挙げられるのが、被収容者の医療へのアクセスの問題である。この問題についても、国際水準の議論と比較しつつ[4]、その課題を明らかにしたい。

2　国際基準における受刑者の医療上の権利

（1）　基本原則

近年、国際基準として注目されるのが、国連被拘禁者処遇最低基準規則[5]

---

[3] 医師への診察、治療を受けるまでに二重、三重の間接的ステップを経なければならないことを課題とし、外部も含めての連携体制の強化を指摘するものとして、土井政和「刑務所における福祉と医療―刑事施設視察委員の経験を踏まえて―」研修125号20-22頁（2014年）。

[4] この分野における国際水準の網羅的研究として、相澤育郎「刑事施設における医療倫理の国際的スタンダード」立命館人間科学研究36号55頁以下（2017年）参照。

[5] 最近の改正の意義については、寺中誠「マンデラ・ルールズは刑罰改革の旗印となるか―国際基準としての被拘禁者最低基準規則―」本庄武・武内謙治編『刑罰制度改革の前に考えておくべきこと』213頁以下（日本評論社、2017年）参照。その他、改正の事情について、例えば、杉山多恵「被拘禁者処遇最低基準規則改正について」刑政127号78頁以下（2016年）参照。

（以下、被拘禁者最低基準規則とする）の改正である。医療に関する24条から35条までの規定は、これまでの医療の規定から大幅に書き加えられ変更された規定群である。新たに枠付けられた内容の中で、第一に重要な要点は、医療の提供に関する国家の責任である。したがって被収容者の権利を理解する上では、まず、国家の責務を確認する必要がある。24条は、次のように規定されている[6]。

規則24
被拘禁者に対するヘルスケアの提供は、国家の責任である。被拘禁者は地域社会において利用可能なものと同水準のヘルスケアを享受し、かつ、その法的地位に基づく差別を受けることなく、必要とするヘルスケア・サービスに無料でアクセスできなければならない。

医療体制の整備は、個々の医師、個々の刑事施設では、いかんともしがたい事柄である。被収容者も普遍的価値として、医療を受けることが生命・身体の維持にとって必要不可欠の基本的事柄として、医療を受ける権利があると同時に、その提供すべき責任はまさに国にある。こうした前提から、具体的に権利が保障されることとなる。また、被拘禁者最低基準規則が重視するのは、医療情報についての権利である。次のように規定されているが、ここには自己情報のコントロールという視点があるものと言える。

規則26
1．ヘルスケア・サービスは、すべての被拘禁者に関して正確で最新かつ秘密の個人医療ファイルを準備し、かつ保持しなければならない。すべての被拘禁者は、請求により自己のファイルへのアクセスを認められなければならない。被拘

6　United Nations, UN Standard Minimum Rules for the Treatment of Prisoners: The Nelson Mandela Rules adopted by the First United Nations Congress on the Prevention of Crime and the Treatment of Offenders. held at Geneva in 1955, and approved by the Economic and Social Council by its resolutions 663 C (XXIV) of 31 July 1957 and 2076 (LX Ⅱ) of 13 May 1977, and adopted by General Assembly Resolution 70/175 of 17 Dec. 2015. New York: United Nations. 邦訳はペナル・リフォーム・インターナショナルのホームページ掲載のものによる。See https://cdn.penalreform.org/wp-content/uploads/2017/04/Nelson-Mandela-Rules_Japanese_final_2.pdf（参照日2017年12月11日）。

禁者は、自己のファイルにアクセスするため第三者を指名することもできる。

2．被拘禁者の移送に伴い、医療ファイルは、受け入れ先施設のヘルスケア・サービスに移され、医療上の機密性に服するものとする。

さらに、具体的な医療へのアクセスが明確に被拘禁者最低基準規則では謳われている。

規則27

1．すべての刑事施設は、緊急時における医療措置への迅速なアクセスを確保しなければならない。専門的な治療又は外科的処置を必要とする被拘禁者は、専門施設又は民間の病院へ移送されなければならない。刑事施設が独自に病院設備を有している場合には、当該病院に送られた被拘禁者に対して適切な治療とケアを提供するための十分なスタッフと設備が備えられていなければならない。

2．臨床上の決定は、責任のあるヘルスケア専門職のみがなし得るものであり、医療分野以外の刑事施設スタッフによってくつがえされ、あるいは無視されてはならない。

（2）　医療情報へのアクセス

素人である患者と専門家である医師との関係が、診療には存在することから、患者は医師から自己の情報を得ることは重要であり、自己情報であるから、それにアクセスし、コントロールすることは、医療において基本的な事柄とされつつある。世界医師会（World Medical Association）による患者の権利に関するリスボン宣言では、「いかなる医療上の記録であっても自己情報を得る権利」と「自己の状況を含む健康状態について十分に説明を受ける権利」が指摘されている[7]。

この考え方をより詳細に検討する必要があろう。ヨーロッパ評議会（Council of Europa）の矯正医療のマニュアルによれば、医療文書・記録の保管は、①完全な医療文書・記録の保管は患者のケアにとっては極めて重要なこ

---

[7]　世界医師会のリスボン宣言（WMA Declaration of Lisbon on the Rights of the Patient）については、https://www.wma.net/policies-post/wma-declaration-of-lisbon-on-the-rights-of-the-patient/（参照日2017年12月11日）。

とであって、患者の利益の他に、専門家、刑務所運営にとっても重要であるとされ、②被収容者は自己のファイルを調べることが許され、家族や弁護士にその情報を伝達してもらうことができることが明確に意識されつつある[8]。

また、どのような医療ファイルを作成するのか、その実質的な内容も要請されなければならない。なぜなら、内容が空疎であればあるほど、そのファイルは意味がなくなるからである。そこで、ヨーロッパ評議会のマニュアルによれば、十分な医療上の経過記録、入所時の診療の結果、すべての利用できる医療上の記録がファイルの中には求められ、標準的な内容として、入所時の検査、病気の予測・処置・伝染という重要な結果を示す診断の情報、医療上の緊急性、可能性のある望まれない副作用を伴った検査、処置の情報、薦められた検査、処置についてのインフォームド・コンセント、同意しなかった、あるいは拒否したことの記録、暴力兆候の記録、医療上の機密性・患者の同意が破られた場合の状況など[9]が、必要とされている。さらに、これらファイルの機密性が保持されて被収容者は容易にアクセスできるとともに、特に出所時に提供されるべきこと[10]、また、肉体的、心理的、性的暴力の兆候がある場合には、特に官憲などによる暴力については、医師は調査してこれを記録化しなければならないことと、指摘されている[11]。暴力の兆候についての記録化については、ヨーロッパ刑事施設規則でも強調されるところである[12]。

(3) 医療へのアクセス

前記の被拘禁者最低基準規則では、さらに「すべての病気の被拘禁者、身体的ないしは精神的な健康上の問題や傷害を訴えるすべての被拘禁者、およ

---

8 Andres Lehtmets & Jorg Pont, *Prison Health Care and Medical Ethics*, pp.20-21 Council of Europa, 2014. ただし、同マニュアルの扉の著者紹介で示されているところによると、同マニュアルに表明されている意見は著者に責任があり、ヨーロッパ評議会の公式政策を示したものではないとされている。

9 *Id.* at p. 21.
10 *Id.* at p. 20.
11 *Id.* at p. 23.
12 ヨーロッパ刑事施設規則42．3ｃ参照。

び特別に注意が向けられているあらゆる被拘禁者と、毎日接触するもの」（規則31条）とアクセスについて強調する。また、医療へのアクセスについては、さらに個別的に強調される。被拘禁者最低基準規則では、「すべての被拘禁者につき、入所後できる限りすみやかに、そしてその後は必要に応じて、被拘禁者と会い、話をし、診察しなければならない」とする（規則30条）。

　また、ヨーロッパ刑事施設規則42.1にも指摘されているように[13]、入所時（admission）の医療検査は、次の理由から重要であると説かれている。すなわち、①初期の健康状況を確認し、必要な措置を採るために重要であること、②信頼獲得と情報提供にとって、被収容者と医療専門家との間の関係構築に重要であること、さらに、③重要事項の情報提供がなされる必要があること、入所時に注意すべき事項を確認する必要性があること、である[14]。そのため、被拘禁者最低基準規則では、次の事項に注意を払うこととしている。

(a) ヘルスケアの必要性を特定し、治療のために必要なすべての措置をとること。
(b) 被拘禁者が入所以前に受けた可能性のある、あらゆる虐待を特定すること。
(c) 拘禁という事実によりもたらされた心理的その他のストレスのあらゆる徴候を特定すること。これには自殺ないし自傷の危険、薬物、薬剤又はアルコールの使用による禁断症状を含むが、これらに限定されない。個人の事情に応じたあらゆる適切な措置ないし治療を行うこと。

13　ヨーロッパ刑事施設規則42．1参照。同規則については、欧州評議会のホームページより参照できるほか、https://search.coe.int/cm/Pages/result_details.aspx?ObjectID=09000016805d8d25（参照日2017年12月11日）、吉田敏雄（訳）「欧州刑事施設規則（1）―2006年1月11日の欧州会議閣僚委員会勧告2号」北海学園大学学園論集135巻95-114頁（2008年）、「欧州刑事施設規則（2）―2006年1月11日の欧州会議閣僚委員会勧告2号」北海学園大学学園論集136巻117-137頁（2008年）がある。その他、国連・あらゆる形態の拘禁・収監下にあるすべての人の保護のための原則（保護原則）・原則26にも規定がある。宮崎繁樹他編『国際人権基準による刑事手続ハンドブック』558頁（青峰社、1991年）参照。

14　Lehtmets & Pont, *supura* note 8, at p.15.

(d) 被拘禁者が伝染病に罹患している疑いがある場合には、感染しうる期間中は当該被拘禁者を臨床上隔離し、十分な治療を行うこと。
(e) 必要に応じ、被拘禁者が作業、運動その他の活動への参加に適しているか否かを決定すること（規則30条）。

　また、十分な時間をかけて検査を行う必要があること、入所時における十分なスタッフの確保が必要であることは言うまでもないであろう[15]。
　そのほかに強調される要因としては、ヨーロッパ評議会マニュアルによれば、①暴力事件後の医療検査の必要性[16]と、②出所前の医療検査である。前者は人権保護の観点から、強調されて然るべき要点である。後者はヨーロッパ刑事施設規則36.3にも規定されている[17]。これは出所後の「継続的な医療上のケア」のために重要であり、「アフターケア」「スルーケア」と呼ばれ、出所前の医療検査はこの過程で重要な役割を演ずるとされている。したがって、出所時にできるだけ近い時間帯で行う必要があり、被収容者が検査報告を受け取り、将来の医療診療に使うことができるようにするためにも必要であるとされ、特に、薬物常用者にとっては不可欠のものとされる[18]。

(4) その他
　その他、被拘禁者最低基準規則では、①地域社会における倫理上、職業上の基準と同等であること（規則32条）、③インフォームド・コンセントの遵守（規則32条(b)）、③情報の機密性（規則32条(c)）などが挙げられよう。また、世界医師会による、患者の権利に関するリスボン宣言では、①最善の医療を受ける権利、②医師、病院、サービスの選択の自由と意見を求める権利、③自己決定の権利、④秘密性に関する権利などが謳われている[19]。

15　*Id.* at pp.18-19.
16　*Id.* at p.19.
17　ヨーロッパ刑事施設規則33.6参照。
18　Lehtmets & Pont, *supura* note 8, at p.20.
19　*Supra* note 7, WMA Declaration of Lisbon on the Rights of the Patient, 1, 2, 3, 8.

3　わが国の矯正医療の枠組みと課題

（1）　申出制と受診までの仕組み

　では、主に医療へのアクセス、医療情報へのアクセスという側面に光を当てて、わが国の制度的枠組みを検討してみよう[20]。刑事施設被収容者処遇法では、刑事施設の長は、(1) 負傷し、若しくは疾病にかかっているとき、又はこれらの疑いがあるとき、(2) 飲食物を摂取しない場合において、その生命に危険が及ぶおそれがあるとき、のいずれかに該当する場合には、速やかに、刑事施設の職員である医師等による診療を行い、その他必要な医療上の措置を執るものとする。ただし、(1) に該当する場合において、その者の生命に危険が及び、又は他人にその疾病を感染させるおそれがないときは、その者の意思に反しない場合に限る、とする（法62条1項）。また、刑事施設の長は、傷病の種類又は程度等に応じ必要と認めるときは、刑事施設の職員でない医師等による診療を行うことができ（同2項）、必要に応じ被収容者を刑事施設の外の病院又は診療所に通院させ、やむを得ないときは被収容者を刑事施設の外の病院又は診療所に入院させることができる（同3項）。

　このように、医療へのアクセスが規定されているが、さらに具体的には、被収容者の保健衛生及び医療に関する訓令（法務省平成18年5月23日矯医訓第3293号）[21]に、枠組みが定められている。それによると、刑事施設の長は、被収容者が負傷し、又は疾病にかかっている旨の申出をした場合には、医師等がその申出の状況を直ちに把握できる場合を除き、看護師又は准看護師にその状況を把握させ、当該看護師又は准看護師に診察の緊急性等を判断させた上で医師等へ報告させるものとする、としている（同10条1項）。そして、この報告がなされたときは、医師等において診察の要否を判断するものとす

---

[20] なお、矯正医療に関する批判と提言については、日本弁護士連合会『刑事施設医療の抜本的改革のための提言』（2013年8月22日）がある。参照 https://www.nichibenren.or.jp/library/ja/opinion/report/data/2013/opinion_130822.pdf （参照日2017年12月18日）。

[21] http://www.moj.go.jp/kyousei1/kyousei_kunrei-tsuutatu_index.html （参照日2017年12月10日）

る、としている（同10条2項）。

　刑事施設の長は、手術又は医療上の検査を被収容者が受けるということになった場合には、その被収容者に対して、医師等から当該措置の内容を十分に説明させた上で、手術承諾書又は検査承諾書の提出を求めることとしている（同11条1項）。さらに、被収容者を刑事施設の外の病院、診療所又は助産所に入院させる場合には、刑事施設の長は、入院中の被収容者の身柄の確保に関する事項、被収容者の個人情報の保護に関する事項などを病院又は診療所と協議し、その結果について書面を取り交わすものとしている（同12条）。そして、刑事施設の長は、負傷し、又は疾病にかかっている被収容者が、刑事施設の職員でない医師等を指名して、診療を受けることを申請する場合には、指定の書面を提出させるものとし（同13条）、(1) 被収容者が〔13条〕に基づき提出した書面に記載されている傷病を有していること、(2) 被収容者が診療を受けることを申請する医師等を特定していること、(3) 被収容者が申請する診察が刑事施設内において実施可能であること、(4) 刑事施設における診療として対応することが困難な負傷又は疾病であること、(5) 刑事施設の管理運営上支障がないこと、(6) 被収容者がその診療を受けることを申請する医師等が診療を承諾していること、という各号のいずれにも該当するときに、指名医による診療を、刑事施設の長は許すものとしている。ただし、(4)に該当しない場合であっても、医療上特に有益であると認めるときは、指名医による診察を許すことができる（同14条1項）。

　このように、この訓令においては、医療へのアクセスという観点からすれば、あくまでも本人からの申出によるものと、看護師、准看護師による医師への報告という枠組みが形成されている。そして、最終的に、医師による診察判断に当たっての裁定権が医師に付与されているが、医師に患者からの申出が必ず到達するというわけではなく、看護師、准看護師が診察を受けるかどうか判断する構造になっている。したがって、医療へのアクセスという部分については、二段構えの構造となっていて、明確な形で、迅速かつ十分な権利としての医療へのアクセスが、制度的には枠づけられているわけではない。つまり、遅滞なく医師への診察の申出がなされ、必ず診察を受けることができる制度的枠組みが保障されているわけではないのである。もちろん、

診察を受けたいという希望があれば、仮にその症状が大したことではなかったとしたら、無用な診察が繰り返されるという懸念から、調整を図っているとも言える。しかし現状は、診察を受けることについての無用なトラブルを生じさせる枠組みと言えなくもない。また、刑事施設収容法63条に認められた指名医の制度については、管理運営上の理由が要件に加わり、指名医の承諾を必要としていることなど、比較的、厳格な要件と言える。少なくとも、14条1項（4）の要件を緩和するなど、柔軟な運用が求められよう。また、この訓令の枠組みの中では、いわゆる緊急時の医療対応について、制度的枠組みが形成されているわけではない。

　総じてみると、以上の枠組みの中では、制度的に、診察へのアクセスの不十分さを見ることができる。このような制度的仕組みの背景には、もちろんスタッフの不足、バックアップ体制の不十分さがあると言えるのかもしれない。したがって、背景事情の改善が、現実には重要である。また、少なくともこの訓令においては、これまで検討した欧米の議論からすれば、自己情報へのアクセス、自己情報の秘密保持、管理についての枠組みについても配慮がなく、医師不足に付随する要因もあるのか、フォローアップについても明記されていない。

　入所時と出所時についての医療上の配慮も重要事項である。刑事施設被収容者処遇法では、「刑事施設の長は、被収容者に対し、その刑事施設における収容の開始後速やかに、及び毎年一回以上定期的に、法務省令で定めるところにより、健康診断を行わなければならない」（法61条1項）とする。そして、刑事施設及び被収容者の処遇に関する規則では、収容の開始時には、①既往歴、生活歴及び家族の病歴の調査、②自覚症状及び他覚症状の検査、③身長及び体重の測定並びに視力及び聴力の検査、④血圧の測定、⑤尿中の糖及蛋白の有無の検査、⑥胸部エックス線検査、⑦血色素量及び赤血球数の検査、⑧血清グルタミックオキサロアセチックトランスアミナーゼ（GOT）、血清グルタミックピルビックトランスアミナーゼ（GPT）及びガンマーグルタミルトランスペプチダーゼ（γ-GTP）の検査、⑨血清総コレステロール、高比重リポ蛋白コレステロール（コレステロール）及び血清トリグリセライドの量の検査、⑩血糖検査、⑪心電図検査、を健康診断の事項とし、①、③

（体重の測定を除く）及び⑤から⑪までに掲げる事項については、医師が法務大臣が定める基準に従い必要でないと認めるときは、健康診断を省略することができる、とする（規則29条）。そして訓令においては、刑事施設の長は、被収容者に対し、その刑事施設における収容の開始後速やかに行う健康診断について、医師が、被収容者の年齢、健康状態、収容の開始前に受けた健康診断又は診療の結果、次回の健康診断までの期間その他の事情を考慮して必要がないと認めるときは、⑥〜⑪の事項を省くことができるとする（訓令9条1項）。また、定期健康診断についても、医師が、被収容者の年齢、健康状態、前回の健康診断の結果及び実施の時期、前回の健康診断以外に受けた診療の結果その他の事情を考慮して必要がないと認めるときは、①、③（体重の測定を除く）、⑤、⑦〜⑪を省くことができるとする（同2項）。しかし、これらの制度枠組みにおいては、入所時診断についてのより実質的な体制について明記されているわけではない。また、出所時については、枠組みすら整えられていないのが現状と言えよう。暴力事件などによって生じた健康状態について、これを取り上げる体制についても整えられていない。

(2) 医療・診療情報へのアクセス

医療・診療情報の提供については、特に法に明文がない。もっとも、「被収容者の診療記録の取扱い及び診療情報の提供に関する訓令」（平成19年2月14日・法務省矯医訓第816号）[22]で、大枠が定められている。ここでは診療記録を「正確かつ最新の内容に保つよう努めなければならない」（3条）として、その保持の義務規定が置かれ、診療記録の保存（12条）のほか、診療録の記載（4条）、処方箋の作成（6条）、手術記録の作成（9条）、日誌の作成（10条）について規定する。もっとも4条以下については義務規定とまでは表現上言えないので、文書化の内容について精査をし、特に「記録化」するということについての意識が求められねばなるまい。また、より具体的な問題事項に合わせた記載内容の深化が、重要な検討事項として、求められることとなる。

そして、「医師従事者は、患者に対し、患者が理解しやすいように診療情

---

22 http://www.moj.go.jp/kyousei1/kyousei_kunrei-tsuutatu_index.html（参照日2017年12月10日）

報を提供するように努めなければならない」と、診療情報の患者への提供義務（13条）が規定されている。提供の内容としては、①現在の症状及び診断傷病名、②処置及び治療の方針、③処方する薬剤について、その名称、種類又は内容、服用方法、効能及び特に注意を要する副作用、④手術・検査を行う場合には、その概要、危険性、行わない場合の危険性及び行った場合の合併症発症の可能性の有無、である（同14条）。提供方法は、「口頭」であるとする（同15条）。ただし、提供する情報の内容の難易度、患者の理解力の程度等を勘案して特に必要と認めるときは、口頭による説明に加え文書による場合もあるとする（同15条但書）。 なお、伝達方法については、「被収容者の診療記録の取扱い及び診療情報の提供に関する訓令の運用について」と題する通達があり（平成19年2月14日・法務省矯医第817号）[23]、その中で、患者との良好な信頼関係の下で診療を行うことができるように、患者に傷病の状況とその診療内容を「正しく理解させることに努めること」（同5（1））とし、患者が未成年者で、自己の行為の是非を判別する能力がない場合は、「親権者に…診療情報を提供するよう努めること」とする（同5（3））。

　このような表現においては、記録開示が制度的に保障されていないため、情報（ファイル）へのアクセスを十分に保障しているわけでは必ずしもないと言わざるを得ない。特に議論されるべきことは口頭でよいとしている点と家族、弁護士などの第三者のアクセスについての保障がないことである。仮に口頭でもよいと仮定したとしても、記録の内容を自らが確認できることが少なくとも前提でなければ、アクセス権が確保されたと言うことは難しい。また、記録の秘密性保持、管理については、「漏えい、滅失、き損等を防止するとともに、そのための必要な措置を講ずること」（法務省矯医第817号1（4））とされているものの、薬剤の配布場面など、個々の場面設定では十分な配慮されているわけではないので、その徹底はなお課題として残されている。

---

[23] http://www.moj.go.jp/kyousei1/kyousei_kunrei-tsuutatu_index.html（参照日2017年12月10日）

（3） その他

その他、いわゆる国際水準として謳われるような、その地域における医療との「同等性」を図る必要があることについては、わが国では、特に明文の規定が確保されているわけではない。また、患者の同意（インフォームドコンセント）についても、医師による説明として、一定の場合には、医師等から当該措置の内容を十分に説明し、手術承諾書、検査承諾書の提出を求めることが定められている（同訓令11条）など、個々に配慮が見受けられる。しかし、診療一般において、一般的に、説明義務について言及されているわけではないので、どの程度患者の同意が厳密に確保されているのか、実際の検証が必要と言えるであろう。

4　おわりに

　本稿では、国際基準ないし議論を検証し、その観点からわが国の制度枠組みを検討してみた。そうした検証から見えてくるわが国の課題としては、少なくとも次のような事柄がある。すなわち、まず、医療へのアクセスを、あくまでも患者の権利として捉えるとすると、制度的に十分にそれが保障されているとは、やはり言いきれない状況にあるということである。これには、医官などのスタッフと設備の充実化が、その最重要な課題であろう。

　次に、医療情報へのアクセスを明確に権利として保障し、医療情報をより個別に必要事項を実質化し、制度としての枠組みを検討することである。特に情報については、危機対応、暴力・人権侵害対応としてこれを記録化していくという枠組みを検討することも、わが国においても等しく必要なことと思われる。

　また、入所時検査の強化と出所後を含め、より包括的な医療サービス提供に向けた医療サービスと情報提供の体制作りも課題として指摘できよう。入所時の健康診断については、医師と患者の信頼関係を構築する上で重要であるため、わが国においても、その内容の充実化を検証していく必要があろう。出所時においては、外部社会の医療との連携をも含めて、より包括的な社会全体における医療サービスの向上が図られてしかるべきと考える。

わが国の矯正医療は、スタッフ不足などが指摘されてきて久しいが、昨今ではさらに薬剤費の占める割合の増加など、様々な課題が指摘されつつある。実際の被収容者と向き合う現場においては、理念とは異なる現状や被収容者との関係性などもあるであろうし、それを無下に否定することは、本稿の趣旨ではない。本稿で示したい事柄は、一見して、十分に見える制度であったとしても、視点を変えればまだ十分とは言えない部分が見えてくることもあるということである。もちろん、こうした課題を克服するには、矯正医療、あるいはより被収容者処遇全体についての社会の理解を深めることが涵養であることは言うまでもない。関係者が協力して、社会全体の中で矯正医療の充実を少しずつ啓蒙し、歩みを進めていくことを期待したい。

〔矯正施設参観記〕

2017年度「矯正・保護課程」
共同研究・施設参観報告

全体報告（井上善幸）
1　北海少年院（菅沼登志子）
2　紫明女子学院（菱田律子）
3　更生保護法人旭川保護会・旭川清和荘（松田慎一）
4　旭川刑務所（畠山晃朗）
5　北海道家庭学校（菱田律子）
6　網走刑務所（赤池一将）

全体報告

井　上　善　幸

はじめに

　矯正・保護課程開設40周年を迎えた2017年度の共同研究出張は、8月22日から25日にかけて行われました。三泊四日の日程で北海道まで足を延ばし、北海少年院、紫明女子学院、更生保護法人旭川保護会、旭川刑務所、社会福祉法人北海道家庭学校、網走刑務所の各施設を訪問しました。当時、京都市内の平均気温は35度、それに対して訪問先の北海道の平均気温は25度前後でした。天候にもおおむね恵まれ、しばしの避暑となりました。とはいえ、移動中の車窓からは、2016年に北海道を襲った台風の爪痕を今なお残す風景も目に映りました。「例年にない」という言葉を毎年のように耳にする昨今ですが、災害からの復興を願わずにはいられませんでした。
　それぞれの施設の参観記は個別に掲載されますので、ここでは全体の概要と所感

を記します。

1　参加者

　出張者は、福島至（法学部教授、矯正・保護総合センター長、「矯正・保護入門」担当）、赤池一将（法学部教授、矯正・保護課程委員会委員）、石塚伸一（法学部教授、犯罪学研究センター長、「矯正・保護入門」等担当）、斉藤司（法学部教授、矯正・保護課程委員会委員）、畠山亮（法学部教授、人権問題研究委員会研究プロジェクト「團藤重光の人権思想研究」研究代表者）、畠山晃朗（文学部客員教授、矯正・保護課程委員会委員、矯正・保護課程講師、「矯正概論」等担当）、松田慎一（法学部客員教授、矯正・保護課程委員会委員、矯正・保護課程講師、「更生保護概論」等担当）、菱田律子（矯正・保護課程講師、「矯正教育学」担当）、菅沼登志子（矯正・保護課程講師、「更生保護制度」担当）、井上善幸（法学部教授、矯正・保護課程委員会委員長）の教員10名に、佐野直志（矯正・保護総合センター事務部課長）の事務職員を合わせた総勢11名でした。

2　旅程概観

8月22日（火）
　北海道までの経路は各自にお任せして、それぞれに昼食を済ませた後、12：50にJR新千歳空港駅改札口に集合しました。全員が揃ったことを確認して、いったん千歳駅に向かい、そこからタクシーで北海少年院と紫明女子学院を訪問しました。北海少年院と紫明女子学院へは2001年に共同研究出張で訪問しており、今回が2度目になります。
　初日の予定は隣接する2施設でしたが、翌日の参観のために旭川まで移動する必要があります。17：22の快速エアポートで30分かけて、まずは札幌に向かい、18：00発の特急カムイにて約1時間半車中に揺られて旭川に入りました。駅近くのホテルにチェックインした後、その日の反省会を兼ねて、旭川の夜に繰り出しました。旭川といえば、毎回参観先の選定にご助言をいただいている畠山晃朗客員教授が、かつて所長を務めておられた旭川刑務所がある地です。夕食は畠山教授に導かれるまま、馴染みの店で時の隔たりを感じさせない歓待を受け、北海道の味覚を堪能しました。まずは食事で懇親を深めた後、畠山教授ゆかりのお店で、喉を潤したり枯らしたりしながら、さらなる懇親を深めました。

8月23日（木）

　2日目は、まずホテルから徒歩で旭川駅に向かい、タクシーにて旭川保護会に向かいました。施設では詳しい説明をいただきながら見学することができました。当初の予定が済んで、施設の裏手を滔々と流れる石狩川を眺め、その後、いったん旭川駅に戻り、各自で昼食を取りました。現在の旭川駅は2011年にグランドオープンした新駅舎で、充実した複合商業施設も隣接していました。その後、再び旭川駅に集合して、タクシーにて旭川刑務所を訪問しました。旭川刑務所は2007年に訪問させていただいており、今回が2度目となります。

　予定していた2施設の参観を終えると、タクシーにて旭川駅に向かい、今度は3日目の予定先である遠軽に向かいました。17：05旭川発の特急大雪にて石北本線を北へ北へと進みました。街中とは異なる車窓の風景は、日没とともにさらにその様相を変えていき、一行が遠軽に到着したのは19時頃でした。

　いったん、ホテルにチェックインした後、焼肉屋で賑やかな一時を過ごしました。北海道とはいえ、夏場でしかも焼き肉となると、さすがに暑かったのですが、特に冷房を入れる気配もなく、北海道の人は暑さに強いのだろうか、暑さを楽しんでいるのだろうか、などと思いをめぐらしていたところ、帰り際になってエアコンが唸りを上げていました。やはり、遠軽市民も暑かったようです。

8月24日（木）

　3日目は、チェックアウトの後、ホテルに荷物を預かっていただき、タクシーにて北海道家庭学校に向かいました。遠軽の北海道家庭学校については、何度か共同研究出張の候補先に挙がったことがあるものの、遠方であり、しかも北海道内の移動も大変であることから、これまで実現しなかったという経緯があります。今回は満を持して、ということになりますが、広大な敷地には礼拝堂や労働体験に即した施設が点在しており、資料室では家庭学校の歴史を伝える貴重な品々と共に、ガンダムのキャラクターデザインでお馴染みの安彦良和氏（遠軽出身）のイラストをもとにした留岡幸助・北海道家庭学校の映像資料が上映されていました。

　北海道家庭学校の見学後は、いったん街にもどり、前日から気になっていたミートパビリオンでジンギスカンや手作りのハム、ソーセージなどを堪能しました。昼食を済ませた後、14：49発の特急大雪にて遠軽に別れを告げ、一路、網走に向かいました。16：35に網走に到着した後、夜はオホーツクの味を楽しみました。

8月25日（金）

最終日の午前中は自由行動時間でした。博物館網走監獄を中心に、各自網走、オホーツク文化について見聞を広め、13：00過ぎに網走刑務所に集合しました。網走刑務所は、2001年以来２度目の共同研究出張となります。私自身は初めての訪問であったので、旧監獄との違いや、内陸部である旭川刑務所との寒気対策の相違点などにも特に関心を引かれました。こうしてすべての日程を終えた後、現地解散となりました。

おわりに

　施設参観中、少し雨が降ることもありましたが、おおむね天候には恵まれたと言えます。北海道は京都に比べると、夏場は過ごしやすい気候です。ところが2017年は例年に比べ、北海道の夏は暑かったようです。人間というものは勝手なもので（私だけかもしれませんが）、いつの間にか暑さに苛立ちを覚えることもありました。
　そもそも自然の気候は人間の都合で勝手に変えられるものではありません。にもかかわらず人工物に囲まれた生活を送っていると、室内空調や屋外に設置された機器のおかげで、気温を自分の都合通りに操作できると錯覚してしまうことがあります。その点、雄大で、かつ厳しい自然環境に囲まれた北海道の地は、人間に対して大きな反省を促してくれるようにも思います。
　いったんその自然が猛威を振るった時には、人間の生活が脅かされ、また甚大な被害を受けることもあります。しかし、じっくりと自分に向き合い、自らの人生を振り返り、これからの社会生活に向けて思いを馳せる上で、厳しい自然環境は数値などでは計ることができない、一定の有効な役割を果たしているのではないかと強く感じました。もちろん施設が置かれた環境によって、罪を犯した人の更生が左右されるということではありませんが、各地域の施設の特色を知るという共同研究出張の目的に即して言えば、今回参観先に選んだ北海道の各施設は、他の地域とは異なる個性を持っていたように思われます。
　訪問先の各施設では、公務多忙な折、私たちの参観に合わせて貴重な時間を割いていただき、懇切丁寧な説明をいただくことができました。この場をお借りして、参加者を代表し、あらためて心より感謝し、篤く御礼申し上げます。

1　北海少年院

菅　沼　登志子

1　はじめに

　更生保護OBであるが、北海道委員会管内勤務の経験はなく、北海少年院については、中部委員会で評議対象となった瀬戸少年院の仮退院審理事件で、北海少年院に移送され、「特定生活指導」の一つ「性非行防止指導」を受けて還送されたケースを通じて知った。単に名前から、寒風吹きすさぶ「北海」に面したかつてのボースタル（少年院）をイメージしたが、北海少年院は内陸にあって、大型特殊自動車第一種免許（大特）取得のための運転コース（樽前技能訓練所）を有し、周囲は住宅、公園、自衛隊駐屯地、近くに小学校もある。とんだ妄想であった。（白状すると30年前にボースタル発祥の地近くを訪問した時、たまたま風が強くて寒い日だったことが妄想の始まり。）

2　沿革

　平成4年発刊の「北海少年院50年史」によれば昭和17年、札幌市に保護団体の建物を借り受け発足とある。翌年には千歳市の現在地近くに移転。戦中のこととて当時在職した職員の寄稿文には「少年報国挺身隊北海部隊」「函館ドック室蘭工場に臨時工員として収容」「室蘭製鉄工場から徴用工生20名修養のため入院」「10万坪の敷地で冬は伐採作業、夏は開墾作業」等あり。

　昭和24年院法施行、初等・中等男子施設に指定されたが、昭和60年の施設新営、現在地移転までは「広大なグラウンドや農場、それにスキー場やスケート場」があり、農耕科機械班から発展した建設機械運転科が昭和52年の建設機械運転施設指定に繋がった。平成6年には土木建築科開設。もちろん、土木建築の他に、溶接、木工等の職業指導が行われているし、平成14年には介護サービス科を開設しているのだが、「大特」に拘るのは、目の当たりにした建設機械の大きさに驚き、教官同伴で院生が広い敷地内のコースに出て運転しているのを見て、緑と土の豊かな自然を

実感したため。(荒涼たる「北海」妄想は消滅。)

3　収容状況

　平成27年6月新少年院法の施行に伴い第1種男子少年院指定。社会適応課程Ⅰ（A1）、義務教育課程Ⅱ（E2）［義務教育未修了者］、支援教育課程Ⅲ（N3）［知的能力制約、対人関係稚拙、非社会的行動傾向等］　設置。定員150人。

　平成28年末在院者の矯正教育課程別内訳（以下年統計に係るものは法務省HP少年矯正統計表に依った。）はE2につき1人、A1につき39人、N3につき7人、合計47人。平成28年入出院事由別人員は、入院につき、前年からの繰越し66人、新収容41人、施設間移送20人、出院につき、仮退院57人、施設間移送21人、その他2人。年間1日最高収容人員67人、一日平均収容人員48人。(27年一日平均収容人員67人、26年同47人)［施設間移送については、後述する性非行防止指導のために管外からの移入（平成29年8月見学時までに6人）がある他、「大特」取得の職業指導のための移入（同2人）がある。］

　出院者の在院中に取得した資格・免許内訳は溶接技能者26人、自動車整備士1人、情報通信技術・OA機器操作関係資格2人、大型特殊自動車運転免許6人、事務関係資格1人、介護職員初任者研修修了9人、危険物取扱者14人、高認合格2人。

　新収容者の精神診断につき、精神障害なし35人、知的障害2人、発達障害2人、その他の精神障害2人。(従来から実施されてきた点訳絵本奉仕をN3対象として、院外の点字図書館での寄贈までを含めた社会貢献活動［特別活動指導］として実施したことについては刑政平成29年6月号にて報告されている。)

4　矯正教育

　矯正教育、社会復帰支援の両面にわたって処遇が行われているところ、矯正教育のうち、冒頭記載のとおり、他少年院からも該当者を受け入れ実施されている性非行防止指導（6つの特定生活指導のうちの一つ）について触れる。平成25年から福岡少年院と並んで重点指導施設として指定され取り組まれているもので、J-COMPASSと名付けられた中核プログラムとマインドフルネス、アンガーマネジメント、被害者の視点を取り入れた教育、性教育、個別面接の5つの周辺プログラムにより構成され、4か月1クールとして実施。参観時は、東京管区からの4人、

名古屋管区からの2名の移入少年を加え、6月から開始した8人のグループでミーティング等を行っていた。9月末に終了予定。

平成25年の試行を担った首席専門官の報告(刑政平成26年11月号)には、J-COMPASS のみならずマインドフルネスと「新世代の認知行動療法」と称せられる ACT(Acceptance & Commitment Therapy)との関係が記載されている。

成人施設でのR3特別改善指導については、本人自筆の再犯防止計画等の引継ぎがある等、矯正・保護間での情報共有が図られている。少年については、仮退院審理の際提供される処遇情報はかなりの量であるものの量が多いだけに今一つとらえにくい。さらに多種多様なプログラムが次々と実施され、社会内処遇で少年を引き継ぐことになる保護観察官、保護司も成果を咀嚼しにくいであろう。プログラム等実施の際の少年の様子をもとに「この少年はここが変わった」「この少年はこの段階にきている」(ようだ)といった職員の端的なコメントで生き生きと伝えられるならば、実のある情報提供となり、仮退院後の再非行防止のための処遇に資するところが大なのではないだろうか。

2 紫明女子学院

菱 田 律 子

1 はじめに

　平成29（2017）年4月1日現在、少年院は全国に52庁（分院6庁含む。）あり、うち女子少年院は、北から（北海少年院分院）紫明女子学院、（東北少年院分院）青葉女子学園、榛名女子学園、愛光女子学園、交野女子学院、（広島少年院分院）貴船原少女苑、丸亀少女の家、筑紫少女苑、（沖縄少年院分院）沖縄女子学園の9庁である。

　筆者は矯正職員として37年間在職、うち22年間を5か所の女子少年院で勤務、女子少年院がホームグラウンドであったと自認しているものであるが、かつて、紫明女子学院（以下「同院」という。）に勤務した経験のある幾人かの方から勤務しやすい施設、再度勤務したい施設と聞いており、今回、初めて参観の機会を得たことを、大変嬉しく思うとともに、丁寧に対応して下さった分院長 杉村　二 氏ほか職員の方々に、心からお礼申し上げるものである。

2 施設の沿革

　参観当日に配布された同院の要覧、「矯正風土記」（昭和63年矯正協会発刊、上巻150～161ページ）及び「施設だより　山紫水明」（「刑政」平成26年2月号124～128ページ）によれば、同院の沿革は、次のとおりである。

昭和19	1944	12月	上砂川町に、保護団体紫明寮として発足
昭和24	1949	3月	国に移管され、北海少年院分院紫明寮となる
昭和25	1950	5月	上砂川町から歌志内市に新築移転
昭和31	1956	4月	本院昇格、紫明女子学院と改称
昭和52	1977	6月	少年院運営改善により、一般短期処遇併設
昭和56	1981		千歳市への移転予定を歌志内市に通知、存置運動起こる
昭和58	1983	12月	歌志内市から現在地に移転

昭和60	1985		年間の新収容者97人（最大）
平成3	1991	9月	特修短期処遇併設
平成19	2007	5月	短期処遇改編により、特修短期処遇閉鎖
平成26	2014	4月	北海少年院分院紫明女子学院となる
平成27	2015	6月	新少年院法施行、第1種・第2種少年院となる

「矯正風土記」（上巻153ページ）には、次のように記されている。

　「太平洋戦争も末期の頃…樺太、北海道、東北一円に女子の保護施設は一つもない状態であった。そのため、札幌少年審判所審判官鳥井松平氏、少年保護に理解をもっていた三井鉱山株式会社砂川鉱業所次長甲賀庄平氏と刑務所教誨師の前歴を有する同社労務係長武本宜正氏が協議進言し、設立計画を立てた。これに基づき、司法大臣に認可を申請したところ、昭和19年12月25日付けをもって『三井砂川鉱業所付設保護団体紫明寮』として誕生をみた。…当時の風景は、日高山脈の北端に位置し石狩平野を一望できる場所にあり、山々の緑は色濃く川のせせらぎは清く澄みきっていた。この景観は、古語の『山紫水明』を思わせ、この地にふさわしいものとして『紫明寮』と命名されたのであった。」

保護団体から北海少年院分院、本院昇格、そして再び分院という沿革は、少年矯正の歴史そのものである。また、「紫明」という美しい施設名に、創設に尽力された人々の願い・ロマンが感じられる。

3　施設の概要

　同院は、JR千歳駅から約2キロメートル、道央自動車道千歳ICから車で約7分、交通の便に恵まれた立地条件にある。

　北国使用の二重構造の庁舎玄関でスリッパに履き替え2階に上がると、まず、少年用の胸元のリボンがかわいいチェックの制服や寮内用のポロシャツ等の展示が目に入った。スカートに抵抗感を示す少年に配慮して、制服のスカートとズボンは自由選択との説明だった。

　会議室に入ると、数々の紙や布等による手作り作品の展示が印象的で、作品の一つ一つから、制作した少年たちの思いが伝わってくるようだった。

　分院長杉村氏から、施設の概要等について説明があり、施設内を参観させていただいた。主要な建物（庁舎・寮舎・教育棟・体育館等）は、昭和58（1983）年完成のRC造2階建て、築34年であるが、丁寧に使用、維持管理されており、古さを感じ

なかった。

また、比較的最近に整備された新型保護室・静穏室は、整備されていることで安心して勤務できるようである。

4　収容状況

　法務省の「少年矯正統計」によれば、近年、女子少年院の新収容者は全国的に減少傾向にある。中でも、同院の新収容者は、平成26（2014）年4人、平成27（2015）年9人、平成28（2016）年4人と減少が著しい。収容定員56人のところ、参観当日の平成29（2017）年8月22日現在、2人であった。うち1人は相当長期間の勧告が付された少年、もう1人は他管区から送致された再入少年とのこと、いずれも、劣悪な家庭環境や被虐待歴など深刻で複雑な問題を抱えた配慮を要する少年と推察される。その後、3人の入院があり、9月22日現在5人とのことである。

　分院長杉村氏から伺ったことを、筆者なりに要約すると、次のとおりである。

① 　昨年4月に着任、札幌管内の家庭裁判所において広報したが、そもそも観護措置になる女子少年がいないこと。

② 　福祉関係者のケース研究会に出席したところ、「いよいよだめな時は刑事政策に乗せないといけないか」ということについて意見が交わされ、最後の受け皿として、様々なケースに柔軟に対応することが重要であると感じたとのこと。

③ 　発想を切り替え、「これまで、できなかったことをやる」、入院後2-3か月くらいから、可能な限り社会貢献活動として、介護福祉施設・子育て支援センター等へボランティア活動に出すようにしており、当日も1人が活動中とのこと。

④ 　平成26（2014）年4月から北海少年院の分院となり、職員定員24人になった。現員23人（うち公安職22人、行政職1人）、育児休業1人については未補充である。分院化により、職員の交流が進む中、男女職員が協働して展開する新たな処遇の在り方を模索しているとのこと。

5　おわりに

　分院長杉村氏はじめ職員の方々は、発想を切り替えて積極的に外へ出す教育をされており、また施設の維持管理や広報に取り組まれていることに敬意を表したい。

　少年院の収容状況について、減少傾向にあることは認識していたが、今回の参観を通して、特に、女子少年院については「存亡の機」にあると感じた。危機はチャ

ンスであると言われるが、かつて「紫明寮」の創設に尽力された方々の熱意にならい、今は北海道に女子少年院「紫明女子学院」を存続させるために、従来の発想から脱却して、最後の受け皿としての少年院の在り方について考え、少年院だからできることアピールしていくことが必要なのではないかと痛感させられた。

3　更生保護法人旭川保護会・旭川清和荘

松 田 慎 一

1　はじめに

　平成29年度の矯正・保護課程における「共同研究出張」で北海道旭川市にある更生保護施設旭川清和荘を参観する機会を得た。
　旭川清和荘（以下「清和荘」）は、更生保護法人旭川保護会が経営する更生保護施設であり、人口約34万人を有する旭川市の中心部に位置する閑静な住宅地域にある。
　清和荘では、笠原秋義施設長（以下「施設長」という。）に加え、旭川保護観察所畠山茂祥主任保護観察官（以下「主任観察官」という。）から施設の沿革、概要、被収容者の収容状況、社会復帰支援の状況等全般的な説明を受けた。

2　沿革

　大正 5（1916）年 5 月に旭川地方裁判所が開設し、同 8 年 2 月に拘置監であった札幌監獄旭川分監が旭川監獄と名称を変更し、廃止になった樺戸監獄の囚徒を含む全ての事務を引き継いでいる[1]。
　こうした情勢を受け、同年11月に旭川地方裁判所検事局狭間親検事正が保護施設の必要性を説き、裁判所長や典獄（刑務所長）等をも発起人として旭川保護会の設立を決定し、同11年 4 月に財団法人旭川保護会として認可され[2]、同12年に当時の旭川監獄（旭川市 8 条通13丁目10号）に隣接した同市 8 条通15丁目右 1 号に保護施設を設置し、刑務所出所者の収容保護を開始している。
　昭和 2（1927）年 8 月　同市 9 条通 2 丁目の現在地に、539坪の土地を取得し、保護施設（定員30名）を新築し移転し、戦中・戦後の多難な時代に司法保護事業を継

1　旭川刑務所　施設のしおり
2　更生保護50年史　第 2 編　全国更生保護施設一覧　927頁

続している。

　第二次世界大戦後、刑事司法の分野において大きな改革が行われ、更生保護に関しても昭和24年に犯罪者予防更生法が、翌25年には更生緊急保護法が制定され、同年11月に財団法人旭川保護会も更生保護事業の経営認可を受け、更生保護会として刑余者等の収容保護を行うこととなった。同40年保護施設の名称を「新町寮」としている。

　同44年10月老朽化した施設を全面改築し、収容定員を20名（男子18名、女子2名）とし、平成3 (1991) 年には旭川少年保護会を統合し、施設改築を行い収容定員18名とし、併せて女子の収容を廃止している。

　同8年4月更生保護事業法の施行に伴い、財団法人から更生保護法人に組織変更し、施設の名称を現在の「旭川清和荘」に改めている。

　同9年4月保護施設を全面改築し、収容定員男子20名（成人15名、少年5名）とし、何度かの施設改善を行い現在に至っている。

3　施設の概要

　敷地面積は577㎡で、建物は平成9年54に全面改築された鉄筋コンクリート造り2階建て（延床面積668㎡）で、1階に事務室、食堂、居室等が、2階に居室等が配置されている。

　収容定員は男子20名（成人15名、少年5名）で、居室は個室が12室、2人部屋が1室、3人部屋が2室ある。

　1階にある居室は個室でバリアフリー仕様になっている。

4　職員体制

　職員は、施設長、補導主任、補導員2名、薬物専門職員1名、福祉職員1名、勤調理員2名、自立支援業務補助賃金職員1名、非常勤補導員2名の体制で、入所者の処遇と施設の維持運営に当たっている。

　更生保護施設における受入れ機能の強化のため、職員体制が強化されているのがよく分かる。

　その一つが福祉担当補導員で、清和荘が平成21年に高齢者、障害者受入施設である「指定更生保護施設」に指定されたことに伴い、福祉に関する専門的知識を有する職員として採用している。

次が薬物専門職員で、清和荘が同28年に「薬物処遇重点実施更生保護施設」に指定されたことに伴い、薬物事犯者に対して重点的な処遇を実施する職員として採用している。

その次が、自立支援業務補助賃金職員で、入所当初から計画的かつ継続的な住居確保支援業務を行うなど被保護者の自立を支援する業務を補助する賃金職員として採用している。

5　収容状況

受入れ判断のキーワードは、更生意欲、協調性、稼働意欲、住民感情とのことであるが、施設長は「更生保護施設は「最後の砦」である」との自負から、清和荘への帰住を希望する者は積極的に受け入れ、例えば、自立更生に特別の配慮を要する自立困難者、特別調整対象者である高齢者・障害者及び薬物事犯者の積極的の受入れに加え、過去に放火事犯・性犯罪があっても10年間同一再犯がなければ受入可として、無期刑受刑者についてもほぼ100％受入可で回答しているとのことであった。

提供を受けた資料によると、前年度末の収容人員12名に加え27年度新収容人員55名を加えた67名が保護実人員であり、宿泊延人員は6,196人であった。

この人数を1年間に収容可能人員（20人×365日）で除した年間収容保護率は、84.6％とかなり高水準となっている。

施設長の話にあった「常に17～18人が在会している」との実感に近い数字となっている。

ちなみに資料中の本年6月30日現在の収容者の種類別では、保護観察対象者が仮釈放者7名、保護観察付執行猶予者1名の計8名で、更生緊急保護対象者が満期釈放者7名、罰金1名、起訴猶予1名の計9名となっている。

また、自立支援業務補助賃金職員採用の効果で、退会者のうち、49名が民間アパート、協力雇用主の寮、親族の元に退会しているとのことであった。

6　特色ある社会復帰支援

更生保護施設では，宿泊場所や食事の提供など，入所者が自立の準備に専念できる生活基盤を提供するとともに、補導関係職員による生活指導、就労指導、貯蓄指導、自立支援等の指導助言が行われる。

前述したとおり、清和荘でも施設整備、職員体制の充実を図り、自立困難者、高

齢者・障害者及び薬物事犯者の積極的の受入れ積極的な受入に努めているが、加えて、近年は、「入所者の特性に応じた専門的な処遇」の充実が求められている。

更生保護施設の入所者の中には、飲酒・薬物依存、対人関係等の社会生活上の問題を抱えている者が少なくない。

清和荘では、入所者がこうした問題を解決して、社会生活に適応するための専門的な処遇としてSST（社会生活技能訓練）を月1回行い、テーマとして対人スキル、基本的生活習慣、健康管理、金銭管理、就労意欲等を取り上げているとのことであった。

また、本年度から予算化された更生保護施設退会者に対するフォローアップも、清和荘は2年前から積極的に実施していて、施設長によると清和荘は退会者の憩いの場所となっているとのことであった。

薬物依存者に対しての処遇としては、保護観察所が実施する薬物乱用防止プログラムに加え、清和荘独自の取組として、任意ベースでの尿検査の実施がある。清和荘在会中は尿検査を受けることについて生活環境調整の段階で本人からの同意を取ることにしているとのことであった。

7　道北リカバリーセミナー・ポーラーベアーズ

薬物乱用防止プログラムでのSMARPP[3]の学習を終えた在会者に対しては、道北リカバリーセミナー・ポーラーベアーズの活用を図っているとのことであった。

道北リカバリーセミナー・ポーラーベアーズについて、主任観察官から説明を受けた。

薬物依存症は精神疾患であり、回復まで長期にわたり適切な治療や支援を受ける必要がある。薬物依存者は、保護観察中はプログラムの実施などを通じ、薬物依存からの回復に向けて指導を受けるとしても、保護観察終了後は自らが自助組織など地域の社会資源を利用して適切な支援を受け、回復をめざしていくことが大切になる。

ところが、旭川市を含む北海道北部地域では、薬物依存当事者による自助組織、DARCやNAなど利用できる社会資源が無かったため、保護観察所が中心になっ

---

[3] SMARPP（Serigaya Methamphetamine Relapse Prevention Program：せりがや覚せい剤依存再発防止プログラム）とは、神奈川県立精神医療センターのせりがや病院にて開発された、精神刺激薬の覚醒剤への薬物依存症を主な対象とに認知行動療法の志向をもつ外来の治療プログラムである。

て、薬物依存者が通所できる社会資源の立上げの必要性を訴え、医療機関、保健所等の職員など協力を得て、平成26年11月に道北リカバリーセミナーは誕生したとのことである。

このセミナーのポーラーベアーズの名は、旭川動物園の人気者・ホッキョクグマに由来している[4]。

セミナーのミーティングの会場は、地元の旭川地区保護司会が運営している旭川更生保護サポートセンターであり、更生保護関係者にとって自らがリードして誕生した道北リカバリーセミナー・ポーラーベアーズを、大きく育てたいとの思いが強いことであった。

8　地域との関係形成

清和荘は閑静な住宅地域にある。施設長によると地域との関係は良好とのことである。更生保護施設の存在を地域社会に理解してもらい協力を得るため、近隣地域の代表を理事として迎え、年末には社明カレンダーの配布を実施しているとのことであり、加えて施設の近くにある常盤公園の清掃奉仕、施設周辺の除雪奉仕等を行い、地域に有用な存在であることを理解してもらう努力をしているとのことであった。

9　おわりに

施設参観を通じて、笠原秋義施設長以下スタッフ全員から、清和荘は地域における犯罪者処遇の専門施設であることの誇り、積極的な寮生の受入及び社会復帰支援の充実を目指す意気込みに感銘を受け、また、この種施設への総論賛成、各論反対の世相の中で、清和荘は地域に必要な施設であるとの理解を得るため集会室の開放、清掃奉仕など地域との良好な関係作りに努力する姿に頑張れとの心からのエールを送くりながら清和荘を後にした。

---

[4]　更生保護　平成28年6月号　横地環「みんなで育てるホッキョクグマ―道北リカバリーセミナーPolar Bears の歩み―」

4 旭川刑務所

畠 山 晃 朗

1 はじめに

　久しぶりの旭川である。私は平成4年から5年にかけて、同所の所長として勤務した経験がある。その当時と周囲の環境はあまり変化していないが、(市内の中心地からタクシーで40分程かかる) 施設の設備等は大きく改善されていた。まず驚いたのは施設全体が、職員宿舎を含めて非常に近代的な外観に全面的に改善されていたことと、私が所長の時には、旭川刑務所は、管内で一番老朽化した施設であり、職員宿舎もあまりよいとは言えない状態であったので、職員の約六割が、自宅や賃貸住宅からの通勤であった。LB級受刑者という長期で犯罪傾向の進んだ改善の困難な受刑者を拘禁している施設であるので、保安警備上からも、非常時にすぐ対応できる職員宿舎に職員が約4割しかいないという状態では、公安施設としてはそれが大きな問題点となっていたが、この度の全体改築では、立派な良い宿舎に改善されたので、多くの職員が施設宿舎に帰ってきたようであった。

　また、施設も改築が進んで、長期受刑者収容施設としての環境が改善されていた。全収容者を独居房に収容できるようになり、長期受刑者の収容施設としての、処遇上及び施設の環境が整えられていた。このように、LB級指標の受刑者という質の悪い刑期10年以上の長期受刑者を収容する施設としては、全収容者を独居拘禁とすることができるという事は、受刑者処遇上及び保安警備上も、考慮されたということが出来、職員の負担も軽減されると言えるし、施設の設備環境がこのように整えられたことは、保安警備上とLB級という長期受刑者で処遇上困難な長期受刑者の処遇も、新法における各種の個別的処遇を効果的な方策で実施できるという事であり、職員の負担も大きく軽減されたことであろうと思った。

　とにかくLB級指標の受刑者という長期刑で一番処遇が困難な受刑者をとりあつかう施設だけに、職員の勤務環境が極めて困難であることから、職員の生活環境を整備して、職員が一体感をもって仕事が出来るように配慮しなければならないことは言うまでもないことであります。その為には職員の待遇改善を配慮するととも

に、居住環境も良くすることが不可欠である。
　そういう意味では、私が現役の時と違って、施設の設備も職員の宿舎も著しく改善されていたので、見違えるばかりであった。
　かって自分が勤務していた施設にもかかわらず、すっかり変化しており、昔の面影もなく、素晴らしい施設に様変わりしていた。

2　施設の沿革

大正5年	旭川地方裁判所の設置と同時に札幌監獄旭川分監として刑事被告人の収容を開始する。
大正8年	官製改正により旭川監獄と名称変更、樺戸監獄廃止に伴い事務棟を引き継ぐ
大正11年	旭川刑務所と改称
昭和25年	西神楽農場開設
昭和43年	現在地に施設移転（市内の真ん中より辺鄙な場所に移転する。）
昭和44年	刑期8年以上の長期受刑者収容開始
昭和47年	新分類規定によりLB級施設となる。
平成10年	分類規定改正によりB級受刑者も収容開始となる。
平成22年	処遇調査に関する訓令改正により、長期刑が8年から10年に変更される。
平成23年	施設全体改正工事開始
平成28年2月	施設全体改築完了

3　当日の収容状況と職員の状況（収容定員と現員、職員定員と現員）

（1）収容状況　収容定員、既決400名、未決100名　合計500名
　　　当日の収容人員　既決224名（収容率56%）、未決23名（23%）、
　　　　　　　合計247名（49.4%）
（2）年齢等　平均50.6歳　最高齢者　88歳、最小齢者26歳
（3）罪名等　殺人75名、強盗32名、性犯罪17名、放火1名、窃盗20名、
　　　　　　覚せい剤42名、詐欺横領11名、その他26名
（4）指標別人員　LB級　146名、70%、B級　62名、30%
（5）職員関係　公安職145名、医療職3名　合計148名
（6）刑事施設視察委員　4名（外部の民間人）

4 処遇の特色

(1) 旭川刑務所は、主として刑期10年以上のLB指標の受刑者を収容している施設である。かっては、過剰収容で狭隘な処遇環境の中、共同室においては、喧嘩事犯及び作業拒否事犯等、対人関係に起因する反則が絶えず、受刑者の中には対人関係を嫌がり独居に逃げ込む者が多くなっていたそうである。

それが、平成23年に施設全体改築工事が着工され、5年の歳月をかけて、平成28年2月に施設全体改築工事が完了し、これにより受刑者の居室は全て単独室となったことにより、現在では対人関係の不調による種々の問題が軽減され、反則事犯が減り、落ち着いた静かな生活環境の下、受刑者が自らの事件や将来のことを考えたり、勉強や読書に集中することが出来るなど、良好な処遇環境が整った状況にあり、各種処遇を実施している。また、所内を参観している間には、受刑者の作業態度も安定しており、我々を見るような受刑者もみられず、工場内はこれが受刑者のうちで一番悪質なLB級指標の受刑者がいるとは思えないぐらい規律正しく就業をしており、法学部の教授が沢山きていたが、皆さんビックリするぐらい、静かに作業をしていたので、やはり施設が新しくなったら、そこに収容されている受刑者も、なんとなく規律正しく安定した生活をできるのだと感心していた。

(2) 受刑者の居室を全室単独室としたことについて。

全室単独室の概要。受刑者400名の全室を単独室としたことは、かねてから刑務所の現場職員の希望するところでありましたが、集団室に比較して、経費が膨らむとの理由で実現していなかったのであるが、処遇の難しいLB指標の施設で実現できたことは、処遇の充実のみならず職員の勤務環境の改善にも寄与しており、非常に意義深いことであると思います。

全室単独室の目的は、処遇の充実のみならず、被収容者の一番問題の多い人間関係のトラブルを防ぐことにもなり、さらに、これから大きな問題となる高齢受刑者対策ともなることであり、今後の老朽化した刑務所の改築のモデルケースとなると感じました。

(3) **全室単独室とした効果**

受刑者にとって一番悩みの種となる、受刑者間の人間関係のトラブルがなくなり、それに起因する懲罰件数が著しく減少しており、それだけでも大きな効果であるということが出来る。さらに、喧嘩や職員に対する暴行等の非常時に鳴らされる非常ベルの件数が、著しく減ったというのも、この成果であるとのことであった。

また、全室単独室にしたことについて、同所では、受刑者からアンケートをとっているが、その結果では、「静かに生活が出来る。164件」、「勉強が良く出来る。143件」、「同僚との関係が楽。106件」、「将来のことを考えられる。101件」、「事件のことを考えることが出来る。96件」「家族のことを考えることが出来る。82件」、「同僚から悪影響を受けない。69件」等であり、やはり彼らの一番問題となる人間関係のトラブルが減ったことが一番良かったと回答している。
　また、反対に全室単独室となり悪かったこととしては、「抑えてくれる人がいない。76件」、「会話が出来ない。75件」、「囲碁将棋が出来ない45件」等であり、孤独になるのを寂しがる傾向が見られた。

5　反則行為調査件数及び懲罰

（1）　反則行為調査件数

　同所における反則行為の調査件数は、平成28年度は全室単独室化により大幅に減少してることが認められた。

　　平成26年　　総数155件（物品不正授受39件、誹謗中傷31件、物品不正所持21件、
　　　　　　　　　　　　　不正製作13件、怠役等作業拒否11件、その他40件）
　　平成27年　　総数155件（物品不正授受19件、怠役等17件、物品不正所持12件、その他
　　　　　　　　　　　　　107件）
　　平成28年　　総数102件（怠役等作業拒否12件、抗命8件、不正製作8件、その他74件）

（2）　懲罰の実施状況

　同所における懲罰の状況は、以下の通りであり、やはり全室単独室化により平成28年には大幅に減少しているが、全室単独室化となり、孤独に耐えられなくなったと思われる通声という違反者が他の年度には見られなかった違反が見られたが、これは単独室等の受刑者が他の居室の受刑者に話しかける違反であり、懲罰まで持ってくるのは、数度の注意の後の事と思われ、寂しさを紛らわせる行為であるが、こういうあまり大した問題でない規律違反でも、放置していると、だんだん違反が大きくなる傾向にあるので、取り締まっているものと思われる。

　　平成26年　　総数117件（物品不正授受22件、物品不正所持15件、怠役9件、
　　　　　　　　　　　　　不正製作7件、抗命4件、その他60件）
　　平成27年　　総数126件（物品不正授受22件、不正所持15件、怠役9件、不正製作7件、
　　　　　　　　　　　　　抗命4件、その他69件）
　　平成28年度　総数84件（怠役等12件、抗命10件、不正所持6件、通声5件、その他5件）

6　不服申し立ての状況
（審査の請求、再審査の申請、事実の申告、苦情の申し立ての状況）

　受刑者の不服申立制度は、監獄法から刑事収容施設及び被収容者等の処遇に関する法律により、大幅に権利が保障され、秘密の順守や検査を受けないことが保障されました。
（1）　平成26年　申し立ての状況
　　　　　　　○審査の申請　13件　再審査の申請　3件
　　　　　　　○事実の申告　管区長　4件　法務大臣　2件
　　　　　　　○苦情の申し立て　大臣　10件　　監査官10件、所長25件
○平成27年　　○審査の申請　15件　再審査の申請　2件
　　　　　　　○事実の申告　管区長　3件　法務大臣　0件
　　　　　　　○苦情の申し立て　大臣　2件　　監査官13件、所長5件
○平成28年度　○審査の申請　15件　再審査の申請　2件
　　　　　　　○事実の申告　管区長　3件　法務大臣　0件
　　　　　　　○苦情の申し立て　大臣　2件　　監査官13件、所長5件

7　施設視察委員会の活動状況

　同所の視察委員は4名で、昨年は6回の委員会が開催された。一年間で意見提案箱141件、郵送2件の意見提案書があり、すべての提案について内容を検討したが、特に採用するようなものは無かったとのことであった。委員会は年間6回開催され、受刑者との面接も8件実施されている。

8　同所における矯正処遇の実施状況

（1）受刑者には、作業ならびに改善のための指導と教科指導を処遇の中心として行うことが「刑事収容施設及び被収容者等の処遇に関する法律」により定められている。
　同所では、受刑者には職業訓練、改善指導などの各種のプログラムを組み合わせながら改善指導を実施し、更生意欲を喚起するとともに社会への適応性を身に付けらせているとのことであった。また、在所中に就労支援を行い、出所後の生活基盤

を確保するようにするなど、円滑に社会復帰できるように様々な働きかけや支援を行っているとのことであった。

（2）同所には殺人、強盗等凶悪犯が多数収容されているので、改善指導として「被害者の視点を取り入れた教育」を重点的に実施している。

（3）また、矯正指導の流れとして、まず、刑執行開始時の指導を行い、ついで、教科指導として、補修教科指導と特別教科指導を実施して、ついで、各種の改善指導を行っているが、改善指導としては、全般的な改善指導としての一般改善指導と、特別に犯罪性が高いものに対する特別改善指導を次のとおり行っている。①薬物依存離脱指導②暴力団離脱指導③性犯罪再犯防止④被害者の視点を取り入れた教育⑤交通安全指導⑥就労支援指導、そして最後に釈放前の指導を行っている。

（4）制限の緩和の状況、受刑者の自発性、自立性を涵養するため刑事施設の規則等の目的を達成するに従い順次緩和する。また同所には西神楽農場という開放施設があり、2種以上のものが適性に応じて、開放処遇を受けている。各種別々の人員は、次の通りであった。
（1種2名、2種58名、3種131名、4種18名、未指定9名）

（5）優遇措置の現状、受刑者の改善更生の意欲の喚起として、成績に応じて優遇措置を行っている。その優遇措置としては、物品の貸与及び支給、自弁物品の使用または摂取、面会の時間の延長及び回数の増加をしている。
（第一類2名、第二類39名、第三類116名、第四類25名、第五類12名、指定なし27名）

9　刑務作業の実施状況

（1）旭川地方は中小零細企業が多く、産業基盤は極めて脆弱であり、刑務作業に適する製造業等が少ないことから、その作業が非常に少なくて、主要業種である金属作業は3社と契約している。そのほかは長期受刑者の特色を生かした見越し製品の製作を行っている。

（2）木工場、旭川は北海道内では、木工家具製造として有名な街であり、当所としても大型の家具を製作していたが、昨今の住宅環境の変化により、それら家具の需要が激減したため、現在では木製小物の製作を行っており、当所制作の小箱では、全国作業製品コンクールで法務大臣賞を受賞した。

（3）金属工場、主なものとして、市内外金属業者や町内会等の注文を受け、金属部品やダストボックスの製作をしており、当所の独自の製品としてバーベキューコンロを7種類製作しており、即売会では好評を得ている。

（4）洋裁工場、当所では、全国の刑事施設等で使用する丸首半そでシャツを製作しているほか、一般企業からの注文を受け、幼稚園児等が所持しているナップサックやレッスンバック等を製作している。

（5）皮工場、昭和58年ころ導入した安全靴の縫製作業等を継続している。

（6）西神楽農場関係、当農場は戦後の過剰拘禁及び食糧難に対処するため、発足当時は110人前後の受刑者を泊まり込み作業として出役させていたが、昭和37年ころから当所の収容区分が従来のB級からLB級に変更になったことから、他所で確定したB級受刑者を区分外収容として就業させていた。平成14年度で畜産農業を廃止し、平成15年からは耕種農業のため通役を行っていたが、平成28年からは泊まり込み作業が再開されている。

農場の敷地は298ヘクタールと広大であるが傾斜地が大半で牧草地を含めた農耕敷地は41.8ヘクタールで敷地の14％しか活用できないのが問題となっている。

西神楽農場における泊まり込み作業について、同農場は昭和25年に泊まり込み作業が開始され、いらい通年にわたり牧畜及び農耕作業をおこなっていたところ、平成14年度をもって牧畜作業が廃止になり、泊まり込みも中止となり、以降、農耕作業が可能な4月から12月の間、通役作業として実施していたが、受刑成績が良いものを選定し、少しでも一般社会に近い生活を行わせることから等により、農作業の繁忙期である4月から12月までの間、同農場で泊まり込み作業を実施しているそうである。実際に冬季には、2メートル近い積雪があり、その間は泊まり込み作業は中止している。

そこで特筆すべきこととして、冬季における除雪作業を、当農場の受刑者を除雪ボランティアとして旭川市と協議して4か所で実施していることである。

10　職業訓練の実施状況

（1）当所では自庁職業訓練として、溶接の訓練を実施している。社団法人北海道溶接協会旭川支部の協力を得て、溶接科（導入課程）を実施し、同訓練終了後は①ガス養成技能講習②アーク溶接特別安全衛生教育修了証を得ている。年間、二回5名で実施し、年間定員10名が修了証の交付を受けている。

（2）また、本年から刑事施設すべてで実施することとなったビジネススキル科（パソコン操作、職業人としての常識付与）についても、1クラス5名で実施し、10名が終了している。

11　改善指導の実施状況

（1）一般改善指導の実施状況、

小集団を編成し、期間を定めて行う指導として実施しているが、28年度には、①行動適正化指導として、酒害教育、アルコール依存回復プログラムを3名に対して実施。また、同じく②行動適正化指導として、特殊詐欺事犯防止プログラムを3名に対して実施した。さらに、高齢受刑者指導を13名に対して実施した。また、③社会復帰指導として、満期釈放予定者に対する社会復帰支援指導を9名に対して実施した。

（2）特別改善指導の実施状況

特別改善指導としては、薬物離脱指導、暴力団離脱指導、被害者の視点を取り入れた教育、交通安全指導、就労支援指導の5種類を実施していた。

①○薬物依存離脱指導1　精神科医師、処遇カウンセラー、ダルクが分担してグループワークを実施　8月間、12回、50分、8名で実施した。
　○薬物依存改善指導、3月間、5回、60分、12名で実施した。
　○必修プログラムA　1月間、2回、50分、7名で実施した。
　○必修プログラムB　3月間、6回、60分、5名に実施した。
　○選択、選択プログラム、7月、10回、50分、7名に実施した。
②○薬物依存改善指導　28年出所者中R1指定者　21名　R1実施者　19名
③○暴力団離脱指導　指導開始人員　6名
④○被害者の視点を取り入れた教育　指導実施人員
⑤交通安全指導○実施せず
⑥就労支援指導　指導実施人員　24名

12　総合的感想

北海道の施設の参観であり、真夏の研修であっても、千歳、旭川、遠軽、網走と北海道を北上した日程であるので、相当涼しいのではないかと期待していたが、各施設を参観していた時は、あまり関西と変わらない暑さであった。しかしながらさすがが夜間になると涼しくしのぎやすく感じた。私はこの矯正保護課程の研修旅行には16年間も参加しており、北海道は二回目である。この研修でいつも思うのは、色々と忙しいと思われる施設に、たくさんの教授や講師がお伺いして、興味本位的

な質疑が多いにもかかわらず、各施設とも、幹部が懇切丁寧な対応をしていただき、本当にありがたく、感謝している。

　今回は、私が以前所長をしていた施設への久しぶりの参観というので、非常に感銘深くお伺いしたが、全面改築が完成したばかりの施設であり、素晴らしい施設となっており、新法の施行もあり、私が勤務していた当時とは、施設設備も処遇内容も著しく変化していたが、所内を参観させていただい時も、受刑者たちの作業態度が感心する位、安定しており、これが質の悪いLB級指標の受刑者の収容施設かと感心いたしました。暑い中を長時間にわたって施設概況の説明から所内の参観の案内等を真摯にしていただいた関係職員の皆様に心からお礼を申し上げます。

　同所の会議室に、歴代所長の写真があり、私は第30代目の所長でありましたが、それから後に、龍谷大学出身で、我々矯正保護課程の修了者の木村昭彦さんの写真があったので、うれしく思っておりましたところ、縁というのは不思議なもので、その翌日、網走に行き監獄博物館を見物していた時に、偶然、その木村氏とばったりとお会いしたのには驚きました。私は私の講義の受講生に、この矯正保護課程の科目を受講して、矯正職員になれば、皆さんであれば、必ず、幹部になれるので、是非、矯正職員の試験を受験しなさいと、再三に渡って勧誘しておりますが、最近も優秀な卒業生が続いており、幹部に昇進している後輩が多くいるので、あらゆる場所で、それを自慢しております。

　矯正職員として過ごした38年間は、本当にやりがいのある仕事だと思っておりましたが、退職後、龍谷大学の矯正保護課程の客員教授として16年間も矯正概論という科目を講義出来まして、多くの後輩たちが矯正職員となり、しかもその中には、少年院長や刑務所長等に昇進しているものが数多くいるという事は、本当に、この仕事を選んで良かったと感謝しております。

　最近は矯正保護課程の受講生が著しく増えまして、学生たちが矯正への関心を深めていることを本当にうれしく思っております。

　参観にお伺いした矯正施設の皆様に、私達の後輩が沢山試験を受けて、矯正職員となっているので、よろしく指導をお願いしますとお伝えしております。

5　北海道家庭学校

菱 田 律 子

1　はじめに

　児童自立支援施設は、全国に58か所、うち国立2か所、公立54か所、私立2か所（社会福祉法人北海道家庭学校と社会福祉法人幼年保護会横浜家庭学園）である。筆者は、学生時代に留岡幸助先生の著作に触れる機会があり、以来、社会福祉法人北海道家庭学校（以下「家庭学校」という。）は、憧れの地であり、参観の機会を得たことを大変嬉しく思うとともに、懇切に対応して下さった校長 仁原正幹 氏ほか職員の方々に心からお礼申し上げるものである。

2　家庭学校の沿革

　参観当日に配布された家庭学校の要覧等によれば、沿革は、次のとおりである。

明治32	1899	留岡幸助、東京に家庭学校創立
大正3	1914	北見国紋別郡上湧別村字社名淵（サナブチ、現遠軽町留岡）に分校と農場を開設、恵の谷・望の岡・生命の泉・平和山等々命名
大正8	1919	望の岡に礼拝堂建立
大正12	1923	北海道庁代用感化院となる
昭和8	1933	留岡幸助名誉校長、牧野虎次第2代校長就任
昭和9	1934	留岡幸助死去、少年教護法施行、少年教護院となる
昭和14	1939	今井新太郎第3代校長就任
昭和23	1948	児童福祉法施行、教護院となる
昭和24	1949	留岡清男（留岡幸助の四男）第4代校長就任
昭和43	1968	東京家庭学校から分離独立、社会福祉法人北海道家庭学校となる
昭和44	1969	谷昌恒第5代校長就任
平成9	1997	小田島好信第6代校長就任
平成10	1998	児童福祉法改正、児童自立支援施設となる

平成21	2009	公教育導入、遠軽町立東小学校・遠軽中学校「望の岡分校」設置 加藤正男第7代校長就任
平成24	2012	熱田洋子第8代校長就任
平成26	2014	仁原正幹第9代校長就任、創立100周年記念式挙行
平成29	2017	遠軽町内に自立援助ホーム「がんぼうホーム」開設

　家庭学校本館の前庭に、校祖の胸像が建立されており、その台座の裏面には、次のように記されている。
　「留岡幸助先生は、明治27年監獄改良事業を勉強する目的をもって、アメリカ合衆国に留学、エルマイラ感化監獄に起居し、勤続52年の典獄ブロックウェーに師事す。ブロックウェーに座右銘あり。"this one thing I do"先生はこれを邦語に翻訳して、『一路到白頭』となし、永く自戒の指針とす。正面の5字は大正12年の自筆。一日庵は雅号、『一日の苦労は一日にて足れり』の意。」
　また、家庭学校の要覧には、次のように記されている。
　「本校のほぼ中央に聳える平和山の山頂に、留岡幸助先生の遺髪を納めた記念碑が建てられています。碑には先生の遺詠
　『眠るべきところはいづこ平和山　興突海（オホーツク海）を前に眺めて』
が刻まれています。毎月5日、私たちは先生の命日を憶えて、この平和山に登り、記念碑の前で、しばし黙想の時をすごします。北方はるか、直線距離にして約20キロ、湧別の山なみの向こうに、オホーツクの海を望むことができます。」

3　家庭学校の概要

　JR北海道石北線遠軽駅下車5キロメートル、タクシー7分、「家庭學校」と表示された門柱のみの校門を入ると、439ヘクタール（130万坪）の広大な敷地は北海道から特別鳥獣保護区及び「北の里山」に指定されており、礼拝堂（北海道有形文化財）、本館、体育館、寮舎、給食棟、牛舎、バター製造舎、味噌醸造場、博物館等が点在している。
　石上（せきじょう）館・掬泉（きくせん）寮・楽山寮・向陽寮のうち、掬泉寮を見学させていただいた。寮長・寮母夫妻は、満1歳の男児を育てながら、7人の子どもたちと生活を共にされている。食卓に置かれた幼児用椅子に夫婦小舎制ならではの温かさを感じた。子どもたちの居室は、プライバシーを配慮して死角を作るようにベッドと机が配置されているとのことで、各ベッドに無造作に置かれた持物に伸

び伸びとした暮らしぶりがうかがえる。

博物館には、「留岡幸助記念室」「家庭学校の歴史」「生徒のくらし」のほか「校内の先史文化」も展示されており、興味が尽きない。

4　家庭学校の今

定員85人（暫定定員29人）のところ、参観当日の平成29（2017）年8月24日現在の在籍は15人、全員が北海道内の児童相談所（以下「児相」という。）の措置によるもので、うち1人は家庭裁判所の審判を経たものである。学年別は、小学5年生2人、中学1年生4人、中学2年生4人、中学3年生4人、中卒生1人である。保護者の状況は、実母のみ6人、実父母5人、義父実母1人、実父義母1人、その他2人である。被虐待経験については、あり13人、なし2人である。発達障害については、疑いも含めてあり13人、なし2人である。

家庭学校の指導・支援方針は、「生活指導・学習指導・作業指導の3つが有機的かつ一体的に行われなければならない、生教一致（生活と教育の一体化）」が大原則とのことである。公教育導入から8年5か月経過、中学生の国語・数学・英語については習熟度別にクラス編成、学習指導が格段に強化された今もなお、作業指導に重きを置き、子どもたち・家庭学校職員・分校教員が三位一体の形で作業班学習を展開、蔬菜班・園芸班・山林班・校内管理班・酪農班に分かれて毎週月曜・火曜・木曜の午後の学校日課の中で実施、毎年11月の作業班学習発表会では、各自が独自のテーマで資料を作成してプレゼンを実施、成果を上げているとのことである。

平成28（2016）年12月までは単独の高校生寮を備えていたが、平成29（2017）年1月に遠軽町内に自立援助ホーム「がんぼうホーム」を開設したことにより発展的に解消、同ホームでは現在5人が町内の事業所で稼働しながら定時制・通信制で学んでいるとのことである。

無断外出については、平成26（2014）年度及び平成27（2015）年度は共に10件・延17人であったが、平成28（2016）年度は1件・1人、本年度は0件とのことである。校長仁原氏によれば、児相に対して「児相にいる間に家庭学校について十分認識させ自己決定させてください。子どもが納得し、親が同意することが入校の条件」と強く要請しているとのことであった。それは、昭和48（1973）年、無断外出した子どもが盗んだ乗用車を無免許運転したあげく川を徒渉しようとして流されて死亡、その他にも凍死などで計5人が無断外出して死亡したとのこと、厳しい自然環境にあるという現実に由来するものでもあった。

5　おわりに

　校長仁原氏に案内していただき家庭学校内を見学、本館に戻ってきたころ、午前の学習を終えて玄関に出てきた子どもたちが、口々に笑顔で「こんにちは」と挨拶してくれた。子どもたち・家庭学校職員・分校教員が一堂に会して昼食をとるため、寮長さんと共に給食棟まで木漏れ日の中を降りて行く後ろ姿は、まるで「絵」を見るような清々しい光景だった。家庭学校は、大自然の中で、校祖以来の歴史を大切に、子どもたちともに運営されていることを実感、心が洗われるようであった。

6　網走刑務所

赤 池 一 将

1　はじめに

　千歳、旭川、遠軽と東に進み、共同研究出張の最後に網走を訪ねた。網走ほど知名度の高い刑務所はあるまい。高倉健の「網走番外地」シリーズがヒットしたのはすでに半世紀も前のはずだが、今も毎年30万人を超える観光客がその刑務所を意識しながらこの地を歩いている。駅前に立てば、「幸福の黄色いハンカチ」の冒頭、健さんが出所後初めてビールを飲んだ食堂はどこかと、映像とはまったく様変わりしたロータリーにその中華料理屋を探すことになる。昭和49（1974）年まで実際に使用された網走刑務所の獄舎を、天都山の中腹にそっくりそのまま移築した博物館網走監獄を、この町に来た観光客は必ず訪ねる。そこにある国内最古の行刑建築である五翼放射状平屋舎房や二見ヶ岡農場食堂棟は、冬の流氷に劣らぬ網走の貴重な観光資源である。網走バスは、JR網走駅、刑務所前、博物館網走監獄、オホーツク流氷館を結ぶ観光施設めぐりに、日に6往復の運行を行っている。

2　沿革

　明治10（1877）年の西南の役等、誕生間もない明治政府に対し繰り返された士族の反乱は、大量の「国賊」と呼ばれる囚人を生み出していた。他方で、南下政策をとるロシアの脅威への対応は新政府の急務とされ、これらの政治犯を北海道に送り、強制労働を科して開拓を進める方途が構想される。政府は、明治14（1881）年の「監獄則」改正を経て、徒刑、流刑、無期および刑期12年以上の懲役刑受刑者を収容するための集治監を、既存の東京、宮城（いずれも明治12年に建設されている）に加えて北海道に建設する。

　北海道の集治監は、同年の樺戸集治監開設を皮切りに空知、釧路と続き、明治23（1890）年には、道央とオホーツク沿岸を結ぶ中央道路開削のため、網走に「釧路監獄署網走囚徒外役所」が建設され、翌年、北海道集治監網走分監となる。これが

現在の網走刑務所の起源である。網走から北見峠までの160キロを結ぶ、この中央道路の開削工事は、わずか1年で完成されるが、過酷な労働環境下での怪我や栄養失調により、動員された1,100名の囚人のうち200名以上が死亡している。

その後、この網走分監は、明治36（1903）年に網走監獄と改称される。明治40（1907）年の火災の後、ベルギーの刑務所建築を参考に五翼放射状の舎房を備える施設として大正11（1924）年に再建が行われ、同年に網走刑務所と改称されている。北海道オホーツクの最果て、三方を湖と川と丘陵に囲まれ、その内側に煉瓦塀を巡らして立つこの刑務所の敷地面積の全体は1,700ヘクタール、東京の新宿区の広さに匹敵し、敷地内を国道が走っている。レンガ塀に囲まれた刑務所の本体部分は、全体の200分の1に過ぎない。明治・大正期は、他の施設での処遇が困難な凶悪犯を収容する施設として、また、戦前・戦中は、治安維持法による政治犯収容施設として知られることになる。昭和43（1968）年11月の収容区分改正により、通常の累犯施設となり、長期刑受刑者を収容することがなくなって後も、そのイメージを拭い去ることができないという。

昭和48（1963）年にはコンクリート3階建てへの全面改築が着工され、20年の歳月をかけ平成5（1993）年に完成する。その後も、平成16（2004）年に開始された拡大整備工事により平成22（2010）年には処遇管理棟が改築され、平成24（2012）年には釈前寮（新生寮）の完成をみた。かつて見張り塔として実際に使用された塔を四隅に配置し、直線で320メートルある長い廊下をもつこの施設はやはり大きい。

3　収容概況

網走刑務所の収容定員は未決40名、既決1,560名の計1,600名、職員組織は、所長の下、総務部、処遇部、分類教育部から構成され、286名が勤務している。参観当日（平成29年8月25日）の被収容者現員は、未決4名、既決803名の計807名であった。施設は単独室986室、共同室105室からなるが、被収容者数の減少にともない、また、暴力団関係者が多いことから、現在は、被収容者はすべて単独室に収容されている。

彼らに対する言渡し刑期は平均で3年5月、実刑期が平均で3年1月となる。その罪名は、覚醒剤事犯が52,5%、窃盗（常習累犯を含む）が27,45%、そして、詐欺と続く。平均入所度数は4,3回、最多が18回、平均年齢が46.6歳、最高年齢が75歳であった。

網走の被収容者の81,2%は、東京管内からの移入である。列車を乗り継ぎ26時間

かけて移送された昔から、飛行機が用いられるようになった今日まで、網走の受刑者は、長く世間が与えてきた酷寒の地に収容される凶悪犯というイメージとは裏腹に、B指標受刑者のなかでもその長距離移送を支障なくこなせる、いわば優秀な者が選ばれている。閉居罰等の懲罰件数も比較的少ない。

4 処遇状況

　網走刑務所は、二見ヶ岡農場を併設する全国唯一の農園刑務所である。煉瓦塀に囲われた刑務所の本部から車で10分ほどの距離にあるこの敷地面積359ヘクタールの農園は、その6割が山林、3割が畑からなる。処遇審査会において制限区分1種の判定を受けた受刑者が、参観当日では27名、3つのグループに分かれ、3名の教育専門官のもと作業場に泊まり込み農業に従事している。
　造林・製材の作業では、木製のパレットと呼ばれる輸送・物流用の簀（すのこ）状の台・箱の製作が特徴的である。近年の流通業の伸びとともにその需要が増え、プラスティック製のものに比較して、処分が容易であることから引き合いが増加している。また、アイヌの郷土玩具であるニポポと呼ばれる木製人形の製作も忘れてはならない。網走の土産品として著名であるが、元々、網走刑務所の職員がその形状を完成させ販売したものであり、現在は、その商標をもつ網走観光協会から刑務所が受注を受けて生産している。そのためキャッピックの売店でこれを販売できないのはいささか残念に思われる。畑作ではにんじん、ジャガイモ、小豆、カボチャや牧草などの栽培が行われ、また、牧畜での牛の飼育は、A5ランクの高級牛を飼育していることで知られている。参観時の牛の数は100頭とのことであった。この他、刑務作業として、金属工場では農機具の製作が行われ、洋裁工場においては、受刑者用のパンツの縫製や、高級魚として知られるキンキ漁に使用する延縄（はえなわ）の製作が行われている。窯業も、ここでは製品が製作されている。また、職業訓練としては、機械、溶接、農業が実施されている。
　特別改善指導に関しては、性犯罪再犯防止指導以外のすべての指導が実施されている。その内訳は、平成28年度の実績で、薬物依存離脱指導556件（短期の指導を含む）、暴力団離脱指導138件、被害者の視点を取り入れた教育47件、道内では月形刑務所と2所で実施している交通安全指導が243件、そして、就労支援指導413件が実施されている。
　なお、平成28年4月より、実に7年ぶりに常勤医師が網走刑務所に着任したことは大きな喜びである。この間、月形刑務所での医療法人との外部委託当の例を参考

に、医師確保の途を探ったご苦労（刑政127巻7号）を読めば、現場に無理な苦労を与えないためにも、やはり刑事施設に医師を確保するための抜本的・構造的な改革を、地域を限ってでも真剣に検討すべき時期にあることが痛感される。

5　社会復帰

　前述のとおり、網走刑務所の受刑者は東京管区内から移入された者が多く、その61.8％が関東地方の出身で、北海道内の出身者は16.7％に過ぎない。それ故、これまでは、受刑中に刑務所で農作業等の技術を習得しながらも、出所後、道内に残る者は少なかったが、近年、道内の更生保護施設が薬物事犯の刑余者の受け入れを始めたこともあり、道内に残る者も若干増え始めているとの情報に接することができた。

　二見が岡農場での構外作業が歴史的に注目される網走刑務所だが、2015年には、外部事業所との契約による外部通勤作業が開始され、犯罪傾向の進んだ受刑者を対象とした外部通勤として注目されている。外部事業者の選定・確保、事業者との契約、対象となる受刑者の条件と選定の方法、受刑者の通勤方法、位置情報把握装置や携帯電話の使用等、外部通勤制度は、いざ、これを実施する段となると克服すべき様々な困難に遭遇する現状が報告されている（刑政127巻9号参照）。

　出所者の内訳は、平成27年1年間で、仮釈放による者が315名、満期釈放による者が217名、仮釈放率は59.2％であった。この数字は、平成21年の仮釈放による出所者247名、満期釈放者331名、仮釈放率42.7％と比較すると、この間、仮釈放と満期釈放の比率が逆転していることに気づかされる。外部通勤制度の実施を根ばり強く達成させようとする空気をこの数字からも読み取ることができよう。

2016年度矯正・保護課程活動報告（2016年4月～2017年3月）

■矯正・保護課程委員会
第1回矯正・保護課程委員会　　2016年4月20日開催
第2回矯正・保護課程委員会　　2016年6月8日開催
第3回矯正・保護課程委員会　　2016年8月6日開催
第4回矯正・保護課程委員会　　2016年10月5日開催
第5回矯正・保護課程委員会　　2016年11月14日開催
第6回矯正・保護課程委員会　　2017年1月23日開催
第7回矯正・保護課程委員会　　2017年2月25日開催

■懇談会
第1回矯正・保護課程担当者懇談会　2016年8月6日開催
第2回矯正・保護課程担当者懇談会　2017年2月25日開催

■研究会
第1回矯正・保護課程担当者研究会　2016年8月6日開催
講　師：手塚　文哉（大阪矯正管区長）
テーマ：「矯正の現状と課題」
第2回矯正・保護課程担当者研究会　2017年2月25日開催
講　師：久保　　貴（近畿地方更生保護委員会委員長）
テーマ：「更生保護の現状と課題」

■施設参観

施設参観一覧

〈夏季〉

参観日	参観施設	申込者数	参加者数	引率者
2016年8月29日(月)	大阪医療刑務所 大阪刑務所	33名	32名	3名
2016年8月30日(火)	奈良少年院 奈良少年刑務所	26名	24名	3名
2016年8月31日(水)	更生保護法人 京都保護育成会 滋賀刑務所	18名	18名	3名
2016年9月2日(金)	更生保護法人和衷会 大阪府立修徳学院	17名	14名	3名
2016年9月5日(月)	交野女子学院 浪速少年院	22名	22名	3名
2016年9月6日(火)	加古川刑務所 播磨社会復帰促進センター	7名	7名	3名
2016年9月8日(木)	和歌山刑務所	8名	8名	4名

〈春季〉

参観日	参観施設	申込者数	参加者数	引率者
2017年2月3日(金)	京都医療少年院 京都少年鑑別所	28名	26名	3名

2017年2月6日(月)	更生保護法人 西本願寺白光荘	30名	27名	3名
	京都刑務所			

■共同研究出張
期　間：2016年8月24日（水）〜26日（金）
出張先：麓刑務所、更生保護法人福正会、筑紫少女苑、福岡少年鑑別所、北九州自立更生促進センター
出張者：福島至、津島昌弘、赤池一将、畠山晃朗、松田慎一、池田靜、櫛田透、島田佳雄、石原正樹（順不同）

■国家公務員採用試験合格者を囲む懇談会・懇親会
日時：2016年12月2日（金）18:25〜20:30
場所：龍谷大学深草学舎22号館102教室／22号館地下食堂
講師：法務教官採用試験合格者1名、保護観察官採用試験合格者1名、法務教官現職1名、刑務官現職1名

「矯正・保護課程」開講科目一覧

科目名（単位／時間数）【授業テーマ】	担当者	学舎	開講	曜講時	受講者数	備考
矯正・保護入門（2／22.5）【犯罪・非行の現場で働く人たちとその仕事】	浜井浩一他	深草	後期	木5	34	
矯正・保護入門（2／22.5）【犯罪・非行の現場で働く人たちとその仕事】	浜井浩一他	瀬田	後期	月5	54	
矯正概論（4／45）【矯正施設の組織と業務及び被収容者の処遇等】	畠山晃朗	深草	通年	水3	135	
矯正概論（4／45）【矯正施設の組織と業務及び被収容者の処遇等】	池田　靜	深草	通年	水3	134	
矯正概論A（2／22.5）【矯正関係法令及び国際準則と犯罪者、非行少年の処遇】	島田佳雄	瀬田	前期	金5	73	
矯正概論B（2／22.5）【犯罪者、非行少年の施設内処遇の現状と課題】	島田佳雄	瀬田	後期	金5	90	
矯正教育学（4／45）【少年院の教育の実際及び少年非行の諸相】	菱田律子	深草	通年	月3	166	
矯正教育学A（2／22.5）【少年院における矯正教育・総論】	池田正興	瀬田	前期	木5	73	
矯正教育学B（2／22.5）【少年院における矯正教育・各論】	池田正興	瀬田	後期	木5	120	
矯正社会学（4／45）【少年非行を取り巻く諸問題と施設内処遇及び関係機関との連携の現状と課題】	服部達也	深草	通年	土1・2	115	隔週開講
矯正社会学A（2／22.5）【非行少年に係る社会と少年院】	今津武治	瀬田	前期	水5	138	
矯正社会学B（2／22.5）【少年院における法務教官と在院少年】	今津武治	瀬田	後期	水5	129	
矯正心理学（4／45）【非行少年・犯罪者の心理と処遇】	櫛田　透	深草	通年	火2	134	
矯正心理学A（2／22.5）【矯正心理学 基礎】	寺﨑武彦	瀬田	前期	土1・2	26	隔週開講
矯正心理学B（2／22.5）【矯正心理学 各論】	寺﨑武彦	瀬田	後期	土1・2	16	隔週開講

科目名	担当者	キャンパス	期	曜日・時限	履修者数	備考
矯正医学（2／22.5） 【矯正施設における精神医療を中心に】	定本ゆきこ	深草	後期	土3・4	105	隔週開講
成人矯正処遇（2／22.5） 【刑事施設（刑務所）においていかなる処遇が展開されているか】	池田　靜	深草 大宮 瀬田	前期 後期 前期	水4 木5 木5	176 1 85	
保護観察処遇（2／22.5） 【保護観察の実際】	水谷　修	深草	後期	土3・4	62	隔週開講
保護観察処遇（2／22.5） 【更生保護の仕事】	西岡純子	大宮	後期	土3・4	1	隔週開講
保護観察処遇（2／22.5） 【保護観察処遇の理論と実際】	林　寛之	瀬田	後期	土3・4	7	隔週開講
更生保護概論（4／45） 【犯罪をした者や非行ある少年の社会内処遇を中心として】	松田慎一	深草	通年	火5	131	
更生保護概論（4／45） 【犯罪をした者や非行ある少年の社会内処遇を中心として】	土井眞砂代	大宮	通年	土1・2	3	隔週開講
更生保護概論A（2／22.5） 【犯罪や非行に陥った者の社会内処遇を中心として】	濱島幸彦	瀬田	前期	土3・4	15	隔週開講
更生保護概論B（2／22.5） 【犯罪や非行に陥った者の社会内処遇を中心として】	濱島幸彦	瀬田	後期	土3・4	11	隔週開講
更生保護制度（2／22.5） 【犯罪・非行からの立ち直りと福祉】	廣田玉枝	深草	後期	木2	40	
更生保護制度（1／12） 【犯罪・非行からの立ち直りと福祉】	廣田玉枝	瀬田	後期	水3・4	106	
犯罪学（2／22.5） 【犯罪を科学する「（刑罰）信仰に基づく犯罪対策から、エビデンスに基づく犯罪対策へ】	浜井浩一	深草	後期	木2	251	
被害者学（4／45） 【被害者支援の状況と被害者の権利】	池田正興	深草	通年	水2	235	
青少年問題（2／22.5） 【公務員志望者のための行動科学入門】	浜井浩一	深草	後期	木4	14	
青少年問題（2／22.5） 【公務員志望者のための行動科学入門】	津島昌弘	瀬田	後期	水2	52	

2016年度矯正・保護総合センター活動報告（2016年4月〜2017年3月）

■センター委員会
第1回センター委員会　2016年4月14日開催
第2回センター委員会　2016年4月19日開催（メール審議）
第3回センター委員会　2016年5月26日開催
第4回センター委員会　2016年6月30日開催
第5回センター委員会　2016年7月28日開催
第6回センター委員会　2016年10月5日開催
第7回センター委員会　2016年12月14日開催
第8回センター委員会　2017年1月24日開催
第9回センター委員会　2017年3月8日開催

■研究委員会
第1回研究委員会　2016年4月18日開催
第2回研究委員会　2016年5月11日開催
第3回研究委員会　2016年6月13日開催
第4回研究委員会　2016年7月25日開催
第5回研究委員会　2016年10月3日開催
第6回研究委員会　2016年11月2日開催
第7回研究委員会　2016年12月9日開催
第8回研究委員会　2017年1月16日開催
第9回研究委員会　2017年2月21日開催

■弁護士金子武嗣積立金運用委員会
第1回弁護士金子武嗣積立金運用委員会　2016年6月15日開催
第2回弁護士金子武嗣積立金運用委員会　2016年9月16日開催（メール審議）

■矯正・保護課程開設40周年記念事業企画委員会
第1回40周年記念事業企画委員会　2016年7月7日開催
第2回40周年記念事業企画委員会　2016年8月2日開催

■月例研究会
第62回（通算141回）月例研究会　2016年4月25日開催
報告者：法学研究科博士後期課程　太田宗志氏
テーマ：「團藤重光文庫研究の現状と展望」
第63回（通算142回）月例研究会　2016年6月15日開催
報告者：法学部教授　赤池一将氏
テーマ：「矯正医療研究の現状について」
第64回（通算143回）月例研究会　2016年7月14日開催
報告者：慶応義塾大学非常勤講師／龍谷大学矯正・保護総合センター嘱託研究員　アダム・ライオンズ氏
テーマ：「宗教教誨と『心』の課題」
第65回（通算144回）月例研究会　2016年8月1日開催
報告者：ケベック・アン・アビティビ＝テミスカマング大学博士研究員／龍谷大学矯正・保護総合センター嘱託研究員　Chantal Pioch 氏
テーマ：「カナダと日本における性暴力：状況の概要」

第66回（通算145回）月例研究会　2016年10月14日開催
報告者：法務研究科教授　金　尚均氏
テーマ：「ヘイトスピーチ対策法とその侵害性について」
第67回（通算146回）月例研究会　2016年10月25日開催
報告者：リール社会学経済学調査研究センター　ジル・シャントレーヌ氏
テーマ：「フランス矯正施設における精神医療に関する社会学的考察」
第68回（通算147回）月例研究会　2017年2月9日開催　※犯罪学研究センター第Ⅰ回公開研究会と共同開催
報告者：François DIEU、トゥールーズ社会科学第一大学教授（政治学、社会学）、前国立
　　　　行刑研修所（ENAP）研究・教育部長　フランソワ・デュー氏
テーマ：「フランスにおけるテロ犯罪対策の現在」
第69回（通算148回）月例研究会　2017年3月9日開催
報告者：ハノーファ大学研究助手　マーティン・ザイファート氏
テーマ：「ヘイトスピーチ問題に関するアメリカの起源とドイツにおける民衆扇動罪」